之宝贝书系41

图解胎教万事通

马良坤　菅波　编著

中国纺织出版社

图书在版编目（CIP）数据

图解胎教万事通/马良坤，菅波编著.—北京：中国纺织出版社，2010.1
（之宝贝书系；41）
ISBN 978-7-5064-6088-0
Ⅰ.①图… Ⅱ. ①马… ②菅… Ⅲ. ①胎教-图解 Ⅳ. ①G61-64
中国版本图书馆CIP数据核字（2009）第212025号

策划编辑：尚　响　李彦芳　　　　责任编辑：张冬霞
责任印制：刘　强　　　　　　　　装帧设计：沈　琳

中国纺织出版社出版发行
地址：北京东直门南大街6号　邮政编码：100027
邮购电话：010-64168110　　传真：010-64168231
http://www.c-textilep.com
E-mail:faxing@c-textilep.com
北京人教方成彩色印刷有限公司印刷　各地新华书店经销
2010年1月第1版第1次印刷
开本：635×965　1/12　　印张：20
字数：250千字　　定价：39.80元

序

在孕育一个新生命的过程中，父母及其家人最关注的莫过于孕妇和胎儿的健康。

对于孕妇来说，身体的变化似乎超出了她们能控制的范围，于是出现烦躁、不安等情绪变化，孕吐、疲倦、尿频、浮肿等不适症状也似乎多了起来。而通过营养、按摩、运动、写日记、讲童话等胎教方法，不仅可使孕妇适应由于怀孕而引发的负重感和肌肉紧张感，而且还会使孕妇找到安全、简便地缓解孕期不适以及防治孕期疾病的好方法，从而使孕妇获得安静、平和的心态，为胎儿营造舒适、健康的宫内生长环境。

对于胎儿来说，外部的任何一种刺激都会对他产生或好或坏的影响。因此，在孕期，全家人，尤其是孕妇，要通过音乐、胎谈、读童话故事、鉴赏名画等方式为胎儿提供一个良好的成长环境。

据此，我们组织谙熟孕产知识和胎教知识的专家，编写了本书。在倡导可操作性的基础上，我们主张以准确、科学的图片以及简洁的文字论述各种胎教方法；在倡导丰富性的基础上，我们既提供音乐等常见的胎教方法，又提供按摩、运动等非常实用、但往往被准父母们忽视的胎教方法。

让你的胎儿带着健康和聪慧来到这个世界，让你及胎儿愉快度过整个孕期，是我们的目标。带着这个美好的愿望，开始那充满阳光和幸福的胎教之旅吧！

目 录

Contents

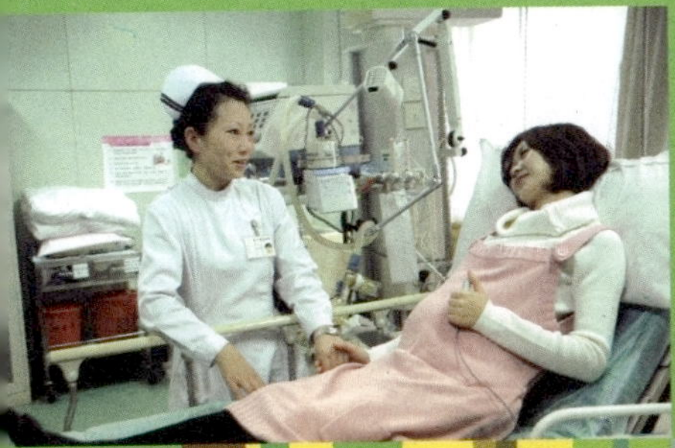
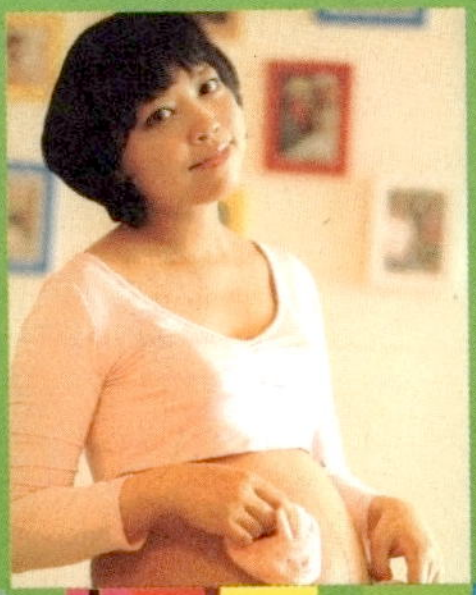

第二章　第1个月

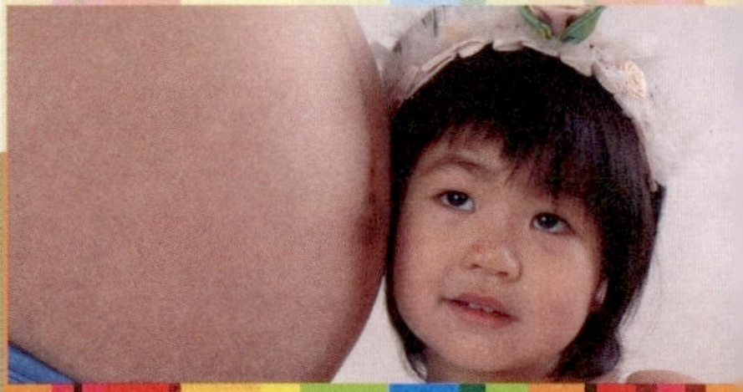

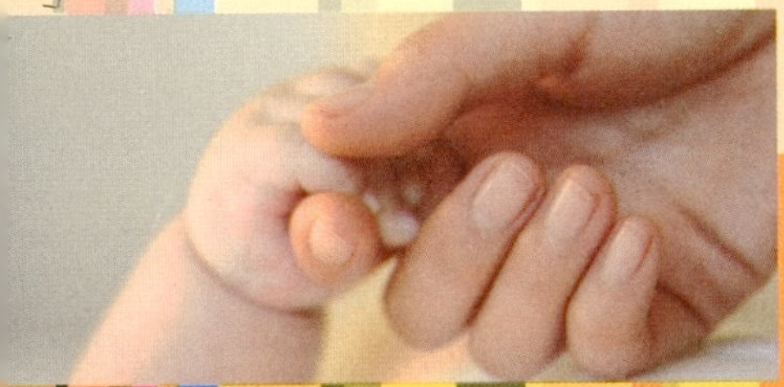
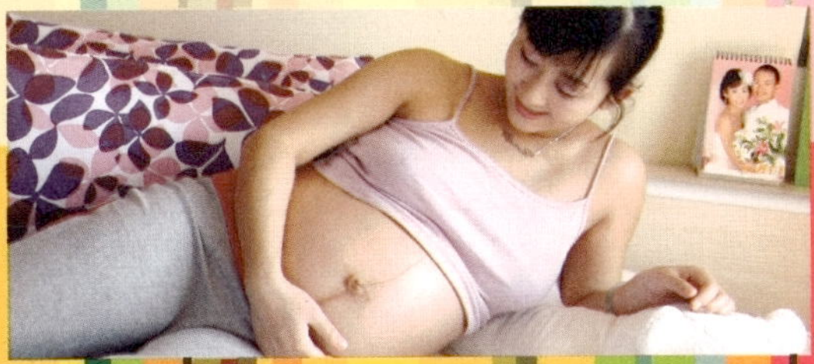
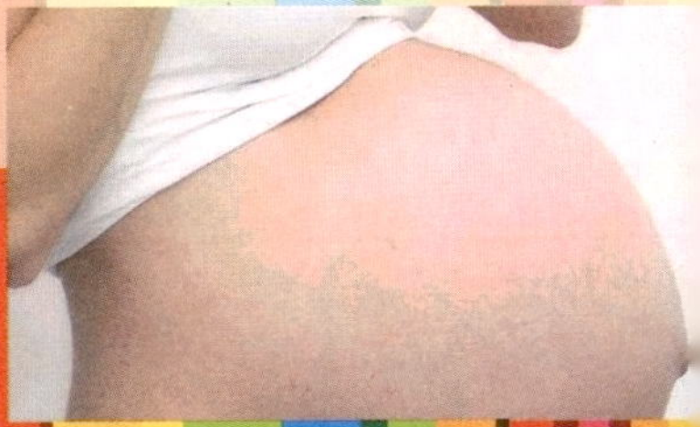

第五章　第4个月

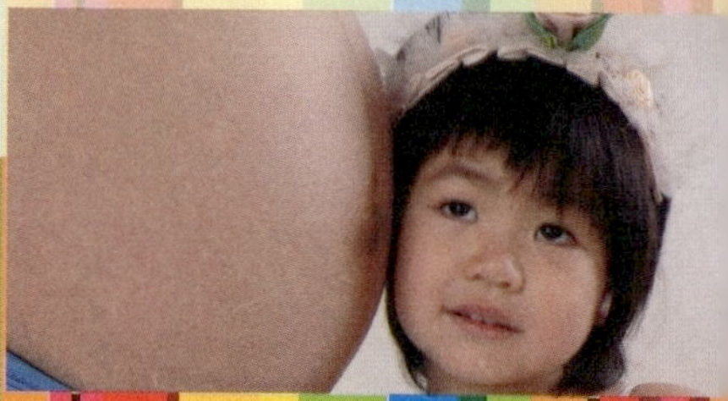

第七章　第6个月

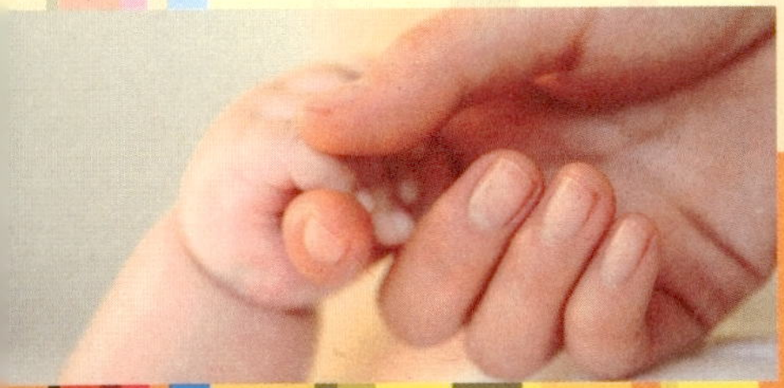
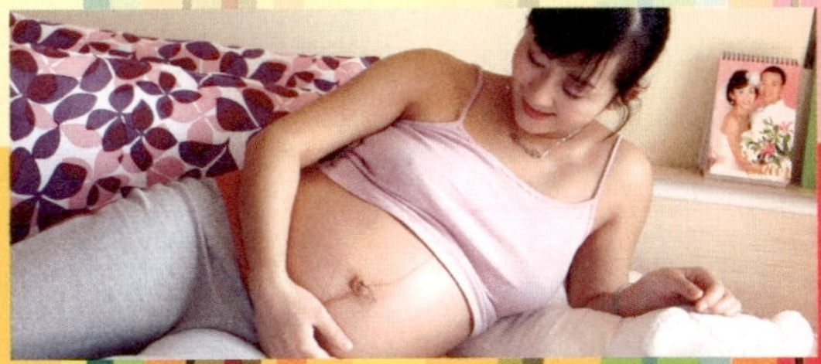
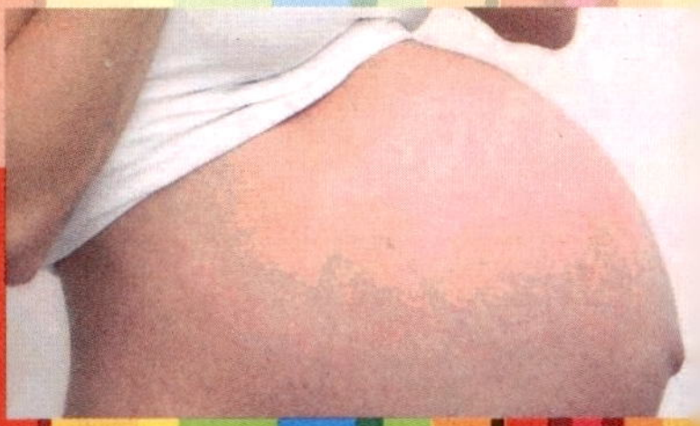

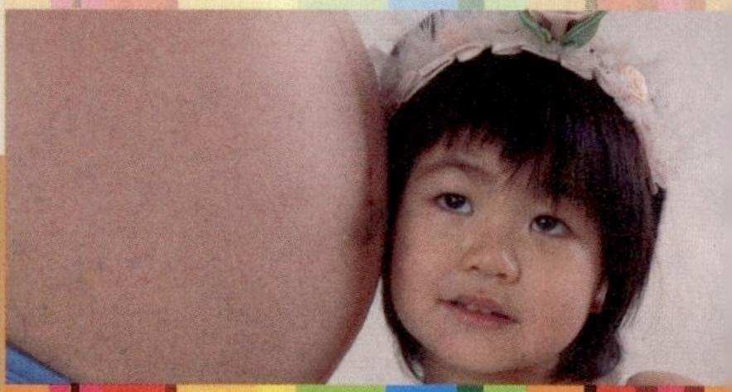

第九章 第8个月

第十章　第9个月

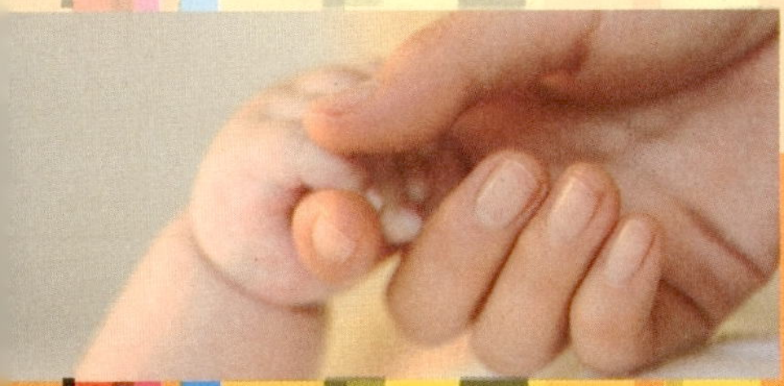
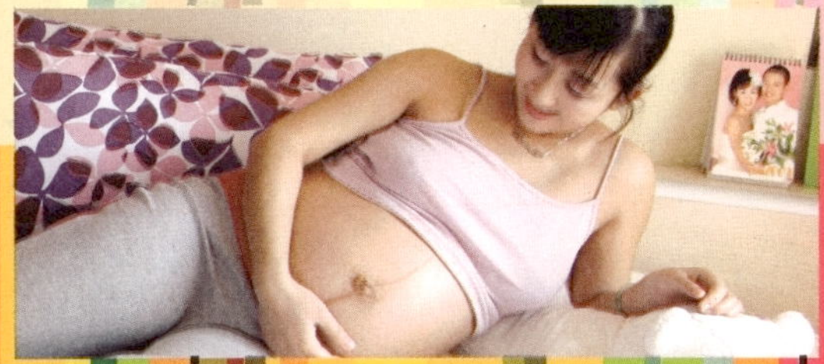
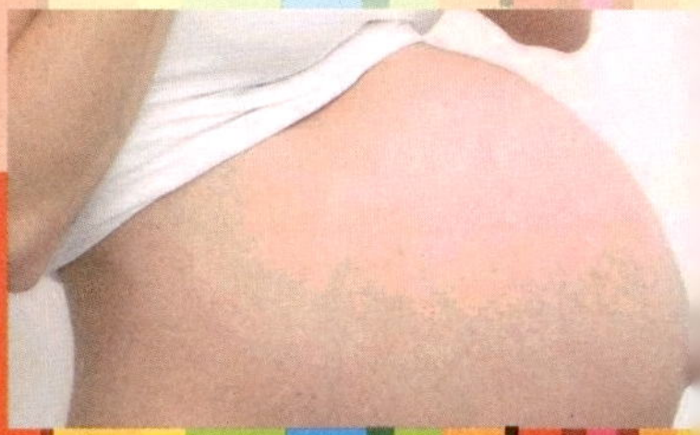

第十一章　第10个月

鸣谢

孕妇：崔晶晶　晶晶　李枫　李晶晶　刘静　瞿力　王艳　王玮

指导教练：刘亚鹏

摄影师：大雄　郭泳君　武勇

第一章　胎教，让你及早培育出聪明宝宝

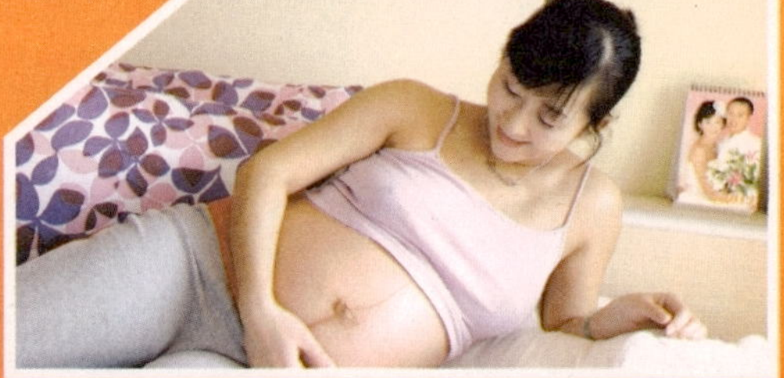

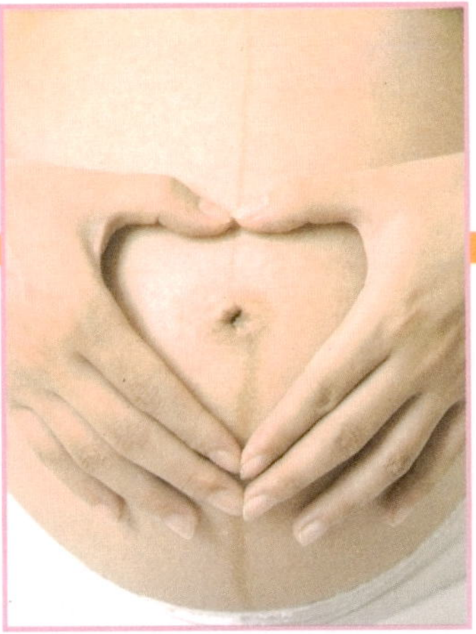

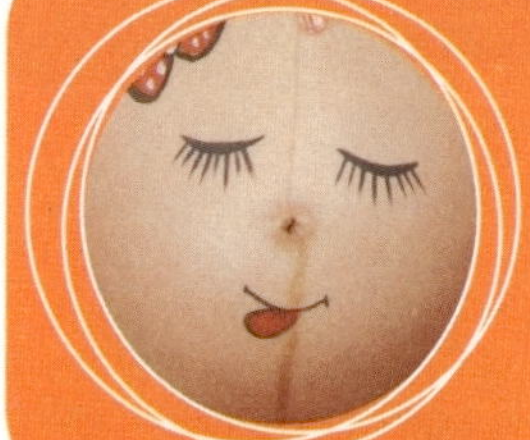

第一节　胎教，比后天教育更重要的教育

一、许多天才都被有意或无意实施过胎教

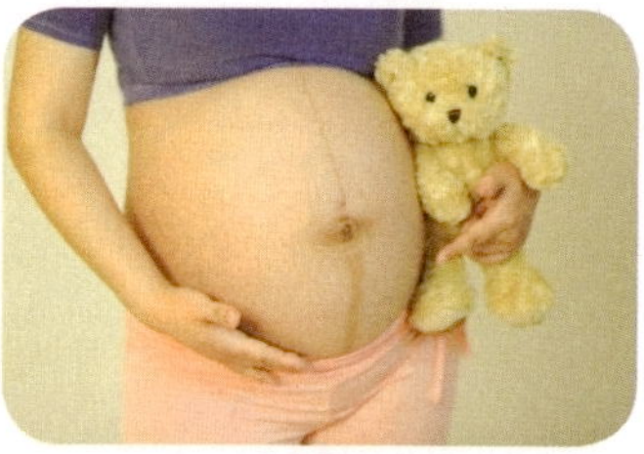

有人认为，以前的人没进行过胎教，但也培养出不少人才。实际上，通过仔细研究你会发现，很多有成就的人士，自小就接受过胎教，这一过程是他们的父母在有意或无意中完成的。

有的夫妻生活虽然清苦，但身体健康，彼此拥有很好的爱情基础，妻子受孕时拥有非常和谐的家庭环境。怀孕后，他们对胎儿非常关心，时刻盼望胎儿早日诞生；丈夫在妻子怀孕期间非常勤快、体贴；妻子情绪稳定而良好，处于安静而愉悦的环境之中；饮食可口，用餐环境干净卫生等等。这都是胎教，是夫妻双方，甚至是全部家庭成员共同协作的结果，而这些是在无意中完成的，被称为无意胎教。

值得注意的是，无意胎教虽有一定的作用，但其科学性、规范性和实用性都会受到很大限制，因而我们更重视有意胎教。

所谓有意胎教，就是自觉而有意识地进行的胎教，具有一定的科学性和很好的效果。

二、天才可以出自智力平平的父母

孩子在出生前就开始学习了

身为机械工人的父亲和平凡的母亲（斯瑟蒂克夫妇）所生下的4个女儿智商都超过了160，这一事件在一时之间几乎震惊了整个美国。它意味着某一因素能够超越遗传，对人类的智商起到决定性的作用。

这对夫妇看重的东西就是宫内教育。“孩子在出生前就开始学习了”，虽然每个人都知道这句话，但是究竟应该怎样对胎儿进行教育却是一个不

折不扣的难题。然而斯瑟蒂克夫妇却对此深信不疑，这就构成了成功胎教的基础之一。

小贴士

斯瑟蒂克胎教法的主要内容是对胎儿说话并通过卡片教授他们文字与数字。斯瑟蒂克胎教法的中心思想是：只要以父母对孩子的爱为基础制订完整的怀孕计划，并积极地将其付诸实践，无论是谁都可以拥有聪明伶俐的孩子。

每一个胎儿都是天才

斯瑟蒂克夫妇一直坚信“每一个胎儿都是天才”，正是在这种观念下，他们一直坚持对胎儿说话，还利用卡片教授胎儿文字和数字。除此以外，他们的胎教方法还包括听音乐和浏览图书，以及将生活趣事用非常自然的语调说给胎儿听。

实际上，这对夫妇对胎教的信念并没有在一开始就达到很高的程度。他们的胎教历程是在丈夫的劝导下开始的，那时斯瑟蒂克夫人对胎教的态度并不像后来那样坚决。然而随着时间的推移，她也逐渐意识到了胎教的必要性，对胎教的热情也自然而然地高涨了起来。

斯瑟蒂克夫人心里十分清楚，不顺应自然而去人为地制造天才是一种徒劳的行为。孩子可以清楚地察觉到父母的声音和情感，也可以分辨出话语的意图。所以这对夫妇告诫人们：准父母的心中不能有一丝急功近利的思想，而应该怀着即将与胎儿相见的喜悦心情进行胎教。

胎教方法

进行子宫对话：斯瑟蒂克夫人究竟用了什么方法让4个女儿都那样的聪明伶俐呢？在她的胎教法中有一个不可缺少的要素，这就是所谓的“子宫对话”。子宫对话并不需要高超的技术，但对孕妇来说，它是一种不可或缺的胎教手段。

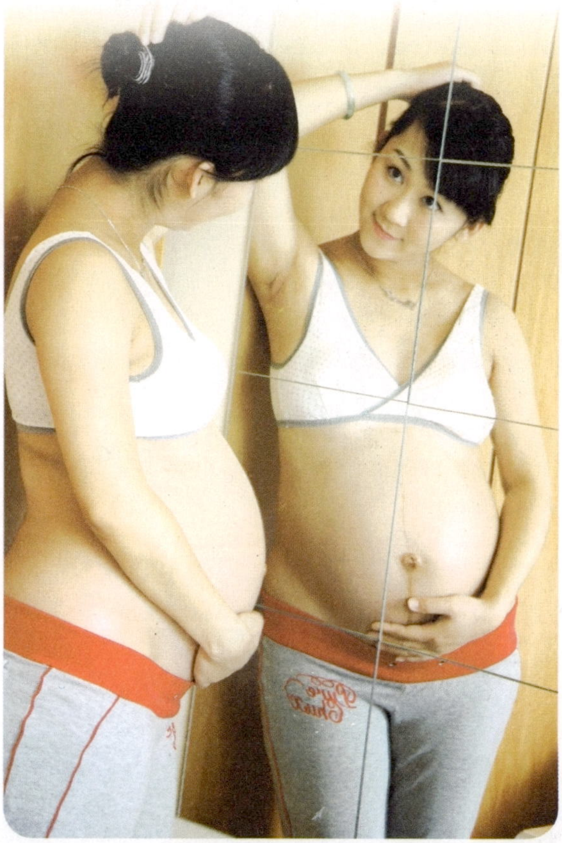

孕妇应该以比做任何事都积极的态度来对待与胎儿的谈话，尽管一直以来人们提倡养育孩子的妇女应该把自己变成话匣子，但按照胎教的理念，孕妇也应该把自己变成话匣子。在对话的过程中，应该把自己在日常生活中所遇到的事情非常详细地说给胎儿听，争取用语言把自己所接受的五官刺激全部表达出来。

斯瑟蒂克夫人每次怀孕时都会不停地和自己的孩子对话。这些对话的直接目的并不是让孩子进行某种学习，而是表达自己对孩子的爱意。

小贴士

不要用功利性的目的干扰你对胎儿的爱，用父母最自然的爱表现对胎儿的关心和企盼，是最好的胎教心态。在和胎儿对话时，要把他想象成站在你面前的孩子，只有这样，才能收到好的效果。

在孩子出生以后，要一直坚持用深情的声音呼唤孩子的小名，不仅如此，还要为孩子唱歌、讲故事、哄他玩。

阅读有图画的书籍：我们都知道，童话书对胎儿有很大的益处。斯瑟蒂克夫人是一个思想较为朴实的人，但她牢记着要给胎儿朗读印有美丽图画的童话书。

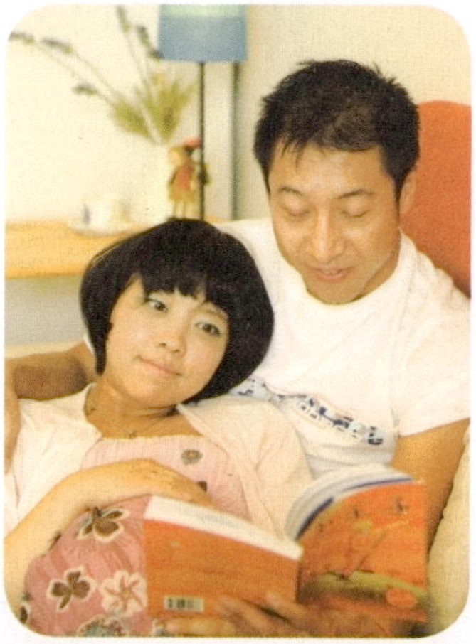

插画色彩鲜艳、文字内容丰富的童话书可以把梦

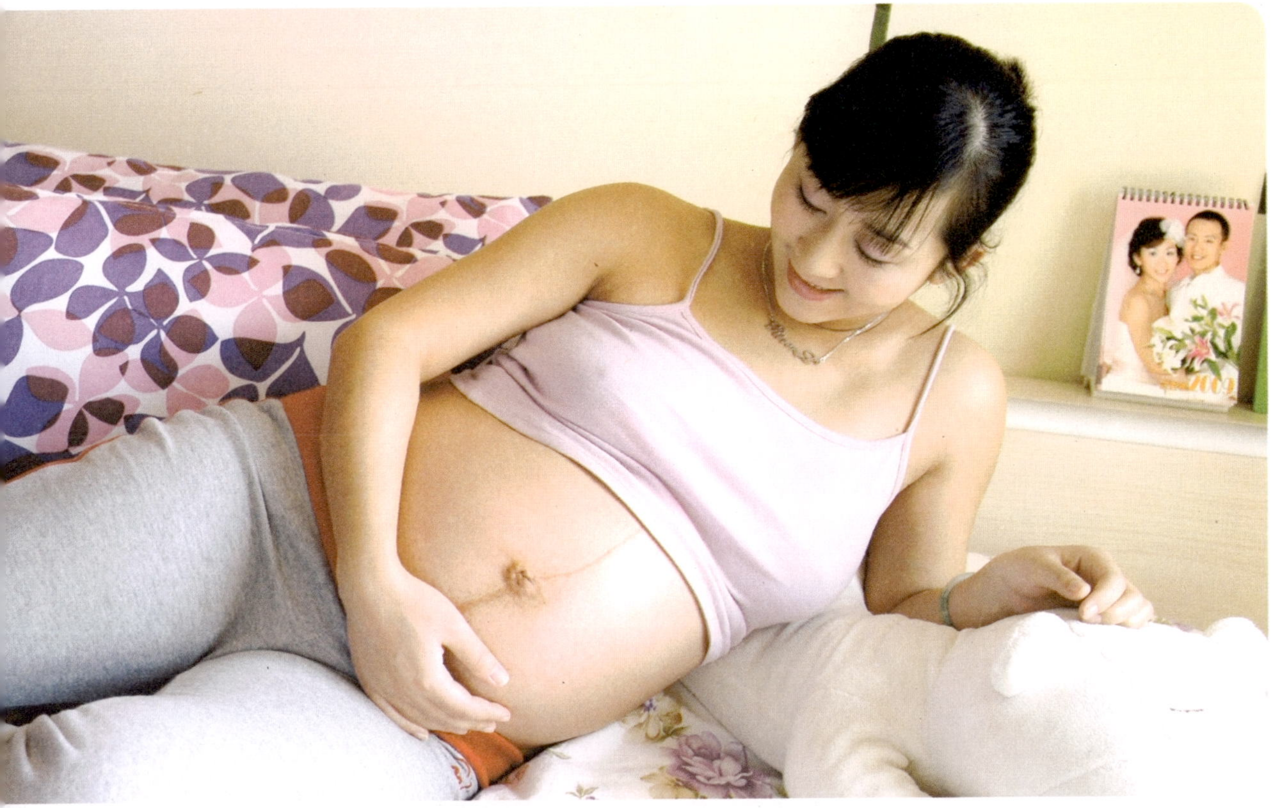

想、希望和友情的概念传递给胎儿，使子宫对话的内容范围瞬间变得宽广起来。

灵活地运用卡片：为胎儿讲解数字、文字和图形等概念的时候，应灵活地运用卡片。在白色的图纸上用鲜明的颜色写下文字或数字等内容，然后把图纸裁剪成卡片。这是一种简单而实用的方法。接下去可以首先简单地说明符号的样子，然后描述一下联想到的相关画面，最后再直接拿实际生活中的对应事物举例，让胎儿留下深刻的印象。

一切源自心底无限的爱

斯瑟蒂克夫人在胎教之后又对4个女儿实行了早期教育，使姊妹4人都变得极为聪明，并成长为感情丰富且情绪安定的女孩。

除了胎教方法得当这个重要的原因之外，另一个不能不提的根本原因就是伟大的母爱。从斯瑟蒂克胎教法中极为朴实的胎教内容就可以看出，要想和这对夫妇一样持有坚定的信念和积极的行动并不是一件容易的事。

斯瑟蒂克夫妇的成功告诉我们，应该让自己的内心对胎儿的爱变为胎教的根源和基础，而不是某种简单的期望或者目标。只有做到这一点，胎教这棵树才能结出最饱满的果实。

三、胎内记忆的存在恰恰说明了胎教的作用

目前医学界大多数人认为，胎儿已经具有记忆力和感觉能力，并随胎儿的生长发育不断增强。

有这样一项实验：在产科婴儿室内播放母亲的心脏搏动和子宫血流声音的录音，可以使情绪烦躁、不断哭闹的新生儿停止哭泣，进而使其情绪稳定，保持良好的睡眠、进食和体重增加状态。这是因为，胎儿对母体环境非常熟悉和眷恋，即使在出生后也会对这些声音感到亲切和怀念。

国外研究表明，外界所提供的有意识的刺激行为，除了能让胎儿感受到之外，还将长期保留在他的脑海中，并对他出生后的个性、智力、体力等产生深远影响。

正是胎儿拥有了记忆力，才使胎教的作用得以发挥，这就是胎教的依据。因而，父母必须利用好胎儿的记忆力，提前培育健康聪明的孩子。可见，胎教早于孩子出生后所接受的一切教育，是比后天教育更深刻、更自然的教育方式。

四、胎教可使孩子拥有更高的EQ指数

研究发现，实施了胎教的婴儿，其突出的特点是：在社会交往中所表现的情绪比较稳定，只要在他啼哭时给予安慰，他的哭声马上就会减小，多数会停止哭泣，并且追寻声源。吃奶后入睡快，清醒时目光透着聪慧，亮而有神。手的伸张抓握能力强，四肢活动有力，肌力强，能在抚摸肢体后高兴地挥动四肢。扶坐时颈部肌力强，俯卧时可抬头。对音乐明显喜爱，听到音乐后便不哭了。

孩子在婴儿期的表现尚且如此，如果日后再拥有良好的教育环境，他就会成为善于交往、情绪稳定、勇敢而坚强的人。

小贴士

所谓EQ，就是一个人在生活中所表现出来的情绪、情感、意志和抵抗挫折等方面的品质。EQ既包括对自己情绪的认知能力，能够正确评价自己的情绪，又包括合理控制情绪，自我激励，正确评价他人情绪并与之交流的能力。

专题

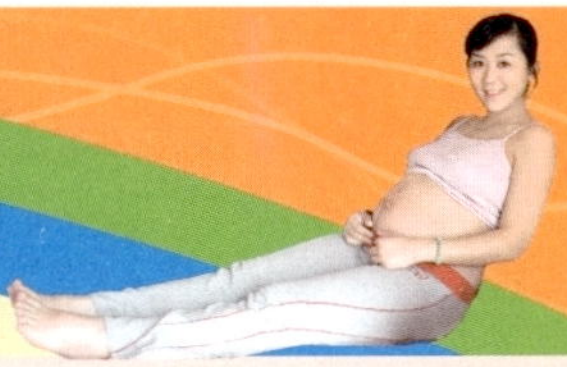

怎样理解胎教的内涵

胎教的内容包括孕妇的自我情绪调整和对感官进行良性刺激两方面。从怀孕之日起，每个孕妇的情绪、对胎儿的喜爱、盼望新生命到来的渴望、饮食调养等方面，都是胎教的内容。由于早孕反应带来的身体不适，使很多孕妇面临身体和心理的双重压力。孕妇的情绪变化往往影响丈夫的心情和整个家庭的氛围，进而影响胎儿的生长发育。而胎教正是调节孕妇情绪和家庭氛围，进而调节胎儿情绪的重要手段，其作用是显而易见的。

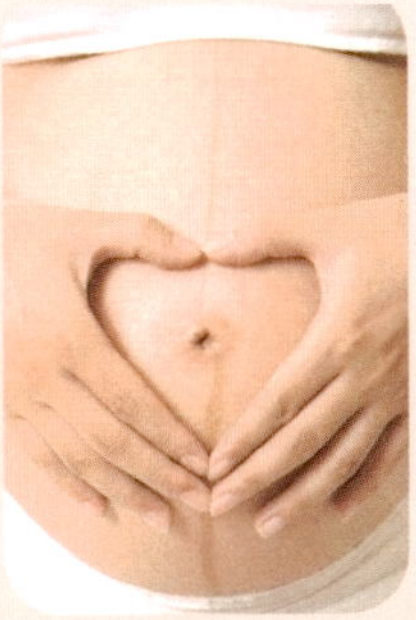

对孕妇来说，除了适时调整自己的情绪之外，能够根据胎儿的生长发育状态，对胎儿进行适当的、超前的良性刺激，也是胎教的内容之一。一般而言，怀孕3个月时，胎儿已经具有了对外界的触觉，能够感觉到抚摸、摇动等刺激。怎样把握对胎儿进行刺激的尺度，怎样运用正确的刺激方法，也是胎教的一项内容。

十月怀胎，对于很多即为人母的女性来说，会遭遇前所未有的惊喜与挑战。对于孕期的种种不适，很多人会选择就医求诊，但稍微有点常识的人都知道，很多的医疗手段，如打针、吃药都会在不同程度上伤及胎儿。与医疗方法不同，胎教所选用的方法均对孕妇无毒、无害，而且易操作，学习起来没有任何难度。作为即将成为妈妈的人，可放心使用，而且在操作过程中，准爸爸也可以参与进来，和孕妇共同迎接生命中那可爱的小宝宝。

近年来，人们对于早教的关注程度在不断上升，实际上比起早教更值得关注的是胎教。如果换一个角度去认识胎教，也可以将其认为是早教的一种，即胎教是比早教更早的教育。

第二节 胎教，每个人的作用不同

一、孕妇

可以说，母体就是胎儿赖以生存的物质基础，是胎教的主角。一方面，母体为胎儿的生长发育提供了一切必要的条件，孕妇的身体素质和营养状况直接关系到胎儿的体质健康；另一方面，孕妇的文化修养、心理状态又不可避免地在胎儿幼小的心灵中产生深远影响，对未来宝宝的精神世界会产生不可估量的影响。

也许有些孕妇会因为自己的文化水平不高而感到气馁，对胎教缺乏信心。其实，这是没有必要的。因为，在胎教过程中最为关键的莫过于母爱。只要孕妇愿意倾注全部的爱心，愿意付出尽可能多的时间和精力来培养胎儿，那么，用不了多久，就会有令人满意的结果。只要愿意，每一个孕妇都能

做到这一点。

二、准爸爸

有人认为，既然胎儿在孕妇的腹中生长，那么胎教的责任自然由孕妇一人承担。其实这种想法是错误的。孕妇是胎教的主角，然而丈夫在胎教过程中，同样担负着重要的作用。丈夫配合的好坏，直接关系着胎教的质量。

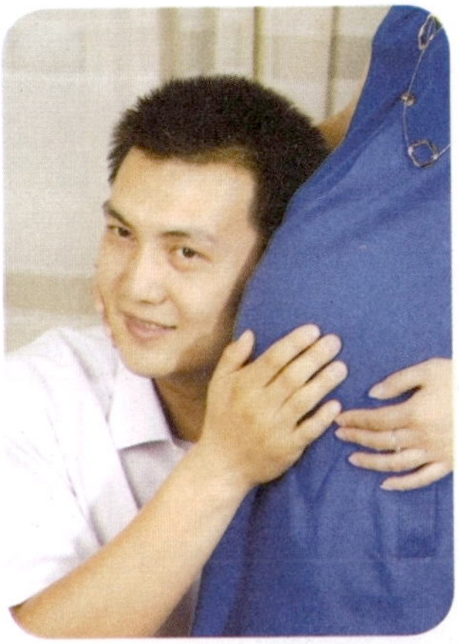

理论上可以把丈夫在胎教中所做的努力分为两大类：受孕胎教和协助胎教。

受孕胎教就是丈夫在让妻子怀孕时，努力地优化一切条件，比如将身体调整至最佳状态，坚定孕育杰出下一代的决心等。在丈夫身体健康、心情放松时孕育的孩子，更容易拥有结实的身体、聪明的头脑。

小贴士

妻子怀孕后，丈夫所要做的协助胎教也是同样重要的。丈夫的帮助与照顾，会使妻子的心情变得安定，这是任何东西都不可代替的“灵丹妙药”。妻子安定的心情继而又给胎儿带来好的影响。

三、全家人

此刻，对于那些刚刚得知怀孕的事实或是正有生育打算的人来说，谈及胎教时有一个概念是绝对不该被遗忘的，这就是所谓的“社会胎教”。

社会胎教如果用一句话来描述，就是胎教的重担不应由孕妇一个人承受。孩子是夫妇二人的结晶，是爷爷奶奶的宝贝，也是叔叔、婶婶、姑妈的可爱侄儿侄女。因此胎教可由以上所有的人齐心协力，共同进行。

目前我国提倡一对夫妇只生一个孩子。但是，一些人往往希望生男孩，或者只想要女孩。家庭其他成员对宝宝性别的好恶，会给孕妇带来思想压

力，进而产生不良影响。家庭成员应尽量避免以下行为：

一些老人，往往是孕妇的母亲或婆婆，总是滔滔不绝地介绍自己当年的亲身感受和经验。当然，这样做不无裨益，但是，其中也有不少夸大之词，甚至把孕育过程说得困难重重而又痛苦。这对于孕妇来说无疑是一种不良刺激，甚至使她产生条件反射，从而导致一场痛苦而又沉闷的妊娠和分娩。这同样会给胎儿造成极为不利的影响。

此外，还有一些老年人，对怀孕的儿媳妇不以为然，认为现在的儿媳妇太娇气。这对于孕妇来说也是一种不良刺激，往往给孕妇原本就烦躁不安的情绪火上浇油，甚至发生口角，从而影响胎儿健康。

因此，在孕妇怀孕期间，家庭所有成员都应给予热情的帮助和充分的体谅，不要给孕妇造成压力，更不要随意指责，而应共同营造一个宽松的生活环境，使胎儿在祥和的气氛中健康地成长。这就是积极参与胎教，为胎教做贡献。

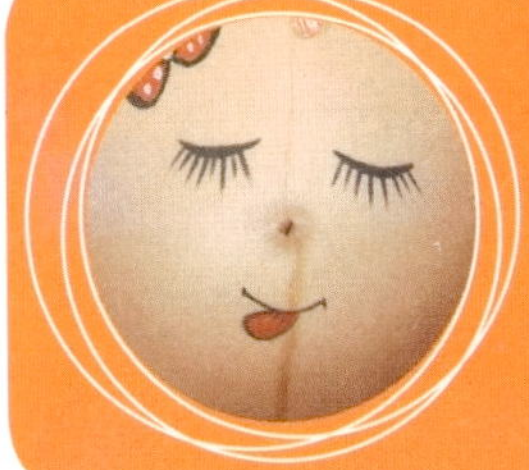

第三节　专家答疑

一、为什么母爱是最好的胎教

蒙蒙问：医师说，母爱是最好的胎教，但是很多人在未见到自己的宝宝时很难产生母爱的感觉，那么母爱在胎教中有什么作用？

答：在实施胎教时，无论采取哪种方式，其主要目的都是让胎儿每一天都能得到充足的母爱。反过来，只有用足够的母爱，才能使孕妇保持愉悦的心态，积极正确地运用各种胎教方法，促进胎儿的良好发育。因此，作为孕妇要以百倍的爱心，进入好母亲的角色，使用爱的语言，充满爱的心情，向胎儿传递爱的信息；作为丈夫为了让胎儿得到完整的爱，也要以温柔的爱心来对待与呵护自己的妻子，共同参与科学的胎教。

二、如何对胎儿施行分期保护

小琴问：最近听说了分期保护的说法，请问什么是分期保护？应该怎么实施？

答：对胎儿实行分期保护，预防流产、早产、畸胎是胎教的重要任务，具体来说可以这样做：

①怀孕后1～3个月为孕早期，分期保护的主要内容是防流产和防畸胎。孕早期预防流产的重点是防止跌跤，不从事重体力劳动。特别是不挑、抬、提、扛重物，更不能挤压腹部，做剧烈运动。因此，为保证胎儿的健康成长，最好停止性生活。一旦出现阴道流血、小腹痛等，应立即就医。

防畸胎要注意不滥用药物，不密切接触农药等有毒物质和放射性药物，做好病毒性感染的预防工作，尤其是预防巨细胞病毒、风疹、乙型肝炎感染。

②怀孕后4～7个月是孕中期，分期保护的主要内容是均衡膳食、合理营养。这一时期胎儿相对安全，生长发育十分旺盛，需要摄取充足、齐全的各种营养素。因此，要求孕妇摄取优质蛋白、维生素和矿物质。

③怀孕后8～10个月是孕晚期，是进行胎儿保护的重点时期，孕妇要定期做产检，及时发现胎位不正和妊娠并发症。

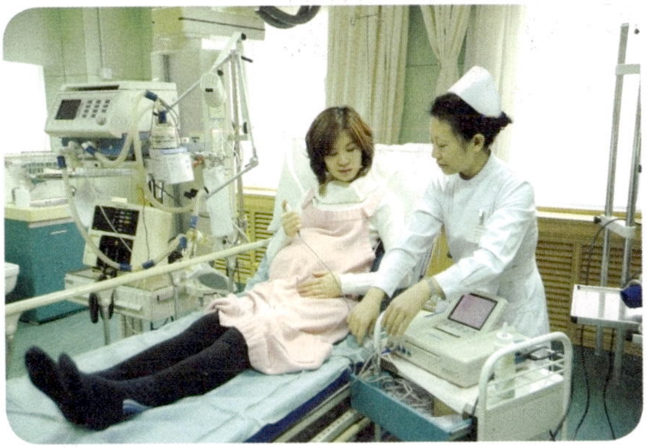

小贴士

妊娠中毒症、前置胎盘和胎盘早剥严重危害胎儿和孕妇的生命安全，是造成胎儿死亡和孕妇早产的主要原因。因此，必须重视孕晚期的检查，防患于未然，一旦发现异常就要及时就医。

三、应该怎样安排胎教时间

小凤问：我很想对宝宝进行胎教，但是不知道在什么时候开始，什么时候结束，每次胎教大概要进行多长时间，我应该怎样安排胎教时间？

答：胎教是一个循序渐进、持之以恒的过程，不能操之过急，更不能半途而废，应结合胎儿的生长发育过程逐步展开。在怀孕后的1～3个月，要注重安胎。从第4个月起，要按照孕妇生活安排胎教时间，最好在清晨起床后，傍晚下班后，晚上临睡前进行胎教。怀孕4～5个月，可进行音乐胎教，每日2次，每次3～5分钟。怀孕5～7个月，音乐胎教的形式可转为轮流播放两首乐曲，夫妻双方为胎儿唱歌，和胎儿谈话，每日2次，每次4～5分钟。怀孕7个月，可以选择胎教课程班，每日3次，每次6～10分钟，早上唱歌或讲故事，傍晚和临睡前听音乐或写字、看书。

四、为什么说优孕是胎教的基础

方方问：我马上要准备怀孕了，请问专家，优孕对胎教有作用吗？

答：当然有。只有成功受孕，才有可能正常实行胎教。或者说，我们可以把胎教的范围延伸到孕前。补充孕产知识，合理安排膳食，及时调节情绪，为了生出健康的孩子而事先计划，不仅可以提高受孕率，而且可使一颗健康的受精卵在子宫“着陆”，并按照胎儿的发育规律形成、发育。只有胎儿按照正常规律发育，准父母们才可用本书中所提供的适时胎教方法进行胎教。同时只有实现了优孕，才可使孕妇开心地度过每一天，使情绪胎教发挥最好的效果。

小贴士

事实证明，有计划地怀孕可以使生下畸形儿的概率大大降低。这比保证孕妇身心愉快地度过怀孕280天、迎接孩子的降临更为重要。

五、胎教的种类有哪些

小张问：除了音乐胎教这些人们通常认为的胎教方法之外，还有其他类型的胎教方法吗？

答：胎教的种类有很多，各自发挥着不同的作用，具体来说是这样的：

①情绪胎教对胎儿的健康成长起着举足轻重的作用，当胎儿在母体中，最早听到的声音就是孕妇的心跳和脉搏，而孕妇的心跳和脉搏与情绪息息相关。胎儿根据孕妇心跳的频率可以直接感受到孕妇的喜、怒、哀、乐，特别是当胎儿感受到孕妇爽朗

的笑声和愉快的说话声或歌唱声时，也会相应做出专注和兴奋的反应。

②语言胎教是孕妇和丈夫与胎儿交流的最直接的手段。孕妇和丈夫用文明、礼貌的语言，有目的地与胎儿进行交流，使胎儿感受最初的语言刺激，就称为语言胎教。语言胎教可促进胎儿语言能力的良好发育，加强母子之间和父子之间的交流。

③抚摸胎教是指孕妇用手轻轻地抚摸腹部，给腹部带来良好的情绪刺激，促进胎儿的神经系统和大脑发育的胎教方法。当然，丈夫对胎儿进行的抚摸胎教也是不可缺少的。

④脚部是人体气血淤积的部位，人体的很多部位都可在脚部找到相应的反射区，因此按摩脚部反射区，可以缓解孕期不适。按摩胎教就是由此产生的。这种胎教方法既可以由孕妇单独进行，也可以在丈夫的协助下完成。按摩胎教可以有效缓解孕吐、腰酸背痛、抽筋、浮肿等症状，还可以让胎儿获得愉快的心情。但实施按摩胎教前，要咨询医师再进行，同时要注意按摩的力度，不可用力过猛。

⑤音乐胎教对孕妇和胎儿的智力开发具有特殊的功能，可以向胎儿传递健康的“音符”，陶冶孕妇自身情趣，使其进入一个宁静的精神状态。

⑥营养胎教是指孕妇在怀孕的过程中，根据自身的变化和胎儿发育，适时、全面而均衡地补充各种营养素。这种胎教既可以为胎儿提供丰富的营养素，防止胎儿发育不良，又可以通过食疗法缓解孕期的各种不适。

⑦运动胎教是通过各种运动来缓解孕妇在各个时期的常见不适，如孕吐、腰酸背痛，从而使孕妇健康、顺利地度过孕期，以愉悦的心情迎接分娩的到来。但要注意的是，进行运动胎教要经过专业医师的指导，掌握运动的方法和强度。一般来讲，进行运动胎教的时间，在傍晚胎动频繁时比较理想，但不要太晚，以免使胎儿过于兴奋。

小贴士

第5个月时，胎儿就开始逐渐有咂拇指、握拳头，乃至伸展四肢、转身、翻筋头等活动了，这时夫妻双方可以通过动作和声音，与胎儿沟通信息。6～7个月时，孕妇可以感觉出胎儿的形体，8个月时，孕妇可以分辨出胎儿的头和背了，这时准妈妈可以轻轻地“推着”胎儿在腹中“散步”。

第二章　第1个月

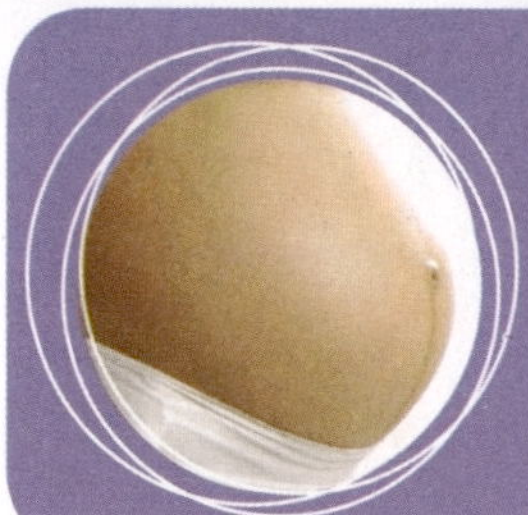

第一节 胎儿和孕妇的变化

一、胎儿

受精后约7～10日，受精卵便在子宫内膜着床，并从母体中吸收养分，开始发育。在前8周时，应该称为胚胎，还不能称作胎儿。

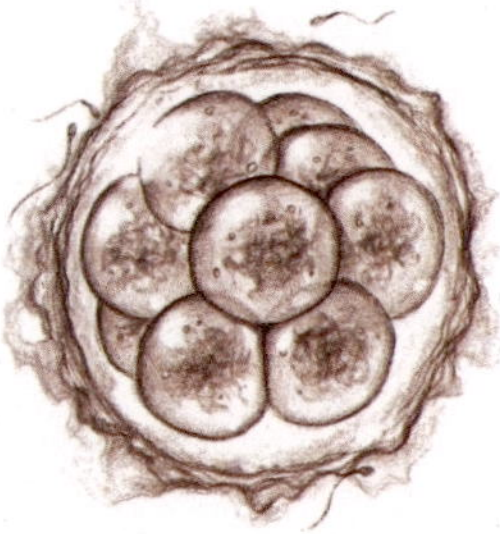

胚胎的大小在怀孕第3周后期约长0.5～1厘米，体重不及1克，但肉眼已能看出其外形。外表上，胚胎尚无法明显地区分头部和身体，并且长有鳃弓和尾巴，和其他动物的胚胎发育并无两样。而此时原始的胎盘开始成形，胎膜（亦称绒毛膜）亦于此时形成。

此时，从胎教的角度来说，要优化胎教的生长环境，为胚胎发育提供充足的营养。同时由于胚胎极其敏感，所以预防流产也是此时胎教的重点。

二、孕妇

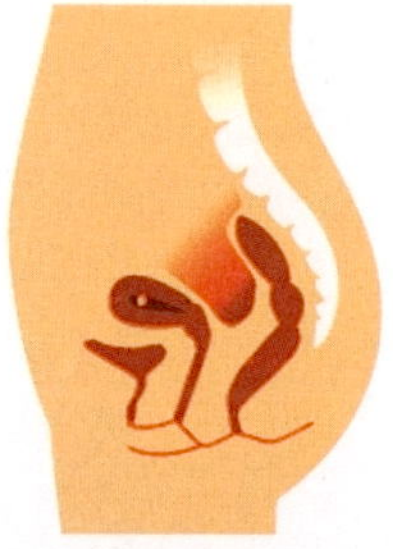

实际上，受精卵形成的1周之内还不能称为怀孕。孕妇常在2周以后开始出现怀孕迹象，因此这一时期尚未有任何症状。

不过有些人的身体会有发寒、发热、慵懒困倦及难以成眠的症状，因一时未察觉是怀孕，往往还误认为是感冒。

这时子宫的大小与未怀孕时相同，还没有增大的现象。

这一时期，胎教的内容主要是适当补充蛋白质、热能、维生素，拒绝刺激性饮食，用简单的运动胎教和按摩胎教缓解尿频和分泌物增多等孕期不适。另外，准妈妈从这个月开始就可以用日记的形式记录胎儿和自己的变化了。

专题

孕早期的情绪胎教

怀孕后的1～3个月被称为孕早期，这时许多的孕妇正在为怀上小宝宝而感到骄傲、自豪和满足。但同时，孕早期出现的一系列身体不适，如孕吐、恶心、头晕、嗜睡、乏力、食欲不振，以及担心孕期会出现对胎儿不利的情况等，会严重影响孕妇的情绪。一些经常打针、吃药的人担心胎儿畸形，经济条件不好的孕妇担心胎儿缺乏营养，稍有腰酸背痛就担心流产等等，也加剧了孕早期的心理不适。这时除了运用营养胎教法、运动胎教法、按摩胎教法外，还需要通过情绪胎教，缓解孕早期的心理不适，具体来说可以这样做：

一方面，孕妇要加强自我调节。对孕妇来说，通过情绪胎教的一些小方法，如换一种角度来思考这些事情，往往会带来意想不到的好心情。孕妇可以将此作为借口避免参加自己不想参加的社交活动，从而得到更好的休息和放松。另一方面，丈夫及其家人要努力营造和谐的家庭氛围，排除使孕妇不安的因素，从而提升情绪胎教的效果。

除上述方法外，在这一阶段，孕妇可以适当参加与怀孕有关的辅导班，积累怀孕、分娩和育儿常识。这些做法既分散了由孕期不适而带来的烦恼，又增长了孕期知识，打消了不必要的担心。情绪胎教既可让孕妇情绪平和、心情愉悦，又可为胎儿成长奠定良好的基础。

小贴士

孕妇可以充分调动身边的人，多向有经验的妈妈学习和请教，适时寻求老人的帮助，让丈夫承担一定的家务等。最重要的是，要保持平和的心态，遇事冷静。一旦出现明显的不适症状，要及时寻求医师的帮助。

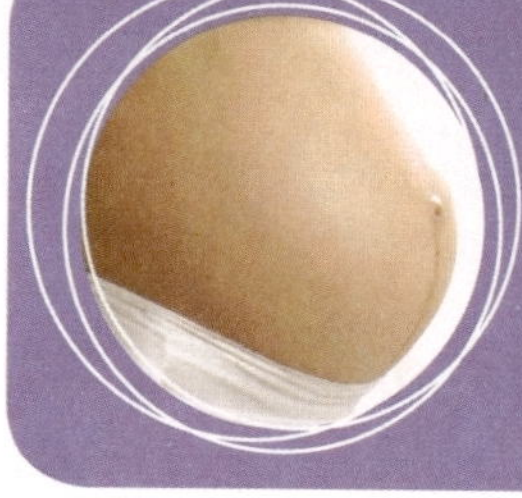

第二节　营养胎教：用营养来安胎

在怀孕的前3个月，胚胎发育较为缓慢，胎盘和母体的变化不太明显。在营养素的需求上，大体和没有怀孕时相同。然而，此时又是胚胎发育的关键期，孕妇如果不注重饮食调养，不想吃就不吃，很容易导致母体缺乏营养，从而不能给胎盘输送充足的养分，导致胎儿畸形。

一、合理而全面的营养

孕早期，胚胎各器官的形成发育需要各种营养素，包括蛋白质、脂肪、碳水化合物、矿物质、维生素和水，同时要避免偏食。在营养胎教方面，孕妇的饮食应满足胚胎对各种营养素的需要，还应考虑孕早期反应的特点，适合孕妇的口味。下面这道糖醋白菜清淡爽口，可有效帮助食欲不振、呕吐的孕妇增进食欲，补充维生素和热能。

糖醋白菜

【原料】

主料：白菜心250克，胡萝卜50克。

辅料：花生油、白糖、食醋、精盐、开水适量。

【做法】

①先将白菜心切成筷子粗细的长条，再切成小段，放在盆里，撒上精盐腌20分钟左右，用手轻轻挤去水分，放在深盘内。

②将胡萝卜洗净，切成细丝，用开水焯一下，捞出控净水，放在盛白菜的盘内，掺拌均匀，使之红白相间。

③将炒锅置于火上，加入花生油烧热，烹入食醋，再加入白糖烧化，用小火熬制片刻，待略有黏性时，倒出晾凉，浇在白菜上即可。

【特点】

酸甜适口，清脆宜人。含有丰富的维生素C、维生素A、纤维素、矿物质、碳水化合物及水分。

二、保证优质蛋白质的供给

蛋白质是构成人体组织最重要的物质，对于胚胎的发育、母体的健康有着重要作用。蛋白质缺乏会影响胎儿中枢神经系统的发育和功能，使脑组织

细胞数量减少，即使在胎儿出生后再摄入足够的蛋白质也不能恢复。早期胚胎缺乏氨基酸合成酶，不能合成自身所需要的氨基酸，而要由母体供给。

小贴士

孕早期孕妇的蛋白质摄入量应不低于未孕妇女的摄入量。肉类、奶类、蛋类和鱼类蛋白质属优质蛋白质，在饮食中应占适当比例。

一般来说，普通女性按照从事的体力劳动的轻重程度，每日需要摄入65～80克蛋白质，而孕早期女性要摄入70～85克。下面这道猪肝拌菠菜既清淡可口，又富含丰富的优质蛋白质，是孕期不可缺少的佳肴。

猪肝拌菠菜

【原料】

主料：熟猪肝100克，菠菜200克。

辅料：海米5克，香菜1根，精盐、味精、酱油、食醋、蒜泥、麻油、开水适量。

【做法】

①将猪肝切成小薄片，海米用温水浸泡好。

②将菠菜择好洗净，切成3厘米长的段，放入开水中氽一下捞出，再放入凉开水中浸一下，控净水。

③洗净香菜，切成2厘米长的段。

④将菠菜放在盘内，上面放上猪肝片、香菜段、海米。再将精盐、味精、酱油、食醋、麻油、蒜泥放入碗内，兑成调味汁，浇在菜上即成。

【特点】

清淡鲜香，含有多种营养素，尤其含有丰富的动物性优质蛋白质，维生素A、维生素D、维生素B_{12}、叶酸及钙、锌、碘、铁等矿物质。

三、适当增加热能的摄入

孕妇热能的需要量应随着孕期基础代谢的增加、胎儿和胎盘的生长发育、母体有关组织的增大以及体重的增加而增加。孕早期基础代谢增加不明显，胚胎发育缓慢，母体体重、乳房发育变化不大，所以热能的摄入量只要比未孕时略有增加就可以满足需要。普通女性，按照体力劳动的强度，每日应摄入2100～2700千卡（1千卡约合4.184千焦）的热能，随着孕期的不断发展，孕妇要在此基础上增加200千卡。一般来说，孕早期的热能不可低于普通女性的标准。

热能主要来源于脂肪和碳水化合物。脂肪主要来源于动物油和植物油。植物油中如麻油、豆油、花生油、玉米油等既能提供热能，又能满足母体和胎儿对脂肪酸的需要，是烹调食物时的理想用油。

某些孕妇因孕期反应，怕油腻，喜清淡，造成热能摄入不足，必需脂肪酸缺乏，这对于胚胎发育和母体健康不利。因此，应当采取适当的烹调方法，使食物油而不腻，清爽可口。

小贴士

碳水化合物主要来源于蔗糖、面粉、大米、玉米、小米、红薯、土豆、山药等。碳水化合物比脂肪容易消化，在胃内停留时间较短，能缓解孕早期反应。

下面介绍的糖醋红丁可帮助孕妇调节胃口，缓解孕吐，防治便秘，而且简单易做，非常实惠。

糖醋红丁

【原料】

主料：小红圆萝卜（带叶）200克。

辅料：白糖、食醋、凉开水适量。

【做法】

①将小红圆萝卜洗净，切去根部，择掉老叶，留下几片嫩叶。用刀从萝卜根部先横着切出一道道刀纹（不要切断成片），再竖着切出刀纹使之呈菊花状。把切好的萝卜放入凉开水中浸泡20分钟，至刀口张开，捞出控干水。

②将白糖、食醋同放入一碗中，用小勺不停地搅拌，至白糖溶化后，浇在萝卜上即成。

【特点】

色泽鲜艳，酸甜清脆。含有丰富的热能、维生素C、纤维素和水分。

四、确保无机盐、维生素的供给

无机盐和维生素对保证胚胎器官的形成发育有重要作用。在怀孕9～10周，胚胎骨骼开始骨化，若钙和磷的摄入量不足会影响骨骼的发育。有些孕妇因妊娠反应，食物摄入量减少，而精制食品摄入量增多，致使铁的摄入量不足。母体内含铁量不足，是造成孕中期、孕晚期贫血的主要原因。锌对胚胎的脑发育有重要作用，动物试验还证明，锌的缺乏会导致动物胎仔畸形。从怀孕起，母体对锌的需要量迅速增加，孕妇应适当摄入含丰富钙、磷、铁、锌的食物。奶类、豆类、海产品、肉类、动物血、海带、木耳、芝麻等含有丰富的钙和磷。肉类、动物肝脏、蛋类、花生、核桃、杏仁、麦胚、豆类、牡蛎、鲱鱼等含有较多的锌。

这个月以及随后的两个月要特别注意维生素B_1、维生素B_2、维生素B_6的补充。B族维生素主要来源于谷类粮食，但对于加工过细的精米、精粉，B族维生素含量明显减少。因此，孕妇应多吃标准米和标准粉。此外，水果、蔬菜中含有丰富的维生素，是孕期不可缺少的食物。

小贴士

在烹调加工中还要注意保护，以免损失维生素。如做面食时尽量少加碱或不加碱，淘米时不要过分搓洗。

杂锦鸡

【原料】

主料：鸡肉300克，榄仁100克，青豆150克，胡萝卜半个，蒜茸1/2茶匙，料酒2茶匙。

辅料：盐1/4茶匙，蛋清1汤匙，淀粉3/4茶匙，姜汁1茶匙，油1汤匙。

芡汁料：生抽1茶匙，盐、糖3/4茶匙，淀粉1/2茶匙，麻油各少许，清水2汤匙。

【做法】

①榄仁用温油炸至微黄色盛出。

②青豆洗净，胡萝卜去皮切粒。

③鸡肉洗净切粗粒，加入调味料（辅料）拌匀，腌20分钟，泡嫩备用。

④烧热锅，下油1汤匙爆香蒜茸，加入青豆、胡萝卜略炒，鸡肉回锅，加料酒，下芡汁料及榄仁炒匀上碟即成。

【特点】

豆类和瘦肉中含丰富的维生素B_1，能减轻孕吐症状，并可缓解精神疲劳、肌肉痉挛、妊娠毒血等症状。

五、少喝含酒精的饮料

长期饮酒或饮含酒精的饮料会影响母体健康和胚胎发育。蒸馏酒（白干、烧酒）中乙醇含量较高，发酵酒（啤酒、果酒、黄酒）中乙醇含量较低，但都不宜经常饮用。

小贴士

软饮料即不含酒精的饮料，如汽水、橘子汁、果子露、酸梅汤等可适量饮用。但孕妇大量饮用咖啡会影响胎儿发育。

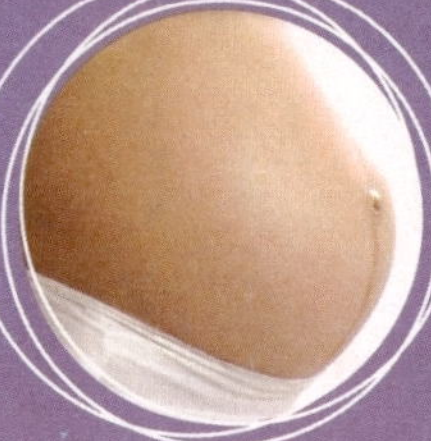

第三节 运动胎教：缓解孕期紧张和疲劳

需要强调的是，在怀孕第4周之前，精子的着床过程还没有完全结束，所以切不可进行剧烈运动。此时，运动胎教强调只要做适当的伸展运动和筋骨锻炼就可以有效缓解孕期情绪和肌肉的双重紧张状态，消除疲劳感。

一、舒展背部

Step1、Step2：盘腿而坐。低头让两手手指在胸前交叉，然后抬头，将交叉的手指再一起向上推过头顶。

Step3：背部伸直，借用两臂的力量尽力向上推。上推的同时吸气，随着两臂的放下再缓缓地吐气。

功效：反复做这一动作可以强化筋骨，解除双肩紧张状态。

二、转动颈部

Step1、Step2、Step3、Step4：脖子向右边缓缓转动侧视右方，然后变为向左转动并侧视左方。向上仰视，再转而向下。

功效：通过从左到右，再从右到左的旋转，可以缓解颈部的僵硬状态，达到松弛肌肉的效果。

小贴士

进行颈部运动时，孕妇不可用力过猛，以免扭伤颈部，造成不必要的麻烦。在所有的运动胎教中，孕妇应保持平和稳定的情绪状态，这是运动胎教和情绪胎教相结合的过程。

三、拉伸腰部

◎两腿叉开而立，两臂伸开置于胸部前沿。

◎一只手高高举起，另一只手放在下端，在一侧腰部收缩的同时尽可能地拉伸另一侧的腰部。接着换一个方向重复这一动作。

功效：可拉伸腰部肌肉，缓解孕期肌肉紧张。

四、拉伸腿部

◎在一条腿向前迈出的姿势下把前腿伸直，让脚后跟接触到地面。

◎后腿弯曲的同时尽量使上半身的头部和腰部保持一条直线。保持15~30秒，注意呼吸均匀。为使前腿的膝盖不发生弯曲，可以用手轻轻按住。

功效：增加腿部后半边肌肉韧带的柔韧程度。

五、手部运动

双手推门势

◎双手手掌向前方完全张开。

◎双臂分开与臀部同宽，举至肩膀的高度。

◎一边收缩手臂一边长长地吸气，在伸直手臂的同时再将气息呼出。重复4次。

功效：让孕妇内心安定下来并使腰部变得更加结实。对伸展孕妇的骨盆也具有一定的好处，还可以疏通全身的气血，给胎儿带来充足的氧气。

叠手姿势

◎两手手指交叉向前推，然后先向上举，再移动到头后，最后头部向后倾。

◎将此套动作重复2次。

功效：疏通上半身的气血，帮助消化，强化肾脏的机能，缓解腰部的疼痛。

专题

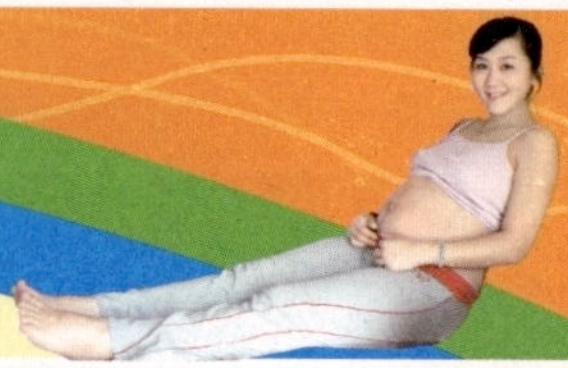

孕妇运动的好处及注意事项

孕妇运动的好处

① 维持孕妇的健康并提高顺产的概率。有些女性在怀孕之后过度补充营养，导致肥胖，从而增加了妊娠高血压综合征的发病率和巨大儿的出生概率，给分娩造成困难，加剧了分娩痛苦，增大了产后恢复的难度。

适量的运动胎教不仅能够维持孕妇的健康，还可以提高顺产的概率。因为，分娩时起重要作用的腿部肌肉与腰部肌肉可以在运动中得到一定的锻炼。

小贴士

能够熟练地运用自然的呼吸方法将增大孕妇肺活量，能够使其更好地战胜阵痛。有关研究结果表明：在怀孕过程中保持规律运动的孕妇，持续阵痛的时间往往较为短暂。

②帮助胎儿的身体和大脑发育。运动胎教可以通过母体给胎儿提供新鲜的氧气。氧气不仅使胎儿的脑部得以活性化，还能起到维持身体各种机能正常运作的作用。

③ 使孕妇心情愉快、内心安稳。运动胎教会使孕妇的体内开始分泌内啡肽，使其心情愉快，内心安稳。孕妇腹部肌肉的自然活动会对胎儿起到按摩效果，这样一来，胎儿也就同样体验到了那种平安快乐的感觉，从而巩固了营养胎教和情绪胎教的成果。

孕妇运动的注意事项

运动胎教中，孕妇应当根据自己的身体状态寻找最为合适的运动项目，并维持适度的运动量。无论是否处在运动中，当感到疲劳时，应立刻停止运动，并进行充分的休息。怀孕后放弃一切自己曾经喜爱的运动是没有必要的，但是在确认自己怀孕的事实之后，不能增加运动量，要避免幅度较大或可能造成剧烈震动的运动。同时，不能长时间站立，应禁止参加高台跳水、滑翔、潜水和足球等运动。为了更好地锻炼，孕妇应多做一些强化腰部和背部力量的运动，在俯卧状态下锻炼背部的肌肉。

特别要小心的是阴道出血，若出现有清水一样的分泌物从阴道中流出，足关节或手、脸突然浮肿，血压明显上升，急剧的收缩或腹痛症状，要立即停止运动。除此以外，妊娠高血压综合征患者、怀双胞胎的孕妇、心脏病患者和胎盘前置的孕妇最好不要进行运动胎教。

第四节 按摩胎教：缓解孕期看似“不正常”的常见现象

由于身体的变化，女性怀孕后会出现分泌物增多、尿频等不适，虽然这些症状都是孕期的常见现象，但会给孕妇的生活带来诸多不便，这时可通过按摩缓解这些不适。如果孕妇接受按摩，一定要告知按摩者自己的怀孕症状和注意事项，使其有针对性地轻轻按摩。若出现不适，应及时向医生寻求帮助。

一、分泌物增多

◎在肾脏反射区涌泉穴上用大拇指轻轻地按1～2次。

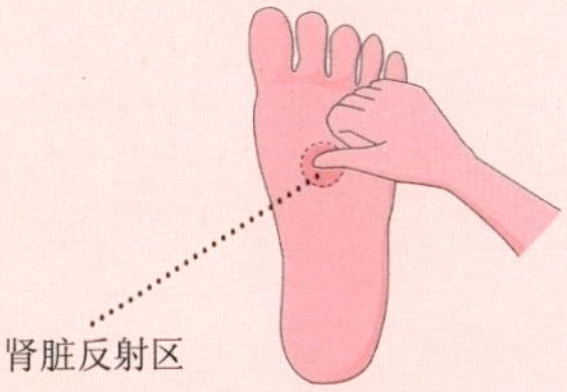

◎用大拇指在膀胱反射区上下按摩3次。

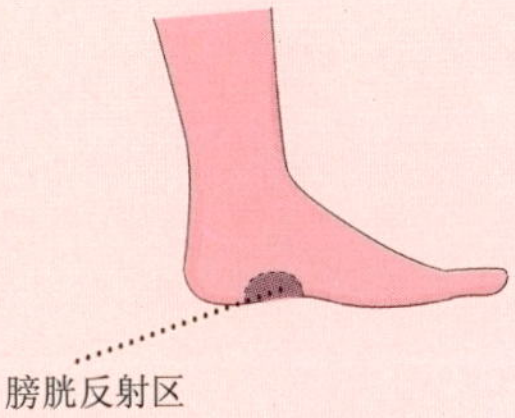

◎握起拳头在脚后跟底部的生殖腺反射区上轻轻敲击4～5次。

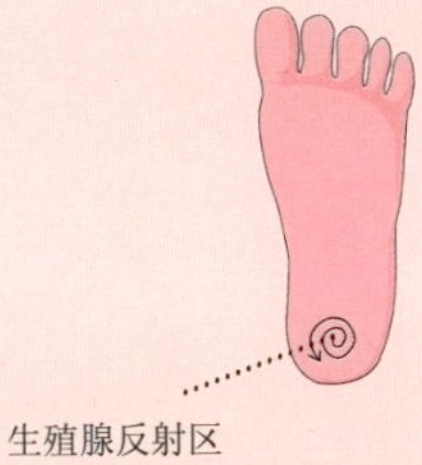

◎涌泉穴和膀胱反射区之间是输尿管反射区，在这一区域用大拇指滑动搓摩约9次。

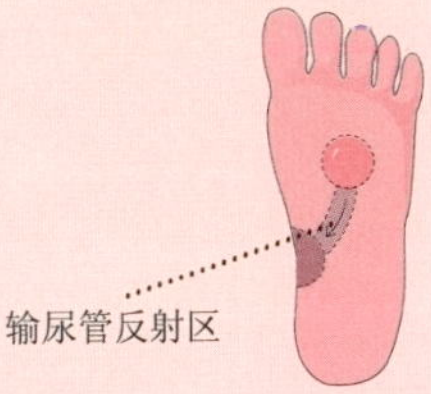

◎用大拇指按摩位于大脚趾底部的大脑反射区，每次持续4秒钟，共进行4～5次。

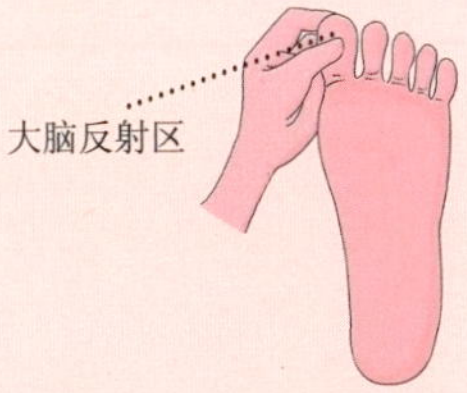

◎在子宫和卵巢反射区按照逆时针方向画圆。

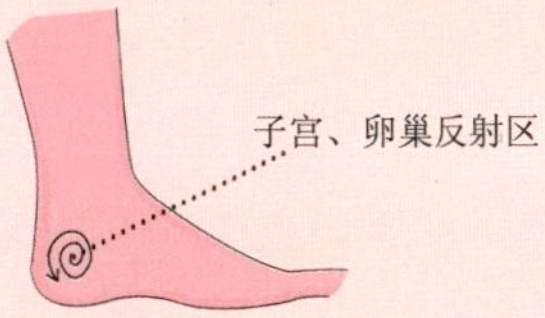

小贴士

分泌物增多是孕期正常现象，孕妇没必要惊慌。若出现分泌物颜色深、有异味，外阴瘙痒的情况，应及时就医并保持良好的卫生习惯，同时应选择棉质的宽松内衣。

二、尿频

◎在肾脏的反射区涌泉穴上用大拇指缓慢地连按4下，再重复3～4次。

◎在涌泉穴和膀胱反射区之间的输尿管反射区，按照箭头所示方向用大拇指滑动搓摩约9次。

◎在膀胱反射区，以没有痛感为前提，按3秒钟，重复按3次。

◎用大拇指轻按位于大脚趾底部的大脑反射区，重复4～5次。

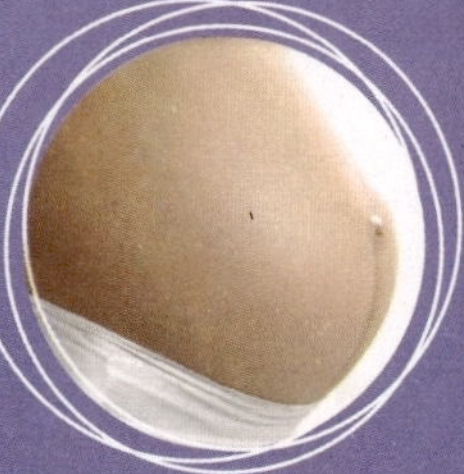

第五节　日记胎教：让孕妇拥有安静平和的心态

受到体内激素变化的影响，孕妇往往都会有不安的感觉，因此，孕妇有必要对自己的内心进行一番探索。想要达到这个目的，最好的手段就是写日记。对孕妇来说，日记胎教其实是为了更好地了解自己，通过这一过程可以使自己不安的内心渐渐平和下来，并逐步加深对胎儿的爱。与丈夫一起写日记还可以增进夫妻感情，使夫妻关系更加和谐，从而使孕妇得到情绪上的安慰感，自然而然地提升胎教的效果。

一、购买自己喜欢的笔记本

写日记并不像说话那么简单，怀孕之后即使意识到了有写日记的必要，也未必知道该写些什么。有的时候甚至会觉得这是一件比写作业还要困难的事情。

其实，一切胎教方法的根本都是让孕妇内心变得更加愉快，写日记也一样。记录胎儿的成长过程并用爱心去进行写作，这就是它的根本所在。

首先，孕妇应买一本自己喜欢的笔记本，学生专用的笔记本或带有漂亮图片的手册都是不错的选择。把买来的日记本放在最显眼的地方，好让自己在任何时候都可以记录。孕妇还应该把它当做自己在怀孕期间最亲密的朋友，与其分享所有的秘密和心里话。

小贴士

孕妇选择日记本时，要选择自己喜欢的、纸质较好且没有刺激性气味的产品。孕妇千万不要有强迫自己写日记的想法，应尊重自己的真实意愿。

二、按自己的想法写日记

孕妇写日记不必拘泥于一种形式，可以写得很长，也可以写得很短，一封信或几句深有感触的话语都是很好的日记内容。孕妇可以在睡觉前像与胎儿进行交谈一样把自己想说的话写成一封信。需要注意的是，一旦开始写日记，就要做好对写下的内容负责的准备。

每天都写日记固然是一个很好的习惯，但也没有必要天天如此。如果孕妇工作繁忙，完全可以根据自己的意愿，在特别想与胎儿对话时，以及有特殊事件发生时写日记。

三、随时记录自己和胎儿的变化

一本好的胎教日记往往涵盖了孕妇和胎儿的所有变化，刚刚得知怀孕消息、第一次感觉胎动、通过B超检查看到胎儿的模样、听到胎儿心脏跳动的声音等，都是胎教日记的内容。在这些特殊的时刻，孕妇可以把自己的喜悦和神秘感一一记录下来，也可以把在胎教过程中读过的诗句或播放的音乐，自己和丈夫之间的深厚感情以及对胎儿的无限期待全部作为日记的内容。

四、把日记的内容读给胎儿听

孕妇写完一篇日记后可以朗读出来，使胎儿对爸爸妈妈充满爱意的声音产生好感，同时，孕妇可以用阅读童话书的方法来阅读日记。此时胎儿并非靠听觉，而是靠感觉来接受父母通过语言传达给自己的信号。而日记中所记载的父母对他的关心和爱护会滋润他的心灵，让他在充满爱的环境中更好地生长。

小贴士

孕妇在读日记的时候要用轻缓的叙述节奏，充满爱的语气，让自己和胎儿得到放松。

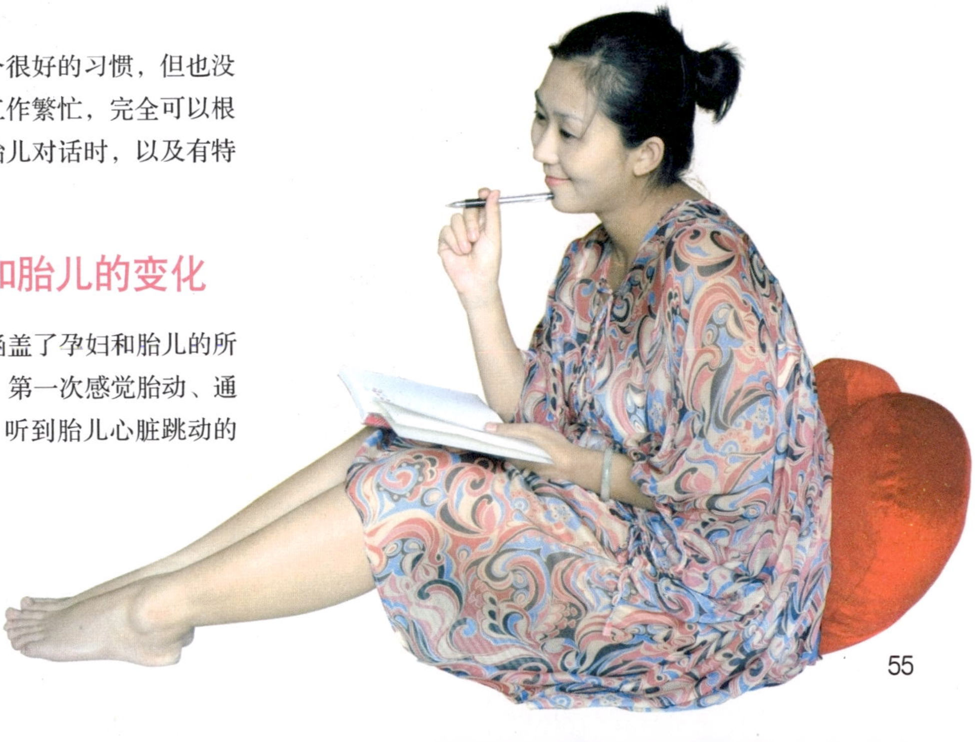

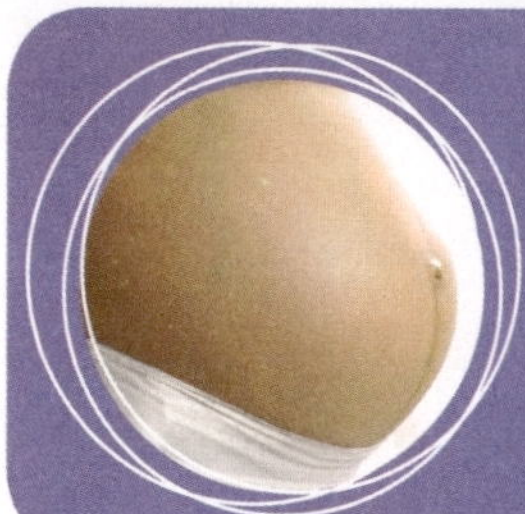

第六节 专家答疑

一、孕妇应如何使用电脑

苗苗问：因为工作的原因，我每天都得和电脑打交道，请问对于怀孕的妈妈来说，如何使用电脑更安全？

答：对于孕妇来说，只能减少电脑对胎儿的影响，而不能杜绝电脑对胎儿的影响：

①从营养胎教的角度来说，孕妇最好多吃新鲜的蔬菜和水果，这有利于增加维生素A、维生素B_1、维生素C、维生素E的摄入，预防孕妇因注视电脑时间过长而引起角膜干燥、眼干涩、视力下降、夜盲症等。此外，孕妇还可以每天喝点绿茶，以减少辐射对身体的损害。同时，茶叶中的脂多糖，可改善机体造血功能，使孕妇在短时间内增强机体的非特异性免疫力。

②从环境胎教而言，孕妇每周接触电脑时间应不超过20小时，还要注意劳逸结合，防止肌腱劳损。长时间坐着操作电脑会导致孕妇盆腔血液滞留不畅，因而影响胎儿的健康发育。此外，长久保持坐姿还会导致孕妇手指关节、手腕、手臂肌肉、双肩、颈部、背部等部位出现酸胀疼痛。因此，孕妇在工作一小时后应休息10分钟，做到劳逸结合。此外，孕妇还要注意电脑与座椅的高低配合。

③为了避免荧光屏反光或不清晰，电脑不应放置在窗户的对面或背面，并且在使用过程中，要注意用眼卫生。孕妇操作电脑的环境照明要柔和，如果有窗户应拉上窗帘，避免亮光直接照射到屏幕上使眼睛疲劳，眼睛与文稿、屏幕的距离应保持在50厘米以上。

小贴士

孕妇使用电脑工作时，应在面部及双手涂抹防辐射的护肤油。

二、孕妇应如何使用手机

烁烁问：我的生活离不开手机，请问手机对孕妇有不好的影响吗？应该怎样使用？

答：手机信号是通过高频电磁波发射出去的，而发射天线周围存在微波辐射。一旦手机发射的微波过多，就会对孕妇产生危害。这就要求孕妇警惕周围环境对自身及胎儿的影响，这也是环境胎教的重点内容。

具体而言，有相当一部分微波辐射会被孕妇吸收到身体内部，造成危害。这一过程不会被孕妇感受到，却会对胎儿的生长发育和孕妇的身体健康造成影响。

科学研究已证实，与很少使用手机的人相比，长期接听手机的人患脑瘤的概率大大增大，而长期将手机放置在腰部或裤兜中的人，会产生生殖障碍。而对于孕妇来说，更为重要的是，手机辐射还会导致流产、畸胎或死胎，甚至影响孩子出生后的行为表现。

因此，孕妇最好不要贴身放手机；接听手机时最好使用耳机，不要来回走动，避免手机直接辐射大脑和由于信号不稳定而加剧辐射。另外，手机在电快用完时辐射非常大，所以此时不要用手机。

三、复印机对胎儿有什么伤害

宁宁问：没怀孕时，我就知道复印机会产生静电，会对人体有伤害。那么对于我这个离不开复印机的孕妇来说，使用复印机不仅对自己不好，还会伤害胎儿，请问使用复印机会对胎儿造成哪些伤害？

答：科学研究证实，静电作用会使复印机产生臭氧，笼罩在复印室周围。距离复印机0.5米的臭氧层足以对孕妇的身体健康造成影响。这些臭氧是复印机中带高电压的部件与空气进行化学反应产生出来的。由于臭氧具有强氧化作用，因而可以对孕妇的呼吸道产生较强的刺激，破坏胎教效果。如果复印室空气流通不好，再加上臭氧本身流动慢，极易引发“复印机综合征”，主要表现为过敏、咽部干燥、咳嗽、胸闷、头痛、视力衰弱、中毒性浮肿，甚至会产生精神系统疾病。如果孕妇患上以上疾病，会严重影响胎儿的生长发育和孕妇的身体健康。

小贴士

如果你的办公室里有一台复印机，可以跟同事商量，把它放在一个空气流通比较好的地方，并要避免日光直接照射，这样一来，有毒气体对人的危害就会大大减小。工作上你除了尽可能地减少与复印机打交道的次数外，还要尽量避免待在正在开启的复印机旁边，必要的时候让同事帮你复印。

四、孕妇如何安全乘坐公交车

泛泛问：我是个上班族，每天需要坐公交车，车子晃晃悠悠的，让我觉得坐都坐不稳，我很担心有一天会失去宝宝，流产，请问我应该怎样乘公交车？

答：乘坐公交车时，为了避免疲劳和出现腰疼，可用一个垫子放在腰部。并要在200～300千米

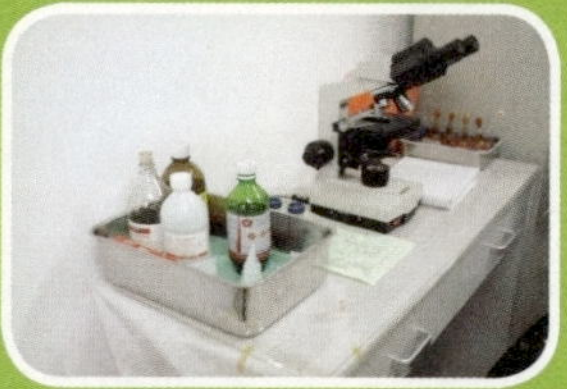
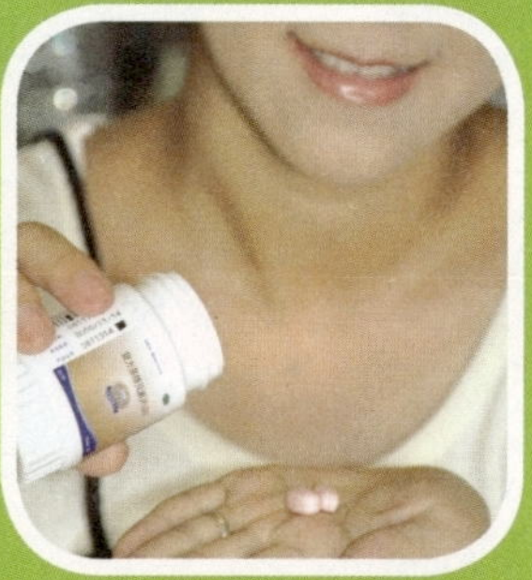

的行车之后，走动5~10分钟，活动一下僵硬的双腿和腰。乘公交车时，经常会遇到路面拥挤、紧急刹车的状况，因此，孕妇最好抓紧扶手，选择靠里的座位，避免因突然刹车而摔倒或撞伤。

如果路程较远或身体非常疲惫，而且自己又没有座位，可以适当提醒周围的人给自己让座，也可以在售票员的帮助下找到较方便和安全的座位。

另外，由于公交车非常拥挤，难免产生身体接触或摩擦，而公交车上的空气往往比较污浊，会使孕妇产生胸闷、憋气的感觉，胎儿的供氧也会受到影响。所以，孕妇最好选择人流量不大的时候乘坐公交车。这样既可以减少不利于胎儿的环境因素，也会巩固情绪胎教的成果。

五、孕妇拔牙对胎儿有什么影响

小雨问：我最近需要拔牙，请问会伤害胎儿吗？

答：大量的临床资料表明，在怀孕最初的2个月内拔牙可能引起流产；怀孕8个月以后拔牙可能引起早产；只有怀孕3~7个月时拔牙，才相对安全一些。因此，孕期除非遇到必须拔牙的情况，一般不可拔牙。

妇女在孕期发生了一系列生理变化，口腔常常出现牙龈充血、水肿以及牙龈乳头明显增生的情况，如果拔牙，很容易出血。另外，孕期对各种刺激的敏感性增加，即使轻微的不良刺激也有可能导致流产或早产。有习惯性流产、早产的孕妇更要禁止拔牙。

小贴士

怀孕期间必须拔牙的孕妇，应在拔牙前做好充分的准备工作。要保证自己有足够的睡眠，避免精神紧张。

六、孕期用药需要注意什么

平平问：孕妇可以吃药吗？如果非吃不可，有什么需要注意的呢？

答：有些中药和西药会伤胎气，导致流产，所以孕妇绝对不能服用。即使是补益药，如人参和鹿茸，也不可乱服，以免影响营养胎教的效果，导致不利于胎儿成长的宫内环境的形成。

有些药物在孕期应当禁用或慎用，如氨甲喋呤、氮芥、敏克静、苯妥英钠、丙咪唑及抗凝血药等在怀孕最初的3个月内要禁用，消胆胺、速尿、优降宁、保泰松、心得安等也

应禁用。至于推荐剂量的扑热息痛和抗生素，如氨青霉素，以及治疗糖尿病、癌症、高血压和精神疾病的药物，也应该在医师的指导下使用。

有些中药对胎儿及孕妇是有害的，有导致流产的不良后果，所以孕妇绝对不能服用。比如毒性较强、药性猛烈的药物：马钱子、生南星、生半夏、乌头、天雄、巴豆、牵牛、大戟、斑、商陆、麝香、三棱、莪术、水蛭、蛀虫等，应完全禁服。用于活血化淤以及行气泻下类药物，如桃仁、红花、大黄，枳实等，应根据孕妇的具体情况而定，除非是特别必要，应尽量避免使用。

小贴士

孕妇买药时，必须告诉药剂师自己已经怀孕，医师一般会很谨慎开药。

七、孕妇补叶酸有什么好处

小仙问：叶酸是一种重要的维生素，孕妇体内叶酸缺乏是造成早产的重要原因之一，叶酸缺乏引起的流产或早产，采用其他任何措施都难以避免，叶酸对孕妇到底有什么作用呢？

答：实验充分证明，叶酸是传导神经冲动的重要化学物质，孕妇一旦缺乏它，除可引起巨幼红细胞性贫血外，还会导致脑神经受损，增大无脑儿、脊柱裂等畸形儿的出生率。

动物研究结果表明，孕期叶酸缺乏可引起胎儿的多种畸形，包括唇裂、面部缺损、并指（趾）、骨骼畸形，还有泌尿系统、心血管系统、肺以及眼部畸形。可见，补充叶酸能有效降低流产、畸胎的概率，使宝宝更健康、更聪明。

孕早期是补充叶酸的关键时期，然而，许多妇女在此阶段并不知道自己缺乏叶酸，也不知道自己已经怀孕，这有可能错过补充叶酸的关键时期。一般来说，孕妇应每天服用叶酸0.4毫克。不利用药物而利用食物、按摩等无毒副作用的方式来补充体内缺乏的营养元素是胎教一贯提倡的方法。因此在补充叶酸方面，孕妇要少吃叶酸片，要多吃富含叶酸的食物，包括芦笋、鳄梨、香蕉、豆类、西兰花、蛋黄、豌豆、肝、菠菜、草莓和酸奶等。

小贴士

很多食品都含有叶酸，但是由于食物中的叶酸遇光、遇热不稳定，容易失去活性，因而还是建议尽量食用新鲜食物。

八、吃哪些食物会导致流产

小毛问：药食同源，食物既可保胎，又可导致孕早期流产，请问有哪些食物会造成流产？

答：这正是营养胎教的内容，主要有以下几种食物易导致流产：

①桂圆：桂圆是滋补的良品，但对孕妇来说却是禁果。因为桂圆性温、味甘，极易上火，孕妇吃后不仅增添胎热，易导致气血失调，引起胃气上逆、呕吐，日久则伤阴出现热象，引起腹痛、见红等先兆性流产症状，甚至引起流产或早产。

②咖啡：咖啡有提神醒脑，减轻疲劳的功效，但是，长期过量饮用咖啡会使人得失眠症，心跳节律加快，血压升高，并易患冠心病。因为咖啡中的咖啡碱能破坏维生素，导致人体缺乏维生素B。轻者表现烦躁、易疲劳、记忆力减退、食欲下降及便秘等症；重者可表现多发性神经炎、心脏扩大、心跳减慢或肌肉组织萎缩或浮肿等。孕妇饮用过多的咖啡，其自然流产、早产及围产儿死亡的概率有增加的趋势。

③酒：孕妇饮酒危害极大。科学家经过长期的研究和调查发现，酒是一种危险的致畸因子。酒精可通过胎盘，使胎儿体内的浓度和母体一样高。酒精和食物混合后可产生一种化学物质，促使小肠吸收食物中的铅，使血液中的铅含量增加。酒精分解后可形成某些毒性物质，如乙醛等。这些因素都可影响胎儿，使胎儿发生畸形。

小贴士

孕妇还应控制浓茶、饮料、盐的摄入量，以免引发孕期不适，影响胎儿发育和母体健康。

九、孕早期如何进行性生活

会会问：孕早期进行性生活安全吗？有哪些需要注意的？

答：在怀孕的前3个月里，由于有早孕反应，孕妇性欲和性反应受到抑制，加之胚胎正处于发育阶段，特别是胎盘和母体子宫壁的连接还不紧密。如果进行性生活，很可能由于动作不当或精神过度兴奋而使子宫受到震动，从而使胎盘脱落，造成流产。即使性生活时十分小心，由于孕妇盆腔充血，子宫收缩，也会造成流产。因此，孕早期性生活应比平时少，动作幅度不宜过大。

性交前要排尽尿液、清洁外阴和男性外生殖器，选择不压迫孕妇腹部的性交姿势。动作要轻柔，不粗暴，插入不宜过深，频率不宜太快，每次性交时间最好不超过10分钟。孕妇在性交后应立即排尿并清洗外阴，以防引起上行性泌尿系统感染和宫腔内感染，以便为胎儿创设良好的宫内环境，更好地进行胎教。

孕期过性生活最好使用避孕套或做体外排精，最好不让精液进入阴道。因为男性精液中的前列腺素被阴道黏膜吸引后，可促使子宫发生强烈地收缩，这不仅会引起孕妇腹痛，还易导致流产、早产。

小贴士

对有习惯性流产史者，在整个孕期应绝对避免性交，甚至包括性语言、性刺激也最好不要使用，因为性兴奋也能诱发子宫强烈的收缩。

十、高龄孕妇如何养胎护胎

一凡问：我今年35岁了，非常担心宝宝的健康，我应该怎么做呢？

答：35岁以上的孕妇卵巢排出的高龄卵子可能老化，甚至异常，其胎儿先天性畸形、先天性痴呆发生率较高，这些都是不利于胎教的因素。

为了生下健康的婴儿，高龄产妇可以采取如下措施：第一，羊膜穿刺术。即在孕妇怀孕4～5个月时，从子宫取出一些羊水做样本，检验是否有染色

体异常。第二，绒毛膜绒毛取样。即在怀孕的前12周内，从子宫胎盘的绒毛上取样。

如果孕妇患有严重的心理障碍或生理缺陷或许不能生育，最好采取上述措施，但即使如此，也并非没有危险。羊膜穿刺术必须在怀孕4个月时才能施行。如果胎位不正，穿刺后也许没有足够的羊水可供检验，而且还可能对胎儿造成一定的外部损伤，便不能全面地反映遗传因子或胎儿发育中出现的问题。

可见，高龄孕妇应多多听取医生的意见，认真做好孕期检查。

十一、阴道流血怎么办

晓雅问：我怀孕快一个月了，现在阴道流出了一些液体，请问我是流产了吗？我应该怎么做？

答：一般来讲，受精卵分裂发育成胚泡，并进入子宫内膜需要5～6天时间，实现顺利着床的过程要在受精后的11～12天后才能完成。在整个过程中，由于孕妇体内孕酮的作用，月经周期停止，因此，在正常情况下不会出现阴道流血的现象，偶尔在着床过程有少量出血。

在医学实践中，怀孕初期出现阴道出血现象大致有以下几种可能：宫颈糜烂、先兆流产、宫外孕、葡萄胎或宫颈癌等。由于宫颈糜烂和先兆流产导致的阴道出血，其出血量、出血时间以及血液的颜色很难鉴别，所以千万马虎不得，必须及时到医院进行检查。

小贴士

如果出现出血现象，除了到医院检查之外，还要在生活中加以注意，比如注意卧床休息，禁忌性生活，也不要过多吃巧克力、辣椒或桂圆等食物。因为这些食物性较热，又带有刺激性，有加重出血症状的可能。

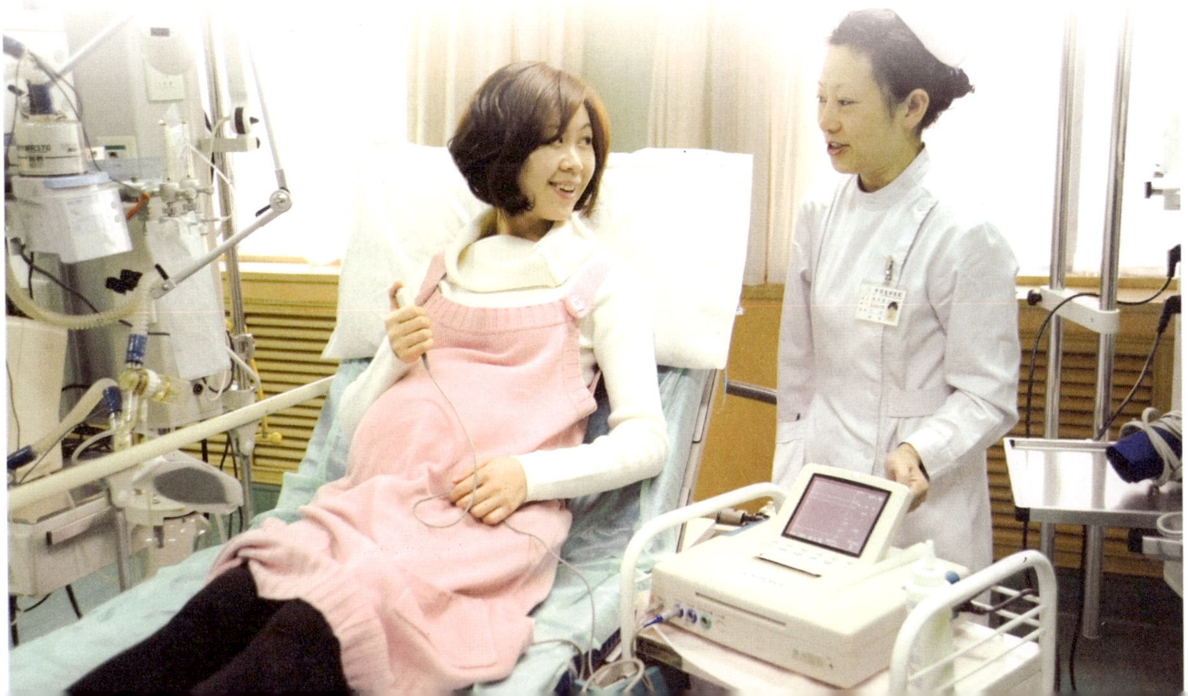

十二、B超检查会影响胎儿健康发育吗

小海问：B超检查有必要吗？会对胎儿有影响吗？

答：胎儿从第8周起器官开始分化，初具人形。在此之前最好不要接受外界干扰，而孕妇做B超检查会对胎儿产生一定的刺激。而有些学者认为B超检查会使胎儿语言迟钝、反应低下，使胎儿脑细胞受损。

需要注意的是，以下情况必须进行B超检查：

①流产时，检查胎儿是否存活，葡萄胎除外；

②孕11~13周超声测量胎儿颈后部皮肤厚度，除染色体异常；

③孕20周左右需要超声排除畸形以及怀疑胎儿有先天畸形；

④孕晚期，阴道出血，要测定胎盘位置时；

⑤子宫大小和停经月份不符，观察怀孕进展情况；

⑥经腹部触诊不能确定胎位时，为明确胎位可做B超检查；

⑦羊膜腔穿刺前的检查；

⑧怀疑多胎妊娠；

⑨测定羊水量的多少；

⑩过期妊娠，观察胎儿生长情况以及胎盘功能有无异常。

十三、孕妇X射线检查会导致小儿智力低下吗

小聪问：X射线检查有什么危害？真的会影响宝宝的智力吗？

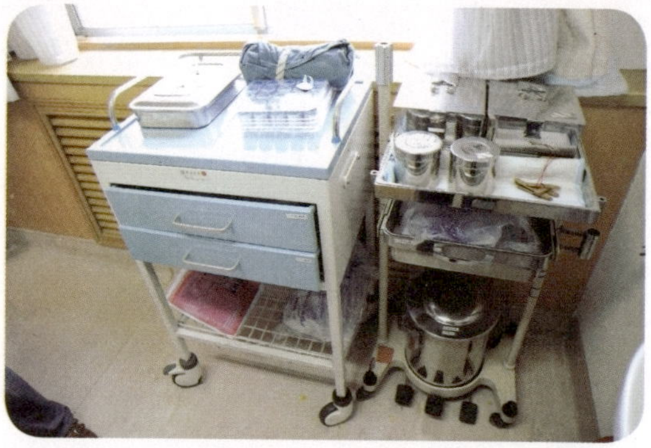

答：孕妇照X射线，对胎儿有很大的影响，特别是妊娠前3个月，是胚胎器官的发育关键时期，胚胎对各种有害因素异常敏感。受孕两周内下腹部接受X射线照射时，可导致受精卵死掉。X射线对6～12周内的胚胎有很强的致畸作用，严重时亦可致胚胎死亡。在胎儿生长的早期接受了放射线，可导致胎儿生长受阻，孕中期以后，胎儿的大多数器官已基本形成，放射线损伤很少引起明显的外观畸形，但此时期胎儿的生殖系统、牙齿、中枢神经系统仍在发育过程中，因此受X射线影响可能造成智力低下等后果。如果胎儿在宫内接受了不良刺激，就会影响胎教的顺利实施，因为胎教是对正常健康的胎儿实施的早期教育。

因此，在怀孕一个半月内应绝对禁止照X射线，怀孕前3个月内，甚至更长时间也应禁止X射线照射，即使是常规的胸部透视也应推迟到妊娠28周以后才可慎重采用。就是在怀孕前，也应该有一段时间不受X射线照射，有时怀孕前受X射线照射，妊娠期才出现问题，接受X射线透视的妇女，尤其是腹部透视者过4周后怀孕较安全。因此，准备怀孕的妇女不要做X射线透视检查。

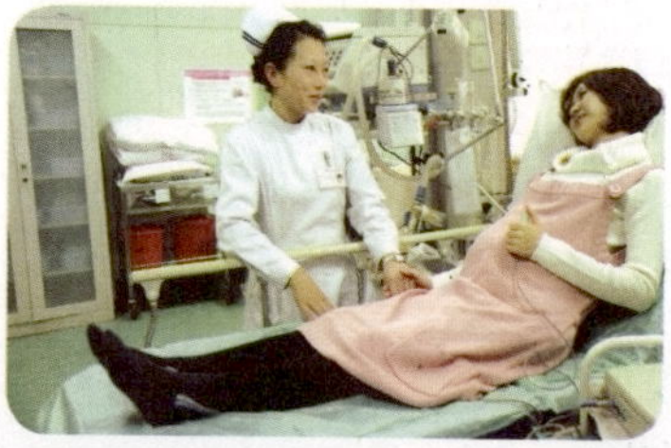

小贴士

如果每月的月经期较预定时间来得晚，不能确定是否怀孕，而又有必要进行X射线检查，就要告诉医师有可能怀孕和自己有怀孕的打算。医师会告诉孕妇可否进行X射线检查，必须要做X射线检查时，也要屏蔽腹部，让医师评估最安全的方式，以免造成胎儿流产、畸形、心智发育迟缓等不良后果。

十四、孕妇为什么不能吃太多山楂

张燕问：我平时就非常喜欢吃山楂，怀孕后经常想吃酸的东西，听说孕妇不能吃山楂，真的是这样吗？

答：山楂开胃消食，酸甜可口，很多人都爱吃，尤其是妇女，怀孕后常有恶心、呕吐、食欲不振等早孕反应，更愿意吃些山楂或山楂制品，调节胃口，增强食欲。但是，从营养胎教的角度来说，山楂虽然可以开胃，但孕妇多吃不利。

研究表明，山楂对孕妇子宫有刺激作用，可促进子宫收缩。倘若孕妇大量食用山楂和山楂制品，就有可能刺激子宫收缩，进而导致流产。尤其是有过自然流产史或怀孕后有先兆流产症状的孕妇，更要忌食山楂或山楂制品。

十五、孕妇定期产检有何重要性

姗姗问：怀孕的时候，每一个孕妇都要定期做产检吗？

答：从对胎儿和孕妇的影响而言，要重视孕期检查。在怀孕过程中，胎儿和孕妇都会发生很多变化，而且孕妇容易出现并发症。而通过定期产检可以清楚地观察到胎儿的变化，及时发现胎儿异常并做出妥善处理。对孕妇而言，通过产检可以发现并治疗孕妇缺钙、糖尿病、贫血、心脏病等，从而做出更好的分娩方案。

小贴士

在整个孕期，一般要检查9～13次，情况严重的孕妇还要增加检查的次数。怀孕12周期间，应检查1次，而后每月1次；怀孕28周后，每2周检查1次；怀孕36周以后，每周检查1次。可见，孕期检查是每个孕妇应重视的事情。

第三章　第2个月

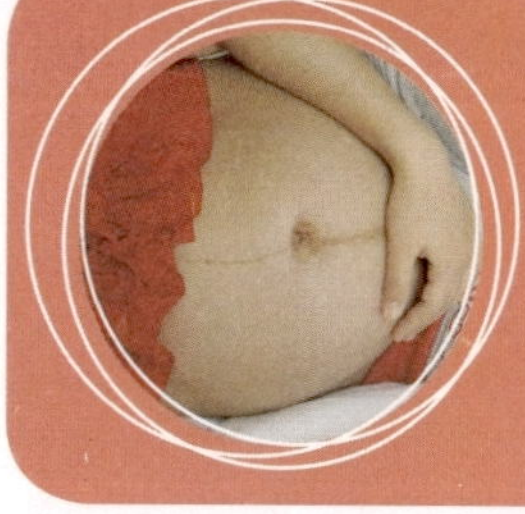

第一节　胎儿和孕妇的变化

一、胎儿

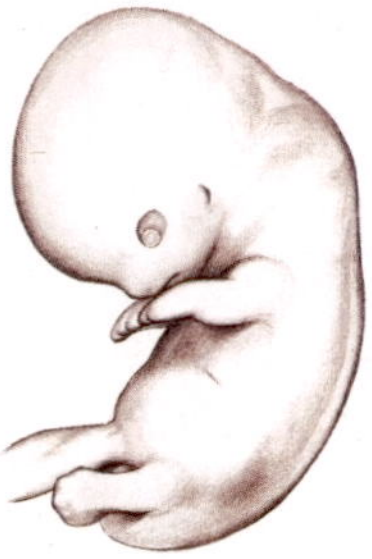

胚胎身长约2.5厘米，体重约4克。心、胃、肠、肝等内脏及脑部开始分化，手、足、眼、口、耳等器官已形成，但仍是身小头大。

绒毛膜更发达，胎盘形成，脐带出现，母体与胎儿的联系非常密切。这是进行胎教的好时机，也是加深母子关系的重要时期。

二、孕妇

基础体温呈现高温状态，身体慵懒发热，下腹部和腰部稍微凸出，乳房发胀、乳头时有阵痛、颜色变暗，排尿次数增加，心情烦躁，胃部感到恶心，并且出现孕吐情况。有些孕妇甚至会出现头晕、鼻出血、心跳加速等症状。这些都是孕早期特有的现象，不必过于担心。

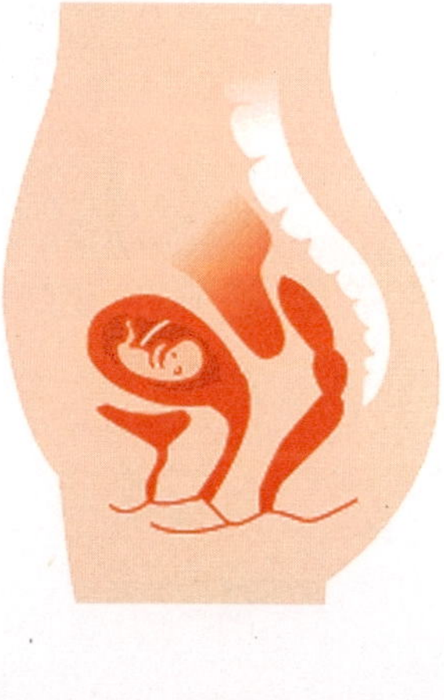

此时子宫如鹅卵一般，比未怀孕时大一点，但孕妇腹部表面还没有增大的变化。

在第2个月，胎教的内容主要体现在用营养胎教缓解孕吐、失眠、胎动不安等孕期不适，结合适量的运动胎教和按摩胎教减少各类孕期反应，预防流产。

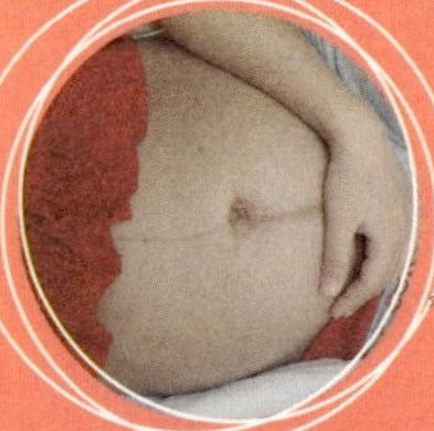

第二节　营养胎教：用饮食消除孕早期不适

怀孕进入第2个月，由于胎儿继续生长，母体也随之发生变化，出现孕吐、慵懒、嗜睡、分泌物增多、腰酸乏力、便秘等现象。受这些情况的影响，孕妇变得没有食欲、情绪烦躁。如果孕妇难以维持自身的健康状况，胎儿也会营养不良，甚至出现发育缺陷。食物是最好的医药，既可以提供胚胎发育所需的营养素，又可以缓解孕期不适，调节孕妇的心情，下面就来品尝美味、营养的佳肴吧！

一、孕吐

少食多餐，避免吃刺激性的食物（如味道太浓烈、辛辣、油腻、油煎等食物），避免闻刺鼻的气味（如烟雾、烹调时的饭菜味等）都可以缓解孕吐。

在家中或工作的地方可常备淡味薄荷糖、果仁、葡萄干、少许柠檬、青苹果，未煮过的蔬菜如胡萝卜、芹菜、番茄。还有粗麦芽面包三明治或多士、芝士、酸乳酪、果饼（用粗面粉制成并加上麦芽的更好）、水泡饼、软而多汁的水果（如桃、李等）。饮品方面，可以喝易吸收的新鲜果汁、牛奶或用脱脂奶制成的奶昔等。

小贴士

无论是闻薄荷的味道，还是饮用薄荷茶，都会对抑制恶心有帮助。同时薄荷还可以提高孕妇的体能。

姜可以缓解孕吐，甘蔗可以为孕妇补充适量的维生素和糖类，两者搭配，可健胃生津。

姜汁甘蔗露

【原料】

甘蔗榨汁1杯，姜1块，水适量。

【做法】

①姜去皮洗净，刨磨成姜茸，榨出姜汁1茶匙。

②姜汁加入甘蔗汁拌匀，隔水炖约20分钟即成，或只是炖熟也可以。

【功效】

姜汁能驱寒、健胃、止呕；甘蔗汁则能清热生津、下气润燥，可治反胃呕吐。

二、疲倦

孕妇常会感到疲倦，渴望休息，这是由于怀孕令孕妇的身心受到了很大的影响。在身体方面，需要供养本身及胎儿的发育，消耗可谓不小，假若未能摄取充足的营养，导致营养不良，身体会更虚弱。在精神方面，怀孕令孕妇既兴奋又焦虑，常会导致失眠。如果日间又需应付繁忙的家务或工作，自然是感到疲倦不堪。因此，孕妇应尽量放松心情，争取时间休息，少吃多餐，避免过度活动。如果可能的话，可以请别人帮忙以减轻工作量，确保身体保持足够的精力。

下面这道猪肾粥，既能补充孕妇所需的营养，又能让孕妇更有精神。

猪腰粥

【原料】

主料：猪腰一对，粳米100克。

辅料：葱花、姜丝、精盐、水适量。

【做法】

①先将猪腰切开，去除脂膜，用水冲洗净，切成细块，备用。

②把粳米洗净，与猪肾一起入锅，加适量水，同煮，待粥熟后，放入洗净的葱花、姜丝，搅匀，再放入精盐调味即成。

【特点】

猪腰能强肾健骨，消除疼痛，缓解疲倦。

小贴士

猪腰含有脂肪、蛋白质、碳水化合物、钙、磷、铁等。猪腰具有固精益气、健肾补腰、和肾理气的作用，可以消除积滞、疏通膀胱，辅助治疗浮肿、肾虚腰痛，缓解疲惫。

三、胎动不安

胎动不安指孕妇怀孕期间，有少量血从阴道内流出，且时断时续并伴有腹痛、腰痛、小腹坠胀感。如果经过治疗后，症状消失，就可以继续怀孕，否则就要进行流产手术。为此，孕妇在怀孕期间必须保持良好的情绪，也就是坚持情绪胎教，不做剧烈运动和重体力活，防止跌倒，定期做产检。同时，还要注意均衡营养，远离易引发流产的辛辣食物、烟酒、浓茶、咖啡等，适当吃些水果、蔬菜、阿胶。

阿胶红糖糯米粥

【原料】

阿胶30克，红糖、糯米100克，水适量。

【做法】

①将糯米洗净，放入锅内，加适量水，置于火上煮。

②待粥将煮好时，放入捣碎的阿胶，边煮边搅匀，再煮沸2~3次后，加入红糖调味即成。

③服法：每日1剂，分2次服完，3天为1疗程，间断服用。

【特点】

滋阴补虚，养血止血，安胎益肺。适用于功能失调性子宫出血以及血虚、咯血、吐血、便血及血

虚胎动不安等病症。

四、失眠

孕妇很容易陷入精神不稳定和失眠状态，所以，保持心平气和是缓解孕妇失眠症状的特效药。平时多外出散步，看些有益身心健康的科普读物，听些柔和悦耳的乐曲，或看一部令人开怀大笑的电影，都可以让人心情轻松。临睡前，泡一个温水浴，穿轻薄、全棉的睡衣，饮一杯热牛奶也会有帮助。上床后再做几个深呼吸，并放松全身，可有助安睡到天明。

下面这道茶具有补气安神、益气养血的功效，能有效改善孕妇失眠症状。

玄参红枣茶

【原料】

玄参3棵，红枣20粒，水适量。

【做法】

①红枣略浸软后，去核洗净，与玄参一起放入瓦煲中。

②注入水，以文火煮成2杯左右。

③离火后放置半小时，便可饮用。

【特点】

此茶具有安抚精神之效，亦有助于血液循环，多饮几次，失眠症自能不药而愈。

小贴士

对失眠的孕妇而言，睡前不要兴奋，不要吃东西；睡前按摩头部和颈部，可以减轻焦虑，加速入眠。

五、分泌物增多

孕妇怀孕期间，身体的分泌物会较平日增多，这是由于阴道及子宫颈充血，以及激素分泌增多所致。白色分泌物变得较浓且多，是怀孕的必然现象，无需过度紧张。但是，若分泌物过多，呈白椎体状、颜色呈棕黄，同时阴道发痒难耐，便应立刻让医生检查诊治。

孕妇应保持阴部清洁干爽，每天沐浴时，用温热水洗下身，但不要猛烈冲洗阴道或用阴道除臭剂，也不要用过多的肥皂。洗后用专用的毛巾擦干净，内裤应选用全棉质地且每天更换。

这里介绍一款粥品，对治疗孕期分泌物异常有一定的效果。

莲子红枣粥

【原料】

主料：莲子20克，红枣25克，水适量。

辅料：米1／3杯、水15杯（1人分量），蔗糖适量（随个人喜好增减）。

【做法】

①莲子、红枣略浸软，红枣去核洗净。

②米洗净，控干水分，放于煲内，加入水，煮沸后加入全部材料，以文火煲1小时。

③粥不要太稀，煮至差不多时，加入蔗糖后续煮至糖溶便可。

【特点】

此粥香甜软糯、清淡可口，非常适合孕妇孕早期食用，一周吃1~2次可辅助治疗孕期阴道分泌物增多。

小贴士

莲子能养心、益肾、补脾，红枣有滋补安神的功效。用二者一起熬粥进食，有益肠胃。

六、牙痛及出血

怀孕后，由于激素分泌增多，以及全身的血液量增加的影响，孕妇牙龈增厚及变软，特别是环绕牙齿边缘的牙龈更是肿胀。如果不注重口腔及牙齿卫生，让食物残渣积留在牙齿基部周围的缝隙内，细菌便得以繁殖，导致牙痛、出血，甚至患上牙龈炎。

因此，孕妇应该经常保持口腔、牙齿的清洁，进食后刷牙，并定期做牙科检查。但必须告诉牙医已怀孕，因为此时要避免X射线检查。

以下介绍一款粥品，对减轻牙痛很有帮助。

咸蛋瘦肉粥

【原料】

主料：咸蛋2只，瘦肉200克，水适量。

辅料：米2／3杯、水20杯、姜1片、生抽1茶匙、糖1/4茶匙、淀粉1／2茶匙、油1茶匙，腌料、盐适量。

【做法】

①瘦肉切片，加入生抽、糖、淀粉，腌约20分钟。

②咸蛋去壳后置碗中，取出蛋黄部分，用刀切碎备用。蛋白备用。

③米洗净放入煲内，注入水，煮沸后加入豆豉、瘦肉、姜，转文火煲90分钟，然后加入咸蛋黄续煮30分钟。

④粥煮成后，再加入咸蛋白，用筷子拌匀后再煮10分钟即成。

【特点】

咸蛋及瘦肉煲成粥，可助平肝肾火止牙痛。

小贴士

日常饮食中，多吃生菜对治疗牙痛和牙龈出血有一定的功效。这是因为生菜中含大量维生素C，能清理内热，防止牙龈出血。

生菜最好生吃，以便完全保留维生素C，把生菜做成西式沙拉或伴吃各类肉松，都是很好的方法。

七、眩晕

若孕妇蹲坐一段时间再猛然站起来，就会出现眩晕，这是由于血管运动神经机能迟钝所致。

当孕妇感到头昏眼花时，应立即躺下休息，平日应避免长时间站立，蹲坐后要缓缓站起。要改善经常眩晕的情况，不妨尝试以下补品。

川芎白芷炖猪脑

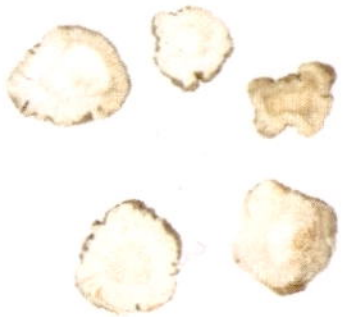

【原料】

主料：猪脑1个，川芎10克，白芷10克。

辅料：盐、开水适量，生姜1片。

【做法】

①将猪脑的红筋挑去，洗净，切成2~3

块后，放入炖盅内，加入生姜。

②川芎、白芷放入炖盅内，注入开水至八成满，盖上盅盖，隔水炖3.5小时，便可调味食用。

【特点】

此炖品有息风镇痛之效，颇适合常感觉头晕眼花、头痛的孕妇食用。猪脑对治疗眩晕很有效果，但很肥腻且不易消化，所以，孕妇食用川芎白芷炖猪脑时，只宜饮汁水，不宜吃猪脑。

八、便秘

孕妇怀孕期间，体内激素分泌发生变化，导致肠道肌肉松弛，再加上胎儿日渐压迫肠道，使肠道蠕动减慢，肠内容物停滞变干，因此，常出现便秘现象。

为了防止便秘，孕妇必须养成按时排便的习惯，要多饮水，多吃含高纤维素的食物，如蔬果、坚果类食品，并做常规运动。此外，最好在早晨刚醒来时，便立刻喝一杯凉开水或牛奶。

苋菜有通大便的奇效，以下介绍的一款菜谱，配肉丝、姜丝同炒，既可刺激食欲，又能解热祛风。

苋菜炒肉丝

【原料】

主料：苋菜500克，瘦肉200克。

辅料：生抽1茶匙、生姜1片、糖1/4茶匙、淀粉2/3茶匙、酒1/2茶匙、水1杯、油1汤匙，盐适量。

【做法】

①苋菜洗净，摘取嫩的部分。

②瘦肉洗净切成细丝，加入生抽、糖、酒、淀粉，腌约20分钟。

③姜片切丝备用。

④将1杯水倒入锅中煮沸，加入盐，再放苋菜，略煮后捞起；再浸入冷水中过一下捞起，沥去水分。

⑤起油锅，放入姜丝略爆炒后，再放入肉丝同炒，炒熟肉丝即放入苋菜猛火快炒即成。

【特点】

苋菜含有大量铁质，比菠菜中的铁含量还要丰富，又含大量维生素A、维生素B、维生素C，除可补血补肝外，更有滑肠通便的功效。

小贴士

如是轻微的便秘，多吃苹果或喝苹果汁，都有功效。也可以将苹果去皮、核、芯，切块后加入几片淮山药，煲成汤饮用。

九、腰酸背痛

怀孕期间，母体骨盆各关节的韧带变得松弛，支撑脊柱的韧带也变软，令肌肉、下位椎骨及其他关节显得过度紧张。再加上子宫渐大，骨盆又狭窄，身体负担加重，造成腰背疲劳，痛楚的感觉油然而生，如果坐姿、睡姿不正确，更会令疼痛加剧。

因此，孕妇应注意保持良好姿势，同时避免提放重物或长途旅行。多做轻微的柔软体操，以加强脊柱的柔软度。穿着轻便的平底鞋，因为高跟鞋易加剧背痛。另外，改用坚实床垫等，都可预防及减轻身体各部位的酸痛。下面介绍一款汤对缓解腰酸背痛很有效。

核桃猪腰汤

【原料】

主料：核桃肉100克，新鲜猪腰1个。

辅料：红枣10粒（1人分量），盐适量。

【做法】

①红枣略浸软，取出核后洗净备用。

②猪腰对开切成2片，切去中间白筋部分，用清水浸泡约2小时，期间不时换水以去掉异味。

③核桃肉不用去皮，与其他材料一起放于煲内，注入清水，煲约2小时后加盐调味即成。

【特点】

此汤有健脑、美肤之效。对于缺少运动、腰酸背痛的孕妇，最为合适。

十、心悸

在孕早期，孕妇时常会感觉心悸，这是“害喜”的现象，主要是因为怀孕时激素的增加所致，无需进行特别治疗。

下面为您介绍一款能减轻心悸的菜肴。

珍珠豆腐汤

【原料】

主料：豆腐100克、生鸡胸肉20克、熟鸡脯肉20克，火腿5克。

辅料：精盐、味精、料酒、水淀粉、鸡汤、水适量。

【做法】

①将生鸡胸肉剁成茸，加适量水，挤去血水。

②将鸡茸放入鸡汤内，煮沸后滤去渣，制成清汤。

③火腿、熟鸡脯肉均切成米粒大小的丁。

④豆腐切成小丁，放入沸水中焯一下，捞出后沥净水分。

⑤净锅放入制成的清汤、火腿丁、熟鸡脯肉丁后煮沸。

⑥放入豆腐丁、精盐、味精、料酒煮沸，水淀粉勾薄芡浇上即可食用。

【特点】

味道鲜美，能有效增进孕妇的食欲，减轻孕妇心悸现象。

小贴士

如果孕早期出现心悸的情况，应注意室内通风并多补充水分。如果心悸现象出现得比较频繁或症状表现得比较明显时，应到医院做心电图检查，然后根据医生建议做辅助治疗。

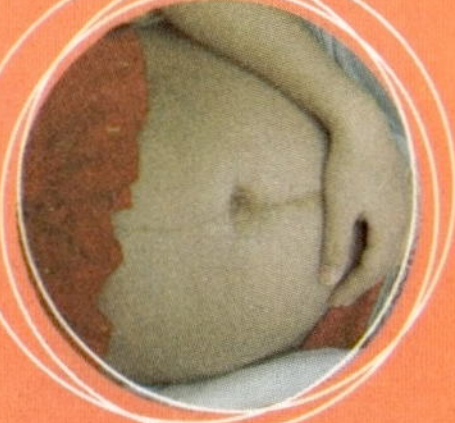

第三节 运动胎教：促进胎儿大脑的活性化

适当的运动胎教可以为孕妇的生活增添活力，并且对胎儿大脑的活性化过程有一定的帮助。通过运动，孕妇可以锻炼腰部和腿部肌肉，熟练运用自然呼吸法，从而减少阵痛时间，提高顺产概率。

一、肩部放松

Step1：以舒适的姿势盘腿而坐，将力量集中到肩部，同时略微提肩。

Step2：一下子放松下来，让两肩自然降下。

功效：放松肩部肌肉，稳定孕妇情绪。

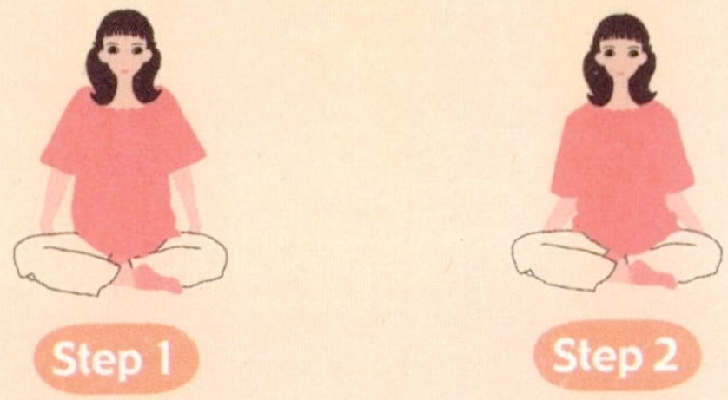

二、提拉上身

Step1、Step2：平躺时将膝盖立起，双手朝屋顶方向推去，感觉就好像要接触到屋顶一样。同时提拉上身再慢慢躺下，上身被提拉起来的时候吐气。躺下的时候再重新吸气。

三、臀部运动

◎躺下后将双腿高高抬起。同时抬起臀部。

功效：锻炼孕妇下腹部肌肉。

四、深呼吸

Step1：将双手放在腹部两侧，用鼻子深深地吸入一口气，同时向前挺起腹部。

Step2：慢慢地用嘴将气息吐出，并随之收缩腹部。

功效：不仅可以缓解孕吐，还可以使孕妇的心态变得更加安定。

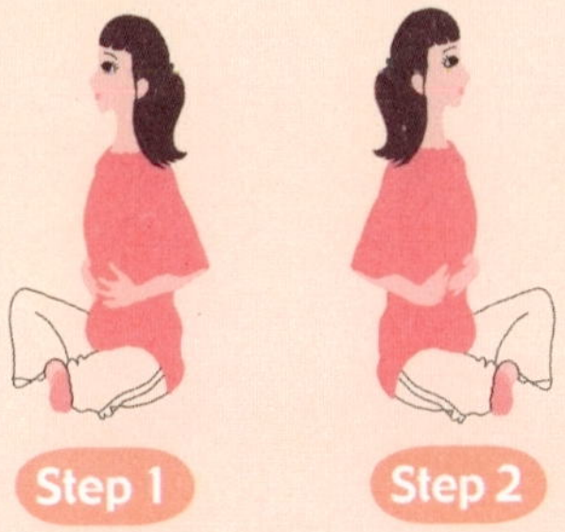

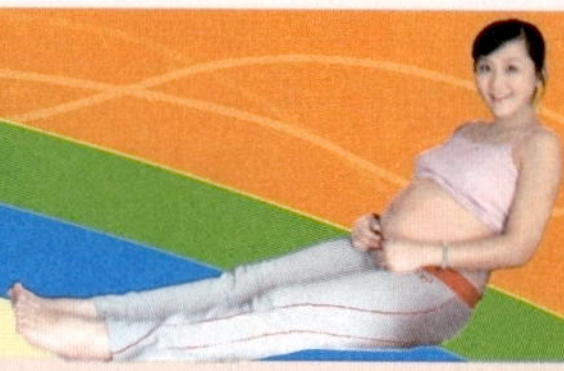

专题

孕妇游泳的好处及注意事项

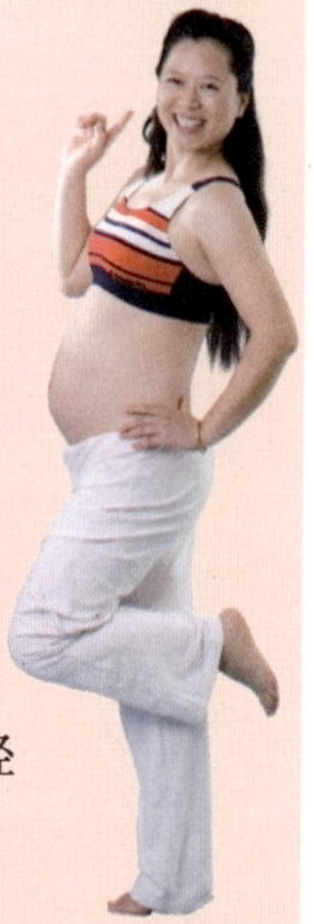

孕妇游泳的好处

孕妇游泳既可以让胎儿平静下来，从而更好地进行情绪胎教，又可以缓解孕妇双腿浮肿和腰部疼痛的症状。当孕妇游泳时，子宫会进入一种放松的状态，而宫内的胎儿也就能跟着变换到较为舒适的姿势。孕妇进入水中以后，身体的自由度会明显增加，能够在泳池里随意地做出跳跃和奔跑的动作。在水中活动时，孕妇可以利用浮力而使身体变得轻盈，减轻脚踝和膝盖等部位的肌肉与关节的负担。

游泳的注意事项

一般情况下，孕妇应该在怀孕第16周开始游泳。从计划游泳开始到结束，应在咨询医生的建议后确定具体的时间安排。当医师做出孕妇和胎儿都没有异常情况的诊断时，孕妇就可以开始游泳了。

在决定游泳的结束日期时，孕妇也同样应该尊重医师的建议。应该在怀孕第9个月停止游泳，因为孕妇无法掌握发生阵痛的具体时间。

游泳的最佳时段是10：00～14：00，最好每周游泳2～3次，每次游泳不超过1小时。在水中若是有腹部绷紧或身体疲惫的感觉，就要立刻进行充分的休息。

孕妇在下水之前一定要记得用温暖的水淋浴，然后做5～10分钟的摆动手臂、两侧分腿和弯曲膝盖动作，还可以同时练习“呼、哈、呼、哈”分娩呼吸法。

孕妇下水后最好用自由行走或轻轻跳跃的方法使脉搏加快，即使会游泳的人，也可以抓住泳道线，在左右浮动的同时进行踢腿练习。练习过程中感到呼吸急促时可以稍停片刻，等呼吸变得均匀一些再重新开始。游泳的最后阶段要进行整理运动，使运动时加快的脉搏重新减缓下来。

孕妇在锻炼前后一定要进行准备运动和整理运动，这一点对孕妇尤为重要。做整理运动时应该伸展胳膊、肩膀和跟腱，从水中出来以后则可以做一套简单的体操为整个锻炼过程划上完整的句号。

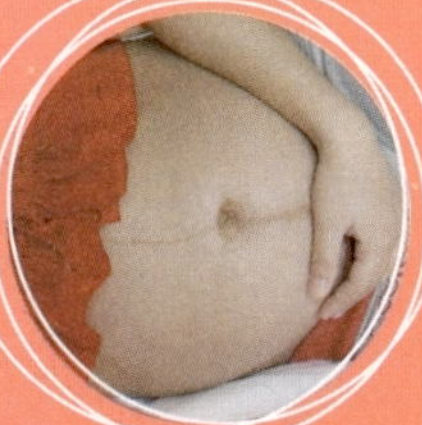

第四节 按摩胎教：让胎儿健康成长

除了运动胎教外，孕妇还可以用按摩胎教缓解孕吐，疲劳等孕期不适，并在一定程度上预防流产。

一、孕吐

孕吐与孕妇体内分泌的孕激素有关，除了注重饮食调节外，适当的按摩胎教也可以起到一定的缓解效果。

◎用大拇指在涌泉穴上轻按3次，每次持续4秒钟。

◎在输尿管反射区用大拇指滑动搓摩9次以上。

◎用大拇指在膀胱反射区上按摩4~5次，每次持续4秒钟以上。

小贴士

取涌泉穴时，要采用正坐、跷足或仰卧的姿势。涌泉穴位于脚前部凹陷处的第2个和第3个脚趾线与足跟连线的前1/3处。

◎在每两个脚趾之间的部位是淋巴系统的反射区，在这一区域用大拇指和食指向外抽拔，每一个部位重复1~2次。

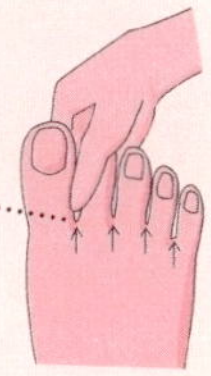

◎在肠胃的反射区用大拇指进行挤压，一共3次，每次4秒。另外在胰脏和十二指肠的反射区内用大拇指按照逆时针方向进行旋转式按摩。结束之后在这3个区域之间从上到下缓慢地搓摩，以达到最佳的按摩效果。

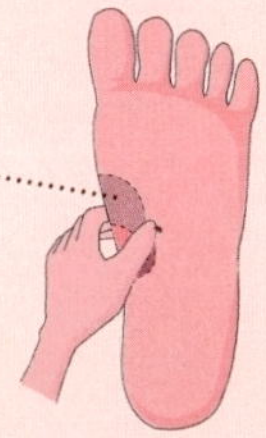

◎用双手握住整个脚背，模仿掰开一个苹果的动作来进行按摩，重复4~5次。

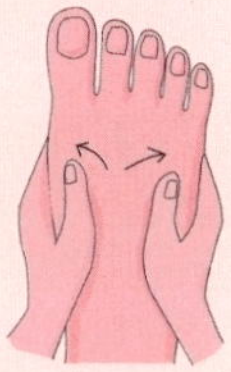

二、疲劳

怀孕后，孕妇需要缓解疲劳、懒惰的状态，以便及时调整自己的情绪，更好地吸收营养，通过简单的胎教按摩就可以达到这样的效果。

◎热水泡脚15分钟左右。

◎用大拇指在涌泉穴上轻按3次，每次持续4秒钟。

◎在输尿管反射区用大拇指滑动搓摩9次以上，再在膀胱反射区上按摩4～5次，每次持续4秒钟以上。

◎从脚踝开始朝膝盖方向按摩，争取做到让脚部的血液向上循环的效果。

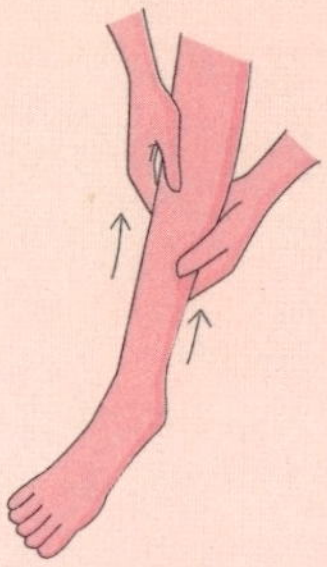

◎用大拇指在每一个脚趾靠近顶端的凹陷处按摩2～3次，每次持续4秒钟。

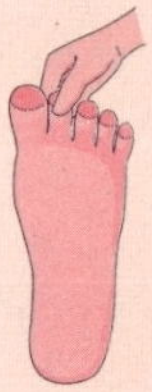

三、预防流产

由于此时的胚胎状态不稳定，孕妇可以用以下胎教按摩法预防流产。

◎在涌泉穴上用大拇指从里到外画圆，每一次持续4秒钟。画的时候要按照逆时针的方向，并重复4～5次。

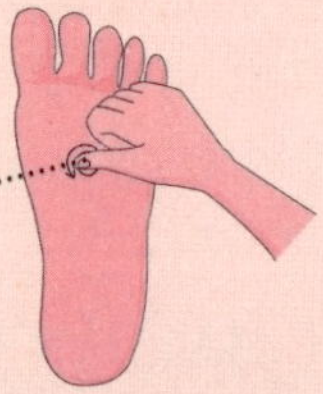

◎位于大脚趾中央的是脑垂体反射区，用大拇指在这一区域画圆并重复4～5次。

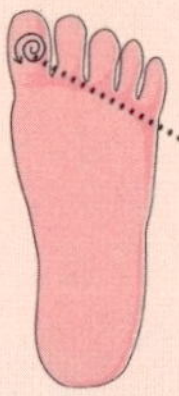

◎在脚后跟底部的生殖腺反射区上用大拇指画圆，按摩4～5次。

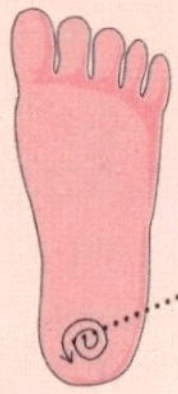

◎在脚踝的内外两侧用大拇指按逆时针方向画圆，按摩4～5次。

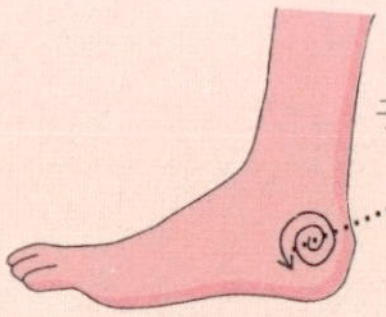

◎从内侧脚踝向上三指的部位是三阴交穴，用两只手一起从脚踝推摩三阴交穴。

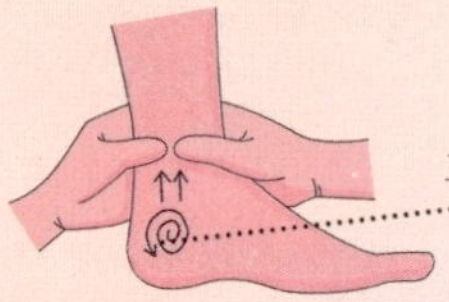

小贴士

在进行以上按摩动作时，要有一定的力度，但不要用力过猛、过大，以免使身体过度紧张。

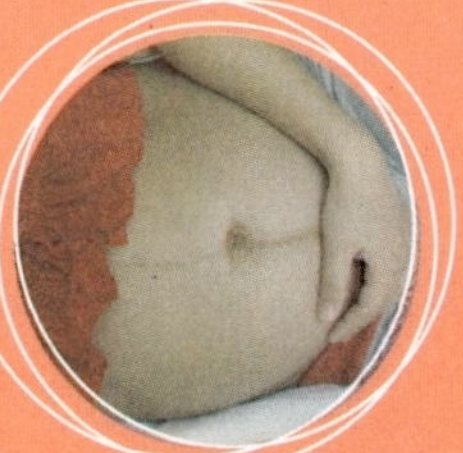

第五节　音乐胎教：缓解焦躁心理

对于胎儿的大脑来说，最好的精神食粮当属音乐了。音乐胎教是除胎谈胎教以外被孕妇排在第2位的胎教方法。播放妈妈喜爱的音乐时，胎儿会津津有味地欣赏，心情也会变得愉快起来。有的时候音乐比话语更能直接地触及人的心灵并起到安抚情绪的效果。应该听什么样的音乐？怎样听音乐效果最好？让我们一起来了解吧。

一、选择让人放松的音乐

在欣赏古典音乐的同时，孕妇可以做一些较为轻松的动作给自己和孩子带来安定平和的感觉。活动之后应该轻抚自己的腹部并让身体得到充分的休息。

正确的做法：

①播放古典音乐或其他让人放松的音乐，然后随着节拍动起来。

②在移动身体和举起双臂的同时，调整吸气和吐气的时间。

③在身体向左右移动的同时，重心也跟着移动。

④双臂举过头顶，再依照顺时针或逆时针方向画圆。

⑤将一只手臂平举，与肩同高，然后将腰部移动到重心轴上，再向左右移动手臂。

⑥双臂在身体前方画圆，然后在向左右方向移动身体和臂膀的同时重心也跟着转移。

除了上述方法以外，孕妇还可以在不给身体造成负担的前提下做其他一些活动。

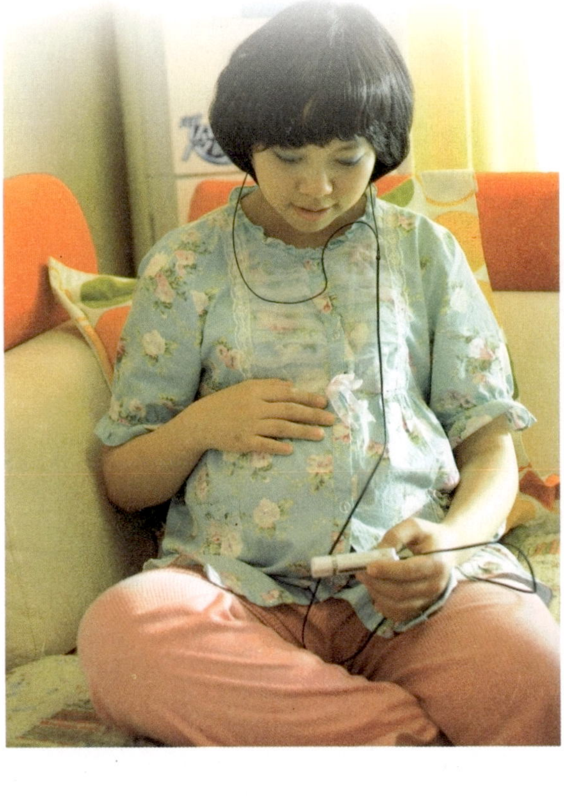

二、增加触觉感受的音乐

孕妇可以在说出某一个单词的时候做出与此单词相对应的动作，这样就可以让胎儿将自己听到的和感觉到的东西联系起来。

正确的做法：

①搓一搓（用手掌在整个腹部表面转圈揉搓）。

②敲一敲（手指尖立直，然后在整个腹部表面敲打）。

③擦一擦（展开手掌并从上向下擦拭）。

④挤一挤（用手指将整个腹部自然地挤聚在一起）。

⑤按一按（用手掌在整个腹部均匀地按）。

小贴士

马斯奈的《泰绮丝冥想曲》、巴赫的《G弦上的咏叹调》、莫扎特的《小夜曲》中的《浪漫曲》、威廉姆斯的《绿袖幻想曲》、柴可夫斯基的《睡美人圆舞曲》，都是增加触觉感受的音乐。

三、欣赏与冥想活动

音乐欣赏是音乐胎教中最基本的方法。无论是对胎教多么不感兴趣的孕妇，在怀孕期间都会有意无意地欣赏古典音乐。

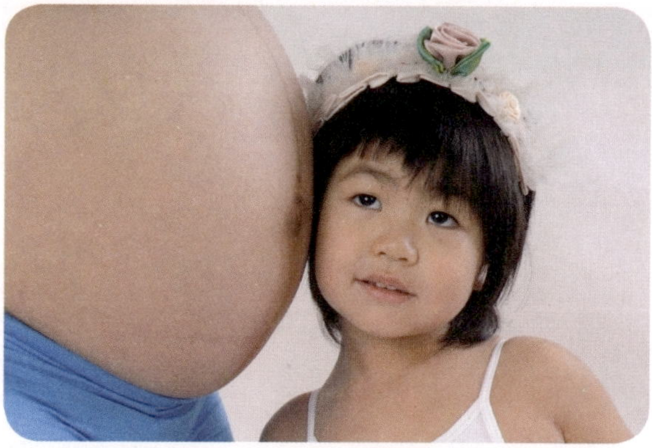

孕妇在欣赏名曲的同时，冥想自己对孩子的爱，会使自己很快进入平静舒适的状态，使胎儿感受到母亲对自己的深深爱意。

此外，孕妇和丈夫还可以和着拍子尝试慢慢跳舞，这样就可以使整个家庭的气氛变得更加温馨。

适合进行音乐欣赏与冥想的曲目是《妈妈我爱你》、《炒栗打令》、《鸟儿啊鸟儿》、《自行车》、《我爱你》、《在花园里》、《故乡之春》、《细雨》、《在铁路边上》、《蝴蝶啊》、《桔梗谣》、《鸟儿的早晨》、《阿里郎》、《少儿音乐团》、《少儿圆舞曲》。

四、边运动边听音乐

怀孕初期时，孕妇因为怕给胎儿造成伤害而不敢锻炼，体重增加之后又懒得动。然而，摄取充足的氧气无论对胎儿，还是对孕妇本身，都是非常必要的，所以孕妇应当养成进行适当肢体锻炼的习惯。

孕妇可以在听音乐的同时踩着拍子移动脚步。在孕妇进行肢体活动时，腹里的胎儿也有可能感受其中的节奏，将运动胎教、情绪胎教和音乐胎教相结合。

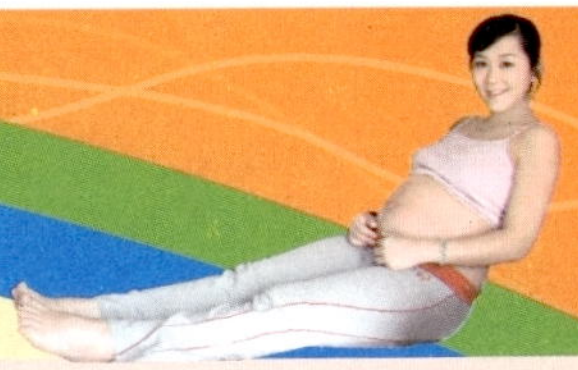

专题

如何欣赏胎教音乐

在决定听哪一类胎教音乐的同时，还要选择相应的胎教方法。

尽管没有必要为欣赏音乐做特别的准备，但保持舒适的姿势对孕妇来说仍然非常重要。孕妇应该坐在舒适的沙发里或躺在床上，在欣赏音乐的同时解除全身的紧张状态。此外音量要适中，这样才能带给胎儿柔美的感觉。

能够保持积极态度一心一意地进行音乐胎教往往可以为孕妇带来更佳的效果，所以不要在听音乐的同时做家务或读书。在舒适的姿势下尽情品味音乐的柔美，并对胎儿讲述与音乐有关的话题是一种非常适宜的方法。

无论是从早到晚背负着一定要进行音乐胎教的义务感，还是强迫自己去听不感兴趣的音乐，都只会对胎教产生负面的影响。因为进行音乐胎教的根本目的在于让孕妇和胎儿的情绪安定。当孕妇感到厌倦或产生反感时，应果断地停止，每天听1～2个小时音乐才是较为恰当的选择。

胎儿的睡眠规律是睡2～3个小时后，再活动约30分钟。为了避免把睡梦中的胎儿吵醒，孕妇可以在感受到胎动时听一些轻快的音乐，在其沉睡时则欣赏比较平静柔美的曲调。

小贴士

除了正式的音乐以外，孕妇可以自己哼一些摇篮曲或读一读童话故事，以增加胎儿的安定感，并借此达到音乐胎教的目的。

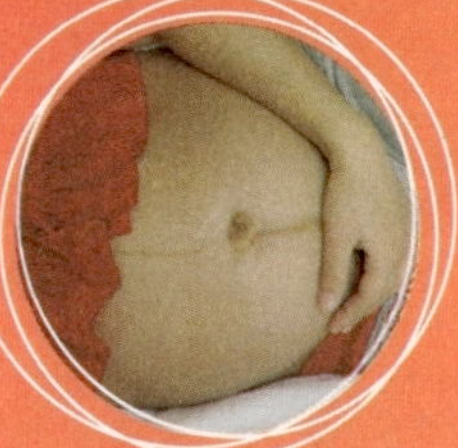

第六节　专家答疑

一、孕吐有没有好处

刘若问：有人说孕吐也是有好处的，是孕妇本能的反应，这种说法有道理吗？

答：从环境胎教的角度而言，虽然孕吐的感觉很不好，但美国的一项调查得出：孕吐是有一定好处的。一所大学的相关研究发现，孕吐在某种程度上是孕妇身体拒绝接受已经变质的或对机体有害的食物的一种方式。在怀孕时，为有效防止流产，孕妇身体的免疫系统受到自然抑制。恶心的感觉可以是对变质食物，如肉、鱼和鸡蛋等的本能反应，从而达到免疫的目的。因此，一般孕吐不会对孕妇及胎儿造成不良影响。但是在营养胎教方面，孕妇一定要保证每日定量、规律地饮食，保持营养的平衡，保证水的大量摄入。

二、冬天怎样进行营养胎教

王晓问：在冬天，孕妇怎样进行营养胎教，才能安全度过孕期呢？

答：在营养胎教方面，孕妇应该多吃些绿叶蔬菜，防止缺乏维生素C，同时，也要多吃水果和其他类型的蔬菜。冬季需要摄入较多热量，以维持体温，这就要求孕妇多吃鱼类、瘦肉、鸡肉、乳制品、蛋类和豆制品。孕妇在食用这些食物时，要根据自己的身体变化，适量摄取。只有这样，才能满足热量需求，同时又不至于使体重增加太多。核桃、芝麻、红枣等干果也要多吃，因为它们除了为孕妇提供热量外，还可以加速孕妇肠蠕动，促进胎儿的大脑发育。

除了营养胎教，孕妇还要注意环境胎教的影响。在冬季，如果室内外温差过大，孕妇极易感染风疹、流感等，这会在一定程度上影响胎儿的生长发育，所以孕妇要注意保暖，预防感冒。

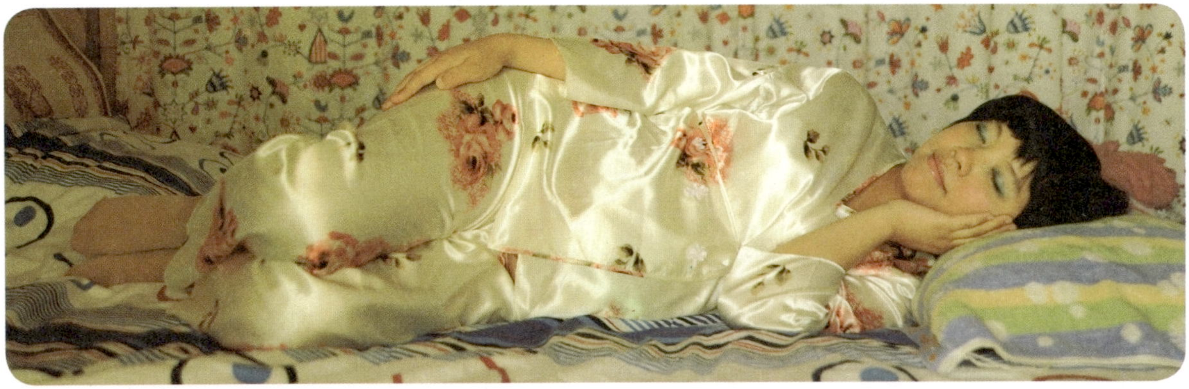

三、孕妇缺锌有什么危害

苏云问：请问孕妇缺锌有什么危害？哪些食物中含锌量高？

答：大量动物实验结果表明，锌缺乏引起动物出生缺陷主要是生长停滞或迟缓、骨骼畸形、死产、早产等。孕早期缺锌，同样能出现新生儿出生缺陷。研究还发现，患有先天性心脏病，如室间隔缺损、主动脉狭窄及尿道下裂、睾丸发育不良（如隐睾）、骨骼及肾脏畸形、先天性中枢神经系统畸形等缺陷的新生儿，其母亲孕期血液中锌水平明显低于分娩正常胎儿的孕妇。锌缺乏对新生儿畸形的作用并不是分娩期缺乏的结果，很可能早在受孕或胚胎形成早期便受到影响。

食物中以牡蛎的含锌量最高，其他海味和肉次之。具体讲，以下食物含锌比较高：植物食品有黑芝麻、油面筋、白糯米、黄豆、毛豆、紫菜等；动物食品有猪心、猪排、猪蹄膀、猪腿肉、猪肝、猪舌、羊肉、酱鸭、咸鸡蛋、鲫鱼、河蟹、海蟹、河蚌、田螺等，孕妇应适量选吃这些食品，以补充足够的锌。

四、孕妇怎样补充维生素A和钙

小雅问：请问所有的孕妇都需要大量补充维生素A和钙吗？

答：由于对营养胎教的误解，有很多孕妇害怕自己缺乏维生素，因而经常吃补充大量维生素类药物，其实盲目补充维生素反而对胎儿有害。

正常情况下，如果孕妇摄入的维生素A不足或过多，都可导致胎儿大脑和心脏发育受损，造成先天性心脏病、脑积水等。

如果孕妇摄入过多钙，会使孩子出生后出现高钙血症，具体表现是前囟门闭合过早、鼻梁前倾、腭骨宽而突出等，甚至出现智力低下。所以，孕妇在孕早期每日摄入800毫克钙，孕中期为1000毫克，孕晚期为1100毫克。

五、孕妇如何保证充足的睡眠

晓晓问：我怀孕了，虽然感觉觉没少睡，但总觉得睡不醒，请问怎样才能睡得好呢？

答：充足的睡眠不仅会营造良好的情绪胎教，也会为更好地进行营养胎教和运动胎教提供保障。主要有以下几种方法：

①想睡就睡：孕妇身体的工作量逐渐加大，需要更多休息，所以应早一点上床睡觉，尽量避免熬夜。

②保持睡前放松训练：避免入睡前情绪激动。

③将室内温度降低：激素导致孕妇体温略微增高，从而会影响睡眠质量。降低室温可以使孕妇心平气和，易于入睡。

④不必过分在意睡姿：虽然这个阶段是胎儿成长发育非常关键的时期，但是因为他还小，可以受到孕妇盆腔的保护，所以外力或是孕妇自身的压力并不会对胎儿造成伤害。因此孕妇尽可以选择让自己舒服的睡姿，无论是仰卧还是侧卧。

小贴士

对在工作的孕妇来说，午睡格外重要。孕妇只需要靠在一个地方小睡20分钟，或者闭目养神就可以有效地缓解疲劳感。

六、如何了解胎儿发育是否异常

诺诺问：我身体不好，所以总担心宝宝在我肚子里会发育得不好，怎样才能更好地了解宝宝的发育情况呢？

答：大多数的胎儿都能生长得很健康，在怀孕18～20周之间医师可在孕妇腹部进行超声扫描，通过这种扫描查看胎儿脑、心脏等主要器官的情况。如果存在染色体和遗传方面的问题，通常在这个时期就要做进一步检查。若检查结果表明正常，那么胎儿一般情况下是正常的。但孕妇要知道，检查并不能保证胎儿完全没有问题，有些细微缺陷在宝宝出生前是无法看出来的。

七、孕酮保胎适用于哪些情况

小英问：请问如果出现流产征兆，可以用孕酮保胎吗？

答：医学上认为，孕酮保胎仅适于因自身孕激素分泌不足而出现流产征兆者。黄体功能不足是妇女不孕的常见因素，也是流产的主要原因之一。对黄体功能不足者，如有受孕可能，自基础体温上升的第3天起即可给予孕酮治疗。确实已经怀孕者，用药持续到9～10周效果较好。这只是孕酮保胎的原理，具体的用药情况应该由医师根据孕妇的流产症状等采取适当的治疗方法。万一出现流产症状，孕妇应及时就医。

八、孕妇如何避免伤害宫内的胎儿

王珏问：除了防止胎儿受到空气和噪音污染的伤害，孕妇还应该注意哪些情况呢？

答：环境胎教强调孕妇要注意避开不良外界环境，如病毒、细菌、噪声、强光、高温等。病毒对胎儿的危害性最大。孕妇感染了病毒，可能没有明显症状，但病毒（风疹、疱疹、流感、肝炎）却能使胎儿感染并致畸。因此孕期尤其是孕早期要注意加强个人卫生，少去公共场所，避免与狗猫等宠物

接触，避免接触有毒、有害物质。

孕早期胎儿受到大量X射线辐射时，可引起小儿畸形、智力低下、骨骼畸形等。因此，孕妇不宜进行X射线检查，特别是在孕早期。

有些药物可通过胎盘进入胎儿体内，甚至影响胎儿的正常发育，所以孕妇不要乱用药。

小贴士

泻药主要用于功能性便秘。一般情况下，孕妇应避免服用泻药。果导片等刺激类泻药稍微过量就会引起腹痛，甚至盆腔出血，应禁用。膨胀性泻药含大量纤维，能轻度刺激肠蠕动，缩短排便时间，可酌情选取。液体石蜡等润滑性泻药刺激性相对较小，可选用。值得注意的是，孕晚期应禁用泻药。

吸烟可能导致胎儿缺氧、流产、早产，以及胎儿和新生儿死亡。饮酒可能导致胎儿宫内发育迟缓，智力障碍，面部骨骼等器官畸形，因此，孕妇应戒除烟酒，远离有烟环境。此外，孕妇要增加营养并注意休息。

九、哪些情况不适合保胎

小白问：当胎儿出现异常时，哪些情况不能保胎？

答：预防流产也是此时胎教的重点。造成流产的原因错综复杂，其中孕卵异常是早期流产的主要原因之一。也就是说，夫妻某一方的精子或卵子有缺陷，与对方的生殖细胞结合后形成异常孕卵，这种异常孕卵在子宫内不能发育成熟，绝大多数会在早期死亡而流产。此种流产无法保胎，而且也没有必要保胎。

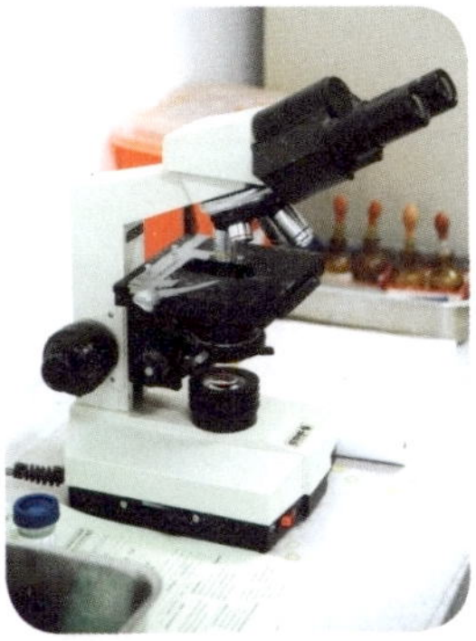

如果流产不是孕卵异常所造成的，而是由于孕妇存在着影响胎儿生长发育的不良因素，如生殖器官疾病和子宫严重畸形等，因而常常发生流产，应该找医师获得帮助。

此外，还有一部分孕妇流产是由于孕期患了急性、慢性疾病所造成的，如流感、肝炎、肺炎、心脏病、严重贫血等，此种不利于胎教的情况能否保胎也应根据孕妇病情的恢复情况而定。若孕妇病情较重，且在治疗过程中使用了大量对胎儿有影响的药物，也不应盲目保胎，以免顾此失彼，影响母子健康。

怀孕后如果有多次阴道流血，在排除其他原因后，要考虑可能是流产。因为怀孕后阴道流血意味着怀孕子宫内的绒毛蜕膜分离，血窦（血管）开放而有出血或是胚胎死亡，使底蜕膜的海绵层出血，这种情况下，应找医师获得帮助。

流产是一种自然淘汰，不必惋惜，关键是要注意准备再怀孕或怀孕后及早就医，以尽量避免不良因素影响而发生流产。

小贴士

近年来，大量实验表明，流产是一种非常重要的、自然的生殖选择机能。经过这种自然选择，使95%的染色体异常胎儿在怀孕28周以前流产而自然淘汰，避免了异常胎儿的出生，保证了优生。因此，对孕早期有可能发生流产的孕妇，不要急于保胎。如果保胎，应先请医师做有关检查后再决定是否应该保胎。

第四章　第3个月

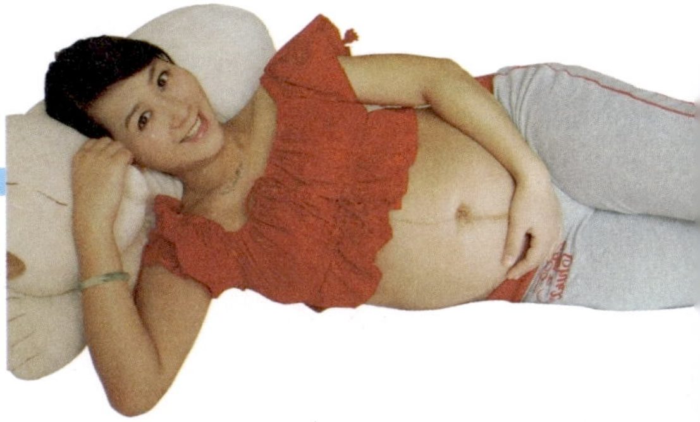

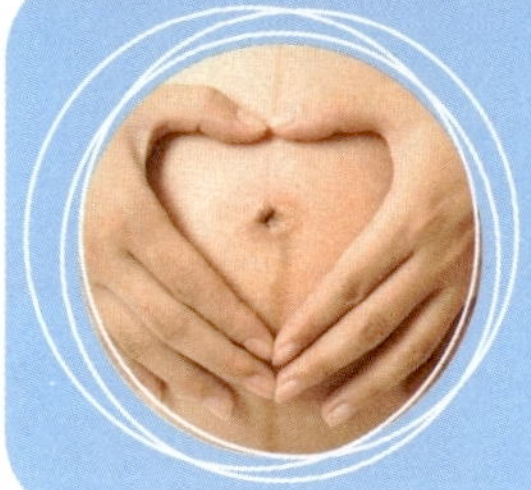

第一节　胎儿和孕妇的变化

一、胎儿

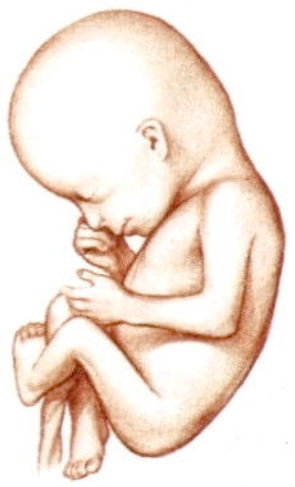

进入第3个月，胚胎可正式称为“胎儿”了。胎儿的身长约为7.5～9厘米，体重约20克。尾巴完全消失，眼、鼻、口、耳等器官形状清晰可辨，手、足、指头也一目了然，几乎与常人完全一样。内脏更加发达，肾脏、外阴部已经长成。

这时可以进行胎谈胎教，以便促进胎儿的感官发育。

二、孕妇

这个月是孕吐最严重的时期，除恶心外，胃部情况也不佳。腹部仍然不算太大，但由于子宫已如拳头般大小，会直接压迫膀胱，孕妇会出现尿频、腰痛、胸闷、腿足浮肿、分泌物增加、便秘等症状。但是，从孕中期开始，孕期反应大大缓和，食欲增加，下降的体重会回升。与此同时，大多数子宫后倾的人开始转为前倾子宫。乳房更加胀大，乳晕与乳头颜色更暗。

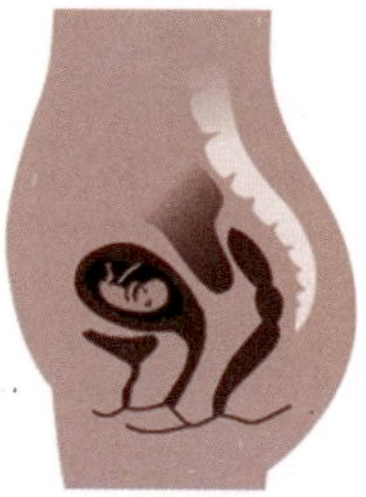

这个月，要注意补充营养，经常进行按摩胎教，防止感冒、贫血、疹子等疾病。由于胎儿的不断发育，孕妇会经常感到肌肉紧张，要适当运用按摩胎教和运动胎教缓解这一状况。此外，孕期还要加强胎谈胎教，加深和胎儿的感情。

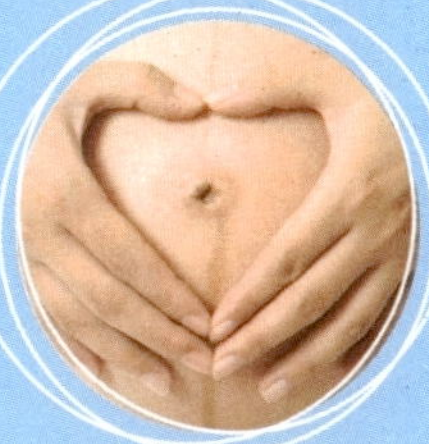

第二节　营养胎教：缓解孕期常见疾病

一、感冒

通常来说，感冒是由过滤性病毒而引起的，有些病毒会透过胎盘而进入胎儿的体内，因此，孕妇要注意预防感冒。

在孕早期（前3个月内）要特别注意饮食起居，避免患病，因为这时是胎儿器官形成的重要时期。一旦到了孕中期，胎儿的心脏发育已基本稳定，体积逐渐增大且强壮，轻微的感冒对胎儿的影响会减小。不过，若孕妇染上严重的感冒和咳嗽，引发食欲不振，就会影响胎儿发育，甚至导致流产。

怀孕后，母体会出现疲劳、营养不良、免疫力降低、出汗，以及下半身血液循环不良等状况，从而使全身的体温调节机能受影响，导致感冒。因此，孕妇应多进行运动胎教，如柔软体操、游泳、瑜伽及指压法都是增加身体抵抗力，预防感冒的好方法。另外，在营养胎教上，可用橘子、酸梅或柠檬伴温热开水喝下，这是一种感冒自然疗法。

以下介绍一款老姜红糖茶对治疗轻微感冒亦有帮助。

老姜红糖茶

【原料】

老姜一大块，红糖、水适量。

【做法】

①老姜洗净，切成片。

②用小瓦煲注入半满的水，加入老姜及红糖同煲约30分钟，糖全溶后倒出趁热饮下。

【特点】

饮此茶后，即上床就寝，盖着被子，出一身汗，感冒便会好转。

小贴士

一般情况下，孕妇感冒可以不药而愈，但若持续时间长并伴有咳嗽，应请妇产科医师治疗，因为妇产科医师对怀孕期间的用药更清楚。孕妇应按照医师指示服药，切莫乱服药，以免对自身和胎儿造成不良影响。

当然，预防孕期感冒还是相当必要的，特别是在夏季和冬季，室内外温差较大的环境下，孕妇要注意开窗通风，及时添加或减少衣物，注意锻炼身体，增强自身免疫力等。

二、贫血

在怀孕期间，胎儿需要从母亲体内吸取铁元素，用做自己血液中的养料。这会稀释母体血液，降低血液中的铁元素含量，如果不及时补充营养，孕妇和胎儿都会患上贫血。患有贫血的孕妇常感到手脚冰冷、疲倦、晕眩及心悸气喘等，从而降低了胎教的效果。

不必太担心这种因怀孕而导致的贫血，只要注意摄取营养，多进食含铁质丰富的食物，情况自然会好转。此外，多进食叶酸丰富的食物，如绿叶蔬菜、奶类、坚果，以及其他高蛋白质食物，对身体都是有利无弊的。

菠菜与鸡肝都是含大量铁质叶酸的典型食品，配合煮成菜汤，对贫血有很好的疗效。

菠菜鸡肝汤

【原料】

主料：鸡肝4副，菠菜250克。

辅料：生姜1片，盐、姜汁、水适量。

【做法】

①鸡肝洗净，每副约切成四五块，然后放入有姜汁的沸水内略煮，以除去腥味。

②菠菜洗净，切成适当长度备用。

③在汤煲内注入适量水，煮沸后放入姜片及鸡肝；待汤再煮沸后，加入菠菜同煮。

④汤再度沸起，可加盐调味，饮汤吃肝及菜。

【特点】

如果不喜欢吃鸡肝，可改用猪肝，同样有补血的功能；菠菜含丰富铁质及维生素，但是不宜生吃，最宜做汤。孕妇必须吃下肝及菜，如果只喝汤，疗效便大大降低了。

三、疹子

如果孕妇体重过快增加，且不注意卫生，常出汗，皮肤多皱折的部位便容易出现红疹。这些疹子通常出现在孕妇增大了的乳房之下和腹股沟的部位。因此，孕妇必须注意个人卫生，同时要留意体重的增加。治疗疹子，可试试用痱子水和有镇静作用的洗剂，以缓解刺痒症状。下面这款汤非常适合患有疹子的孕妇食用。

荸荠红萝卜茅根竹蔗水

【原料】

主料：荸荠250克，胡萝卜1个，茅根250克，竹蔗500克。

辅料：糖冬瓜12条，水适量。

【做法】

①荸荠、胡萝卜去皮洗净；胡萝卜切成块状。

②茅根、竹蔗略冲洗；竹蔗切成适当长度。

③在煲内注入适量水，加入所有材料，同煲约1.5小时即成。

【特点】

荸荠具清热、消滞、止渴、化痰及解毒多种功效，配合以上材料同煲成的汁水，是民间最普遍的解疹毒的食疗方法，尤其是在夏日代茶饮用，更为适宜。

四、肾炎

一般慢性肾炎患者，都有四肢浮肿、蛋白尿及高血压的症状，平时并不会感到特别不适，但是，如果怀孕期患上肾炎，这些症状便会随着怀孕月份的增加而恶化。到了孕晚期，孕妇的肾机能相当虚

弱，便会影响胎儿的发育，所以，患有慢性肾炎的妇女最好暂时不要怀孕，以免对自身及胎儿产生不利影响。

小贴士

在怀孕过程中，孕妇若患上肾炎，必须注意饮食，少吃高蛋白质食物，减少盐分的摄取并避免一切刺激性的食品。

孕妇可以试试下面这道菜，以此缓解肾病症状。

鸡松

【原料】

主料：鸡胸肉80克，米粉10克，生菜叶5片，青豆10克，荸荠35克，胡萝卜10克，香菇2克。

辅料：油、水适量。

【做法】

①生菜叶用开水焯好；鸡胸肉切丁，裹上米粉，备用。

②裹上米粉的鸡胸肉丁用油炸后捞出，控油并压碎。

③青豆、荸荠、胡萝卜和香菇放入锅中焯一下，捞出，剁碎。

④用焯过的生菜叶卷上以上其他所有材料即可食用。

【特点】

清淡爽口，且米粉中蛋白质含量低，对肾病患者非常有好处。

五、黄疸病

孕妇最常患的肝病要算“黄疸”。黄疸病的诱因有很多，例如急性肝炎、发热、食欲不振，一些严重疾病也会引致黄疸病。

由于胎儿不断发育，对营养的需求量加大，这无形中增添了母体肝脏的负担。所以，就算孕妇没有黄疸病，也必须好好保护自己的肝脏，尽量少吃油腻食物。

下面的这道菜可以有效缓解黄疸症状，赶快来试一试吧！

椰子炖鸡

【原料】

主料：椰子2个、鸡1只（约500克）。

辅料：姜2片，盐少许，水适量。

【做法】

①椰子破开，将椰汁倒出备用，椰肉切成小块。

②鸡剖洗干净，除去内脏，将一半椰子肉放进鸡肚内，再将鸡放在炖盅内，余下的椰肉、椰汁、姜片全都放入炖盅，再加适量水，以刚盖过鸡身为好。

③盖上盅盖，隔水炖上4小时，便可加盐调味供食。

【特点】

椰子富含蛋白质、脂肪、葡萄糖、维生素、钙、磷等营养素，甘甜爽口，具有补益脾胃、解暑、清热、利尿、滋补的作用。椰子炖鸡连续吃多次，便会改善黄疸病的情况。

六、糖尿病

患有糖尿病的女性，在怀孕期间最易使症状恶化，倘若并发其他症状，便会影响到胎盘的功能，间接导致胎儿缺氧而流产。

因此，可在怀孕满36周后借药物来安胎，或索性及早剖腹生产。不过，上述两种方法仍不能百分之百保住胎儿。因此，最好在怀孕前将糖尿病治好，否则，必须依照医师指示，切实执行饮食保健的食疗方法。下面这款栗子山药可辅助治疗糖尿病。

红烧栗子山药

【原料】

主料：栗子20颗，山药20克，熟地黄5克，鸡肉250克，冬菇5只。

辅料：盐1/3茶匙，糖1/3茶匙，水淀粉2汤匙。

腌料：盐1/4茶匙，糖1/4茶匙，淀粉1茶匙，姜汁、料酒、花生油各1茶匙。

【做法】

①鸡肉切丝，加入腌料拌匀，约腌20分钟，泡油捞起。

②栗子去壳去皮，与山药同浸入水中约15分钟。

③冬菇浸软去蒂，洗净后切成丝，用油、盐、糖少许拌匀。

④烧热油锅，炒山药、栗子及冬菇，然后加入熟地黄、鸡肉同煮；再加入适量水，加盖焖至栗子熟软。加入辅料混匀，至汁液将干时，加入水淀粉即成。

【特点】

山药，可补虚弱体质，对肠胃、肾脏都有补益；熟地黄属玄参科，有滋养强壮、补血之效。此菜香软可口，对糖尿病具有很好的辅助治疗效果。

七、高血压

倘若孕妇发现患有高血压，必须加倍注意饮食，多摄取高蛋白质，少吃高盐分的食物，并安心静养，以防血压继续升高。患高血压的孕妇，引起早产或产下未熟儿的比率相当高，切莫掉以轻心。

海产品是最为理想的降压食物，主要有以下几种：

海蜇皮：能降血压，更可祛痰止咳。最简单的做法是现买已泡好的海蜇皮，洗净后加入麻油、醋、酱油便可以了。多做一些放进冰箱里，便可随时进食，是夏天的最佳小食之一。

海参：含大量蛋白质、钙、碘，营养丰富，对治疗高血压、晕眩、肥胖等都很有功效。

干贝：即江瑶柱，是治疗高血压的有效食品。可配合海参、夏枯草、昆布同煲成汤，疗效显著。

淡菜：含大量碘、钙、铁及蛋白质，对高血压有特别疗效。配合淡菜煮成的菜式，可谓千变万化，而其中以淡菜煨萝卜或煲汤，疗效最佳。

下面这两道降压菜，非常适合患有高血压的孕妇使用，不妨一试。

猪腰炒木耳

【原料】

主料：猪腰2个，芹菜1棵，木耳15克。

辅料：姜、葱少许，生抽1茶匙，盐1/2匙，糖1茶匙，料酒1/2茶匙，油、水适量。

【做法】

①猪腰横切，除去里面白色部分，切片，用水冲洗数次后，再浸于水内3小时，其间换水多次。

②木耳用清水浸开洗净，加上水及盐、糖各1/2茶匙煮片刻，沥干水分备用。

③芹菜洗净，切段（保留芹菜叶，因为芹菜的营养成分主要集中在叶子里）。

④烧热锅，下油放入猪腰，翻炒数下盛起。

⑤再下油爆香姜、葱，加入木耳、猪腰回锅，再加入芹菜炒至熟，加入其他辅料即成。

【特点】

芹菜具有降血压、降血糖的效果，配合猪腰、木耳同炒，是一款清淡而降血压的菜。

红烧海参

【原料】

主料：发好海参500克，瘦肉200克，白菜300克。

辅料：姜2片，葱2根，胡萝卜花数片，生抽、淀粉各1/2茶匙，上汤1杯，油、开水适量。

煨海参料：盐、糖1/2茶匙，生抽、酒各1茶匙，上汤1杯。

芡汁料：蚝油、淀粉1茶匙，麻油、胡椒粉各少许，清水3汤匙。

【做法】

①海参放入姜、葱，在开水内煮5分钟，除去内脏洗净，沥干切块。

②瘦肉切丝，加入生抽、淀粉、油拌匀，备用。

③白菜洗净，以油、盐、水焯熟围于碟边。

④烧热锅，下油，爆香姜、葱，加入煨海参料及海参煮至海参软烂，放入瘦肉、芡汁料炒匀上碟即成。

【特点】

海参的营养价值极高，含丰富的蛋白质、钙和钠，可减轻因高血压引起的头晕等症状，非常适合患有高血压的孕妇食用。

八、风疹

孕妇在怀孕12周内得上风疹，会使胎儿出现异常，病毒从母体通过胎盘进入胎儿的身体，导致畸形。

下面介绍一款大枣汤，对治疗风疹，防止病毒感染胎儿有一定疗效。

大枣汤

【原料】

主料：大枣7粒，热水280毫升。

【做法】

将大枣用水洗净，用刀纵切裂口，放于容器内，加热水用铝箔等盖着，放一晚上，隔日再置于蒸笼内，待水沸腾后改用小火煮1小时。

吃法：大枣去皮和核，于1日内吃完。

服用法：抽出浓缩液，分2～3次服用，可于餐后代茶。

调味法：加冰糖服用也可。

小贴士

因为风疹的症状很像感冒，所以常被误认为是感冒，有的孕妇得上了风疹，不知不觉就好了，但是不管症状有多轻，都会感染胎儿，切不可粗心大意。

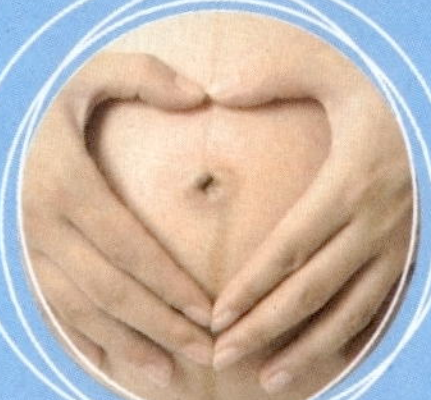

第三节 运动胎教：改善肌肉紧张状态

进入第12周末，已经到了较为安全的时期，不过仍需小心谨慎，尽量避免强烈运动或幅度较大的运动。

这段时间里孕妇往往会感觉到因脊柱受压迫而产生的阵痛，同时骨盆和臀部也会有疼痛的感觉，经常活动骨盆周围的肌肉可以缓解这些症状。为了减轻胎儿体积继续变大带来的腰部疼痛，从运动胎教的角度来说，孕妇应该主要锻炼腹、背肌肉，同时培养保持平衡的能力。

一、转动肩部

Step1、Step2：以放松的姿势盘腿而坐，两肩先从后向前、再从前向后进行转动。

功效：使肩部的关节变得柔软，并能缓解紧张的感觉。

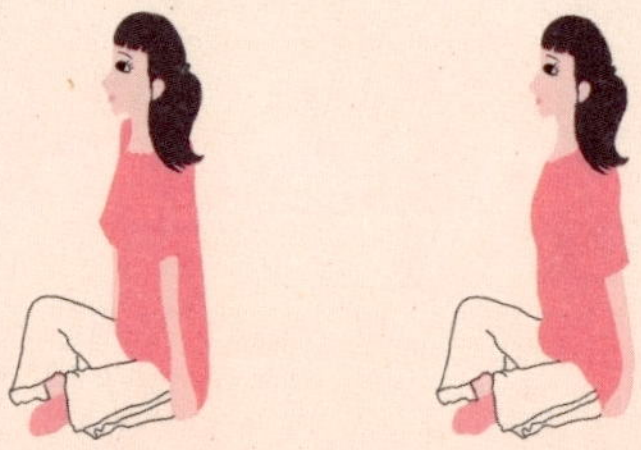

Step 1　Step 2

二、腰部运动

◎采取仰卧的姿势，曲起膝盖然后上举，双手叉在一起并放在头部后方。

◎抬起上身，尽量让左腰接触到右膝，之后再次躺下。

◎抬起上身的同时呼气，躺下的同时再次吸气。

功效：有效地锻炼腰部肌肉。

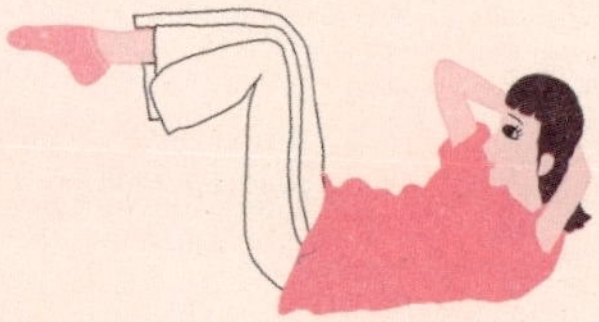

三、推动骨盆

◎在仰卧的姿势下立起膝盖。

◎向上推抬臀部，用大腿和臀部的力量向上推再下降。

功效：强化大腿和骨盆下部的肌肉。

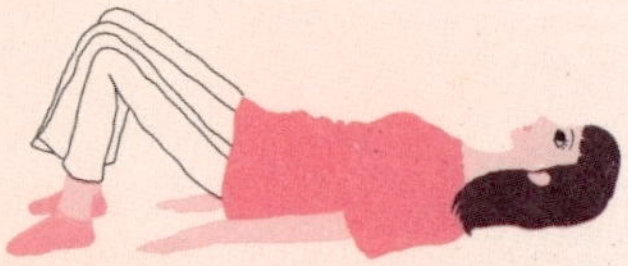

四、骨盆运动

Step1：两脚分开，膝盖稍微弯曲。慢慢地转动臀部。尽量保持腰部不要跟着旋转，而让其起到带动臀部的作用。

Step2：在重复数次之后，要记得更换转动的方向。

功效：可缓解骨盆疼痛。

Step 1　Step 2

五、保持平衡

Step1：两手抓住椅背或将双臂张开以保持平衡。

Step2：抬起脚后跟再轻轻放下。

功效：能更好地支撑日渐增重的身体，提高孕妇掌握身体重心的能力。

Step 1　Step 2

孕早期的孕妇普拉提

孕妇普拉提的特点

坚持练习普拉提可以使全身的骨骼变得更加稳固，并让紧张的肌肉放松下来，从而达到让整个身体更加健康的目的，让胎儿更好地享受胎教的乐趣。

普拉提不仅能够纠正练习者不正确的姿势和习惯，以保持人体各方面的均衡，还可以给人的内心带来平和的感觉，形成轻松、愉快的胎教环境。所以这项运动能够给压力过大的现代人，特别是给孕妇带来很大的帮助。

小贴士

普拉提与健美操等其他锻炼方式的不同之处就在于，它要求练习者在移动脚步或肩部的时候完全集中自己的注意力。它还强调让横膈膜进入规律的活动状态，以及掌握正确的呼吸方法，从而使气息变得更加匀称。

挤按枕头

考虑到流产的危险，孕妇不应在怀孕初期进行负担过重的运动，可采用挤按枕头的孕妇普拉提进行锻炼。

◎平躺，脚底着地。把一只枕头或垫子放在竖着的膝盖当中。确认是否缓解了肩部和颈部的紧张程度。

◎运用腹式呼吸的方法，在呼气的时候应该感到肚脐和脊柱相互吸着，同时使劲推挤膝盖之间的枕头。身体的其他部位保持不变，而仅对两个膝盖用力。

◎再次吸气的同时轻轻地夹住枕头。将此套动作重复10次。

功效：使孕妇护膝顺畅，肌肉协调而有弹性。

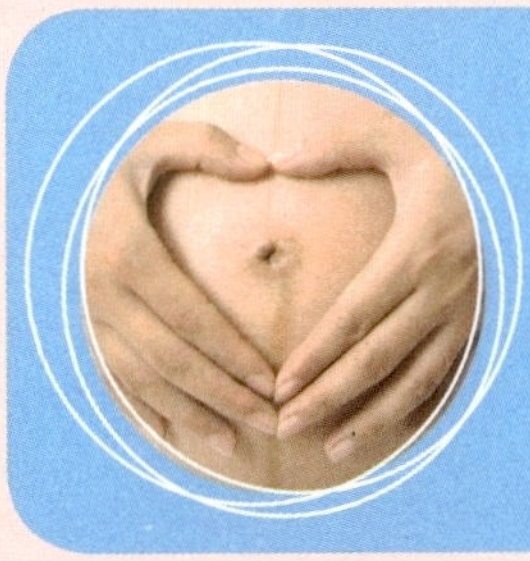

第四节 按摩胎教：让孕期不适早缓解

用一定的手法按摩孕妇身体的适当部位，可达到缓解孕期不适、减轻孕妇疲劳，消除消化不良、便秘等症状的目的。

一、贫血

在防治贫血方面，除了从营养胎教上调节外，利用按摩胎教也是很好的方法。

◎用大拇指在足底中央的肾脏反射区涌泉穴上按3次，每次持续4秒钟。

◎以对角线方向向下滑动并挤压输尿管反射区，重复9次。

◎在脚踝内侧的膀胱反射区挤压3次，每次4秒钟。

◎用大拇指和食指一起按大脚趾上的大脑反射区，每次4秒钟，重复4~5次。

◎在膀胱反射区范围内靠近脚踝部位的尿道反射区上按摩，方法是用大拇指按照椭圆形的路线不断按摩。

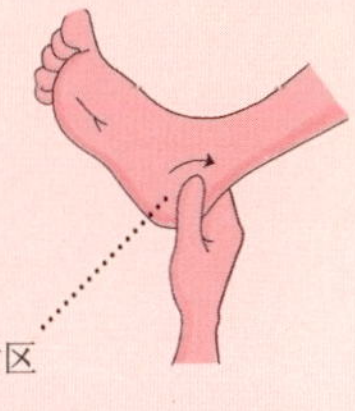

◎用大拇指在足底的小肠反射区上按箭头方向滑动搓摩，重复4~5次。

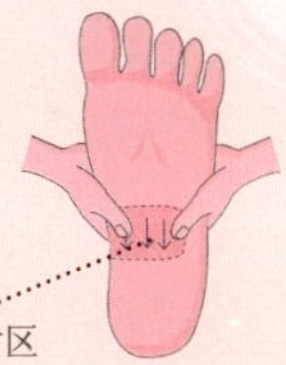

二、消化不良

消化不良是孕期常见的不适症状，孕妇要善于运用下面的按摩手法刺激食欲，促进肠蠕动，改善消化不良。

◎在位于足底的涌泉穴上用大拇指按3次，每次持续4秒钟。

◎在输尿管反射区部位用大拇指轻按4~5次，每次持续4秒钟。

◎在脚踝内侧的膀胱反射区挤压3次，每次4秒钟。

◎用大拇指在尿道反射部位按摩9次以上。

◎从涌泉穴开始向下推至小肠反射区，反复按摩。

◎在脚踝到膝盖上10厘米的区域内按摩，通过挤按内侧、外侧和底侧而让足部的血液向上循环。

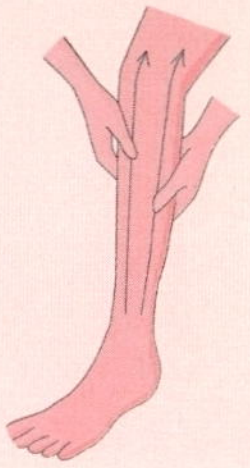

小贴士

除了上述按摩手法可以减轻消化不良之外，孕妇也要经常做简单运动，多吃水果和蔬菜。只有这样才能保持身体健康，很好地吸收营养。

三、便秘

与消化不良同时出现的还有便秘，除了遵循营养胎教的方法，多吃水果、蔬菜等富含纤维素的食品外，也要巧妙运用按摩胎教，防止便秘。

◎在足底中央的基本反射区涌泉穴上用大拇指轻按3～4次。

◎在位于涌泉穴对角线方向的输尿管反射区用大拇指轻轻挤压4～5次，每次4秒钟。

◎在膀胱反射区用大拇指轻轻挤压4秒钟。

◎在足底中央的小肠反射区按照箭头所示方向向下轻捋，重复4～5次。

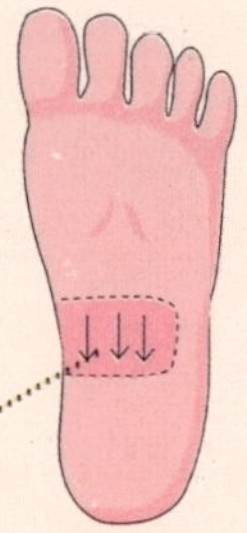

第五节　胎谈胎教：与胎儿沟通的奇妙时刻

胎谈胎教就是与胎儿对话，在怀孕期间，把自己变成一个话匣子对孕妇来说是理所应当的事情。孕妇可以把一天当中遇到的许多琐事向胎儿一一道来。从早上起床一直到晚上上床，一天中肯定会发生很多事情，就从向胎儿简单地打招呼开始胎谈吧！总之要通过这些内容来把一个母亲的情感生活完整地表达出来。

除此以外，孕妇还应该把自己对胎儿能平平安安地成长，不受流产等问题困扰的期望告诉胎儿。

一、早上起来

“宝宝，睡得好吗？”“妈妈昨天做梦梦到你啦！你看看这升起的太阳是多么的美丽呀，让我们一起度过精彩的一天吧！”

二、吃饭时

“今天我们吃鱼，对我们的身体可有好处了，它的味道香浓，咱们一起尽情享用吧！”

“苹果好吃吧？真是又香又甜，据说苹果里有许多的维生素呢！”

三、去医院时

“今天是定期检查的日子，你的脸、手和脚都长到多大了呢？妈妈很快就可以看到啦！”

“已经做过B超检查啦，宝宝你真是太可爱了。你一定要在妈妈的肚子里乖乖地、健康地长大哦！”

小贴士

和所有的胎教一样，胎儿会通过母体的情绪变化体会到不同的感受。孕妇到医院做检查的时候难免会产生紧张情绪，而胎谈可以让胎儿拥有轻松愉快的心情，也可以让他感受到家人对他的关心，从而消除孕妇和胎儿的紧张感。

四、听音乐时

“这是轻音乐，让妈妈从身体到心情都变得舒畅了！宝宝的心情也很不错吧？”

“这首乐曲的名字叫《春之声圆舞曲》，宝宝听了也很快乐吧？”

五、发生胎动时

“呵呵，宝宝这会儿正玩得开心呢，妈妈来陪你一起玩好吗？”

“来，妈妈在这里拍一下，宝宝也来拍一下？嗯，真听话！”

“宝宝的心情可真不错呀。你知道吗？妈妈也和你一样高兴！”

专题

顺利开展胎谈的9个要领

给胎儿起一个可爱的小名

刚开始对腹中的胎儿说话可能觉得挺不自然，就像在自言自语一样。与生硬地称呼胎儿为“孩子呀”相比，不如给他起一个小名再开始胎谈。这样，接下来的过程就会变得轻松许多，不仅会使孕妇不自然的感觉逐渐消失，而且也会加深亲子关系，从而使孕妇有机会与胎儿进行更为亲密的谈话。

可以为胎儿取“圆圆”、“宝宝”这种非常上口的名字，但名字最好不要有性别倾向，因为这代表了父母对孩子真实性别的尊重态度。

像与朋友说话时一样真诚

在进行胎教时，孕妇不应该觉得自己是单独一人，而应该用与身边的朋友交谈的真挚态度和语音来诉说自己的心里话。

说话时要注意抑扬顿挫，并尽量做到发音标准；如果能够保持平静、柔和的声音，胎儿就不会产生拒绝感。

小贴士

孕妇可以一边深情地抚摸肚皮，一边温柔地对胎儿说话，这样就可以把自己的安定情绪完完整整地传递给胎儿。

孕妇的各种体验是胎谈的最佳话题

每次说不同的话题可以对胎儿的大脑起到良好的刺激作用。如果想让胎儿的情绪安稳，就应该经常对胎儿的大脑进行良性刺激。事实上，胎谈时的最佳话题就是孕妇的各种体验。

此外，胎儿对语言的初步学习过程也是从腹中时期开始的。这时孕妇只要进行各种积极的活动并用话语向胎儿表达自己的感情，就可以对胎儿产生极大的帮助。

谈话的同时听听音乐

胎谈的同时可以做一件非常容易的事情——欣赏音乐。播放你最喜欢的音乐，然后从与音乐相关的事情开始聊起，这样就能够非常自然地进入到胎谈的状态中。在欣赏音乐的同时，孕妇可以把自己对音乐的感觉、乐曲讲述的内容以及使用的各种乐器一一介绍给胎儿。

对胎儿唱歌

除了与胎儿谈话之外，把胎儿的小名编到歌词里，或者学一些传统的童谣唱给胎儿听，也都是不错的选择。有些妈妈曾经说：把胎教时经常唱的童谣再次唱给婴儿听时，婴儿会有非常明显的反应。

专家们还发现，胎儿时期经常欣赏音乐的孩子在情绪上比其他的孩子更加稳定。用爸爸妈妈自己作的歌词配上现成的曲子唱给胎儿听，既有趣又能达到胎教的效果，是一件一举两得的事。

用谈话的口吻读童话故事

可以选择好的童话故事，再用谈话一样的口吻坚持读给胎儿听。最重要的是讲故事时一定要想象胎儿就坐在自己身边，但必须注意不要读得过于平淡，一定要让自己的声音始终饱含丰富的感情。

小贴士

从怀孕第6个月开始，胎儿的听觉就有了明显的发育，并成为五感当中最为敏锐的一感，因此为胎儿读童话故事就变成了胎教效果最好的刺激方法。即使不读童话故事，孕妇也可以选择一两篇自己喜爱的小说或散文读给胎儿听，读的时候仍然应该饱含感情。

画出孩子的小脸当做胎谈对象

如果觉得一个人说话还是有些放不开，可以把想象中孩子的小脸画出来，并当做胎谈的对象。这样做可以让孕妇感到胎儿似乎真的就在自己身边，如此一来，胎教也将变得更有效果。孕妇可以采取舒适的坐姿，看着孩子的画像娓娓道来，逐渐将平和安定的情绪传递给胎儿。

此外，把漂亮的宝宝图片收集到一起贴在墙上，对着他们谈话，也是一种比较形象的胎谈方法。

让胎儿常常听见爸爸的声音

如今，准爸爸们也纷纷开始对胎教产生了兴趣，因为他们都知道自己在胎教可中起到重要作用。

胎儿可以经常听到准妈妈的声音并对此产生记忆，但是准爸爸的声音对胎儿来说却并不是那么熟悉。一体相连的孕妇和胎儿之间，早已非常自然地形成了一种亲子关系，而这对于准爸爸来说，往往是可望而不可即的。在这样的情况下，准爸爸更应该一有空闲就让胎儿听一听自己的声音，努力使两人之间的感情变得深厚起来。

在怀孕期间，如果准爸爸坚持不懈地与胎儿交谈，胎儿出生之后就能分辨出爸爸的声音。准爸爸不妨在上班出门、下班回家的时候用“睡得好吗？”“今天在玩什么呢？”“爸爸从公司回来啦！”这样的话向胎儿问好，以此增进彼此感情。

准爸爸在胎谈时，可以面对孕妇的腹部，也可以边抚摸孕妇的肚子，边与胎儿谈话。此外，胎谈过程中还要注意保持充满爱意的语气。

小贴士

抚摸孕妇的腹部就是间接接触腹中的胎儿，因此这一举动也能达到使胎儿的情绪安定下来的效果。

让胎儿知道你的无限爱意

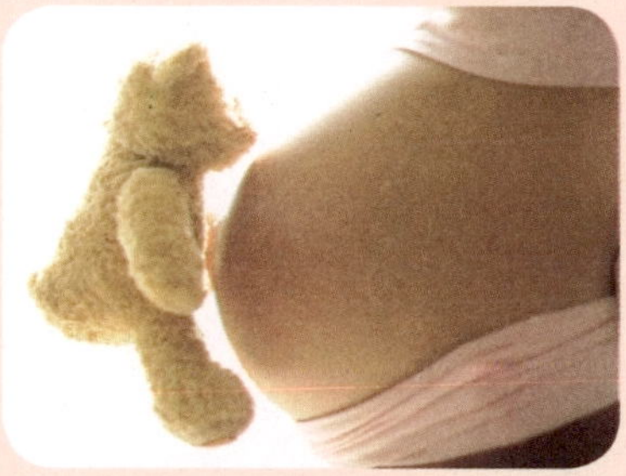

胎谈胎教中最重要的事情就是传递爱的信号，“让胎儿知道你的无限爱意”，可以说是胎谈的根本所在。“我爱你”、“欢迎你的到来”这样积极的话语将使胎儿更加了解自己正被疼爱的事实。

另外，孕妇一定要避免消极的言行，因为与其他任何人相比，胎儿都能够更快地感知到孕妇的情绪变化。孕妇应在视觉和听觉上都尽可能不接触消极的事物。举例而言，要避免使用“太差了”、“不行”等否定词汇的语句。

称赞和奖励对胎儿的好处是不言而喻的。去医院做检查时，发现胎动比较明显或是感觉自己身体状态良好时都是夸奖腹中胎儿的大好机会。

请记住，只有保持积极的言行和乐观的想法才有可能使你的孩子性格开朗。

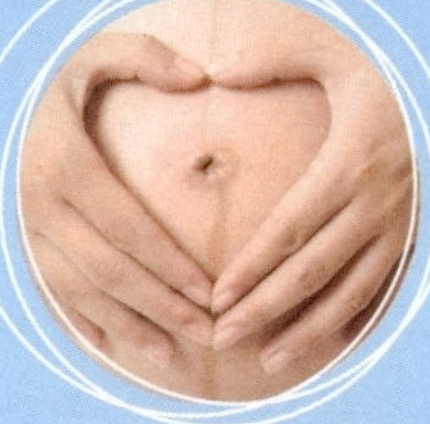

第六节　专家答疑

一、孕期使用电热毯安全吗

小米问：怀孕后，睡觉时我时常感觉后背凉，所以冬天经常使用电热毯，这样做有什么危害吗？

答：孕早期，如果孕妇受热或因剧烈活动使体内温度上升2℃，就容易造成胎儿脑细胞死亡，从而影响胎儿的大脑发育。而电热毯在加热后的温度远远高于这个温度。另外，电热毯通电后，会产生电磁场，影响胎儿骨骼发育，导致畸形。可见，孕妇最好不要使用电热毯，要运用合理的锻炼方式增强体质，这也是运动胎教的目的之一。

二、孕期使用香薰油安全吗

巍巍问：没有怀孕的时候，我非常喜欢

用香薰油按摩，请问怀孕后还可以用香薰油进行按摩胎教吗？

答：香薰油是花朵或植物的提取物，可有效缓解疲劳，但是有些香薰油在怀孕期间应避免使用的。

所以，如果你已经怀孕了，那么在按摩胎教之前，最好向专业医师或按摩师咨询哪些香薰油是孕妇禁用的，哪些是可以用的，以及孕妇适用于哪些按摩方法等。

一般情况下，在怀孕前3个月和怀孕最后3个月内，孕妇在进行按摩胎教时，最好不要使用香薰油。

小贴士

在请按摩师为自己按摩前，一定要告诉按摩师你已经怀孕了，并让他们用轻柔的手法按摩。

三、孕妇使用微波炉安全吗

方卓问：我们家经常用微波炉，热食物又快又干净，最近听说微波炉有辐射，真的是这样吗？对胎儿有影响吗？

答：使孕妇处于一个良好的环境中是环境胎教一向的主张，微波炉作为现代家庭常用电器也构成了孕妇生活环境的一部分，因此了解微波炉的弊端也成为环境胎教的一部分。过量的无线电波辐射会使孕妇的中枢神经系统发生机能障碍和自主植物神经紧张失调，这都是不利于胎教的因素。其临床表现为头昏目眩、周身无力、容易疲劳、睡眠不良、记忆减退、手指微颤等，有的还会引起多汗、脱发、消瘦等。对胎儿来说，如果接受的微波炉辐射过多，也会影响他的生长发育。这些危害并不一定非常严重，但任何一种形式的高强度辐射持续作用，都会对孕妇和胎儿产生不利影响。

因此，使用时间过久的微波炉最好不要再用。而漏风、漏气的微波炉的辐射更大，所以凡是关不上或关不严的微波炉也不要使用。

四、孕妇吸烟为什么会殃及胎儿

刘杰问：我平时就有抽烟的习惯，怀孕后也会偶尔抽一支，请问这会对胎儿造成影响吗？

答：孕妇吸烟会使烟草中的有害物质通过胎盘进入子宫内，使胎儿处于不良的环境之中，影响环境胎教的效果。

同时，烟草中的有害物质被胎儿吸入后会降低一些胎教方法（如营养胎教）的效果：尼古丁能引起子宫胎盘血管收缩，减少胎儿组织血流而影响胎儿发育；一氧化碳可以通过胎盘进入胎儿血流，导致胎儿缺氧，影响胎儿发育；硫氰酸盐在体内解毒时需消耗维生素B和氨基酸，胎儿缺乏维生素B和氨基酸，可使蛋白质合成受抑制而影响发育；镉可蓄积胎盘影响绒毛发育，并有致畸、致癌作用；铅可影响胎儿体格及智力发育。以下几组数字或许可以说明一些问题。

◎如果准妈妈每天吸烟10～15支，可降低胎儿体重100克，即新生儿体重低于2500克。

◎妈妈每天吸烟10支以上，宝宝身高平均比同年龄组矮1～1.5厘米，阅读和算术能力落后3～5个月。

◎吸烟孕妇的早产率是不吸烟的2～3倍。

◎吸烟孕妇所生先天畸形儿数是不吸烟的2～3倍。

通过这组数字可以看出，吸烟对胎儿的危害是多么大，吸烟的孕妇一定不要再吸了，而且希望准爸爸们也掐灭手中的烟头，只有这样才能开始胎教。

小贴士

如果孕妇对怀孕过于敏感和紧张，往往会产生焦虑和不安，甚至是反感和厌恶。如果再用抽烟或酗酒来缓解这些不适，就会严重影响胎儿的身心健康和发育，进而使胎教效果大打折扣。

五、孕妇酗酒为什么会导致胎儿患酒精综合征

张佳问：我怀孕后情绪不好的时候会喝一点酒，请问会对胎儿造成不好的影响吗？

答：孕妇饮酒可影响胎教的效果，使胎儿的宫内环境变差，从而影响胎儿发育。酒中的乙醇是常见的致畸物，孕妇喝酒后，乙醇就会随着血液进入胎盘，影响胎儿的生长发育，其危害有：孕期酗酒，导致流产、死胎、死产及低体重儿发生率增高。

慢性酗酒者尿锌排出量增加，可引起胎儿锌缺乏，并伴有B族维生素和氨基酸缺乏。此外，兼有宫内发育迟缓及其他各种畸形，如腭裂、心脏瓣膜症等。

小贴士

由于激素的影响，孕妇有时会心绪不宁，这时有的孕妇就会借酒消愁，但孕妇酗酒对胎儿的影响非常大，如果孕妇情绪低落或烦躁，切不可通过酒精来发泄，可到户外散心、与朋友聊天等，这才是健康的方法。

六、胎儿的大脑是怎么发育的

燕燕问：我特别想知道宝宝大脑的发育过程，是不是在出生之前宝宝的大脑就已经发育完成了？

答：胎教的任务之一是抓住胎儿器官的发育关键期，通过孕妇对胎儿进行刺激，从而促进胎儿的发育，尤其是智力发育，因此孕妇及家人有必要了解胎儿大脑的发育情况。早在受孕后的第20天左右，胚胎中已有大脑原基存在；第2个月时，大脑里沟回的轮廓已经很明显；到了第3个月，脑细胞的发育进入了第一个高峰时期；第4～5个月时，胎儿的脑细胞仍处于迅速发育的高峰阶段，并且偶尔出现记忆痕迹；从第6个月起，胎儿大脑表面开始出现沟回，大脑皮层的层次结构也已经基本定型；第7个月的胎儿大脑中主持知觉和运动的神经已经比较发达，开始具有思维和记忆的能力；第8个月时，胎儿的大脑皮层更为发达，大脑表面的主要沟回也已经完全形成。

据有关报道，胎儿的大脑从6个月起就已具有140亿个脑细胞，也就是说已经基本具备了一生中所有的脑细胞数量。其后的任务只是在于如何提高大脑细胞的质量，若想再增加一些脑细胞，恐怕是不大可能了。

小贴士

在胎儿阶段，宝宝脑的发育还不够成熟，尤其是起重要作用的脑神经末梢尚未完全形成，大概要到出生后10岁左右才能全部发育完成。

七、胎儿也会发脾气吗

王哲问：宝宝在我肚子里伸胳膊踢腿的时候是在发脾气吗？孕妇发脾气会伤害胎儿吗？

答：了解胎儿的喜怒哀乐，可以准确掌握胎儿此时的状况，为成功胎教打下基础。胎儿并不是传统儿科学描述的那种消极的、无思维的小东西。大量的研究表明，胎儿在5周起就能对刺激做出反应；

8周时能做出许多诸如蹬脚、摇头等动作来表示他的喜好和厌恶；从6个月起，胎儿不满意时也会发点小脾气。

孕妇的情绪对胎儿的影响极为重要，这也是开展情绪胎教的原因之一。孕妇的焦虑、恐惧、愤怒和长久的不安所引起的一系列生理变化，严重影响着母体内胎儿的生活环境。这些消极因素会导致母体对胎儿的供养减少，使胎儿也置于不安与恐惧之中。经过调查发现：怀孕过程中孕妇的人际关系对胎儿存在着影响，夫妻吵架、邻里不和所导致的不良心境对胎儿影响最大。特别是孕妇发怒时，大声哭叫能引起胎儿不安和恐惧。而孕妇发怒会使血压上升，胎盘血管收缩，引起胎儿一过性缺氧，从而影响身心健康。

因此，孕妇应注意保持良好的情绪状态，营造优越的胎教环境，使胎儿得以健康发展。

八、胎儿在宫内是怎么学习的

芳芳问：有人说胎儿会学习，这是真的吗？他是怎样学习的？

答：人们发现，婴儿从出生第一天起就能辨认出声音，而且对这种声音表现出极大的兴趣。法国学者曾经对一些婴儿进行过法语和俄语的选择试验，结果发现他们对法语发音反应更为强烈。这就说明一个问题：这个小生命在胎儿时期就已经具备了学习能力。胎儿正是通过不断的学习来巩固各种胎教的成效的。

小贴士

胎儿能够适应母体不断变化的环境，接收到外界的信号，从而做出踢腿、眨眼或微笑等反应，这都是胎儿的学习过程。

人们都说婴儿是一张白纸。其实，早在胎儿时期，这张白纸上就已经开始描绘图画了。比如深居在妈妈子宫内的小生命伸出小脚来探测他的胎盘，“这是什么东西？”经过几个回合的研究，他终于放心了，确认这是一个柔软、安全的物品；一个偶然的机会，胎儿的手碰到了漂浮在旁边的脐带，“这又是什么东西？”很快，脐带就成了胎儿的玩具，一有机会便抓过来玩弄几下；对于包围他的羊水，小生命更是潜心研究，不时地吞咽几口品尝一下；子宫的血流声、肠道的蠕动声以及心跳的搏动声，对于胎儿来说无异于一首美妙动听的曲子，统统被他收入大脑，储存进记忆系统，以至出生后依然念念不忘；对于外界传入的音乐声，胎儿也颇感兴趣，转动头部，让耳朵贴近外部世界认真倾听。久而久之，一旦这种声音传来，胎儿便产生一连串的动作反应。

总而言之，子宫内的小生命具有出色的学习能力，他将利用一切可能的机会抓紧学习。他学习吞咽、学习吮吸、学习运动、学习呼吸……当然，他还是一个小小的“心理学家”，通过传递过来的一切信息揣摩着妈妈的心绪，学习心理感应。

小贴士

鉴于胎儿潜在的学习能力，孕妇在怀孕期间，尤其是后半期应强化与胎儿的交流，及时施行早期胎教，通过各种可能的渠道，使胎儿接受有益的刺激，获得良好的胎内教育。

第五章　第4个月

Jianmei

第一节　胎儿和孕妇的变化

一、胎儿

怀孕第4个月，指怀孕后的第13～16周。在这个月，胎儿的身长约16厘米，体重约120克。

此时胎儿完全具备人的外形，由阴部的差异可辨认男女，皮肤开始长出胎毛，骨骼和肌肉日渐发达，手、足能做些微小的活动，内脏大致形成，心脏脉动活泼，可用超音波听诊器测出心音。

从这个月开始胎儿进入快速发育阶段，因此在营养胎教方面，一方面要注意为胎儿提供充分的营养；另一方面又要注意营养的均衡，使胎儿得到全面发展。

二、孕妇

从第4个月开始，痛苦的孕吐已结束。孕妇的心情比较舒畅，食欲开始增加。尿频与便秘现象渐渐消失，但分泌物仍然不减。

在第4个月末，胎盘已完全形成，流产的可能性大大减小，已进入安定期。子宫的容积随着胎儿、胎盘和羊水的增长而扩大，像小孩的头部般大小。孕妇的肚子不断增大，乳腺增生加速，乳房增大，基础体温下降。

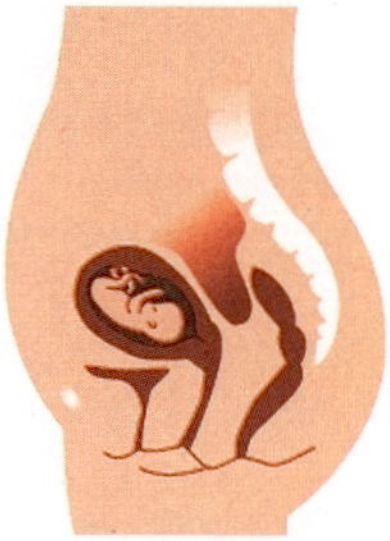

由于孕妇此时的食欲有了很大改善，要注意运用运动胎教和按摩胎教防止体重增加过多。

第二节　营养胎教：保证胎儿快速发育的需求

从第4个月开始，胎儿和母体都发生了明显变化，胎儿各器官、各系统迅速生长发育。胎儿体重增长加快，逐渐发育成熟。为了适应胎儿生长发育的需求，母体各个系统也发生了适应性变化。在孕中期，蛋白质、糖、脂肪、矿物质等的代谢发生变化，各种营养素的需求量显著增加。孕妇可能因雌激素的影响或缺乏维生素C，出现齿龈充血、肿胀、疼痛、出血等症状。可见，进入第4个月以后，虽然最初的孕吐等情况消失了，但如果孕妇不能保证充分的营养，不仅不能满足胎儿快速发育的需求，也不能维护自身健康。

一、增加热能

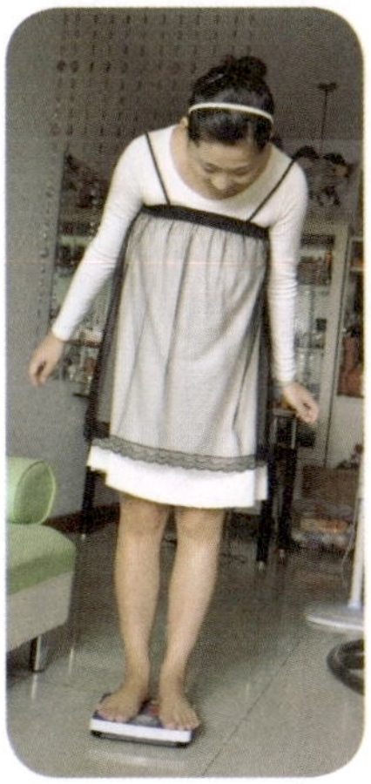

从孕中期开始，孕妇的基础代谢加速，体内需要的糖增加，每日热能需要量比孕早期增加约300千卡，也就是2400～2700千卡。同时，热能的增加应依据劳动强度、活动量的大小因人而异。孕中期和后期体重的增加应每周不少于0.3千克，不多于0.5千克。随着热能需要量的增加，与能量代谢有关的维生素B_1、维生素B_2的需要量也相应增加。

兔肉含有大量的优质蛋白质、热量，但脂肪含量相对较少，非常适合这一时期食用。

赶快来试试下面这道菜吧！

小贴士

如果孕妇摄入的能量过多，会增加分娩难度，甚至生出巨大儿。因此避免吃得过多也是此时胎教的重点。

红烧兔肉

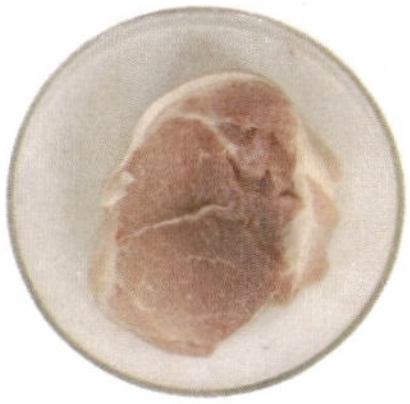

【原料】

主料：兔肉（带骨）1000克。

辅料：葱20克，姜15克，白糖5克，绍酒10克，青蒜5克，桂皮0.5克，花生油100克，酱油，精盐、水适量。

【做法】

①将兔肉洗净泡去血水，剁成3厘米的方块，放入水锅中煮开后捞起，再冲洗1次。葱切块，姜拍松，青蒜切成末。

②中火烧锅，放花生油烧热，下兔肉块炒干

水分，放入绍酒、酱油、精盐、葱、姜、白糖、桂皮和开水（浸没肉块）一起烧开，撇去浮沫，盖上锅盖，改用小火烧至兔肉熟烂时，再用旺火烧浓汁汤，拣去葱、姜、桂皮等，放入青蒜末起锅即可。

【特点】

色泽红润，兔肉熟烂，鲜香味浓，富含营养，肥而不腻，瘦而不硬。

小贴士

兔肉性凉，夏季是吃兔肉的最好季节，而寒冬及初春季节一般不宜吃。兔肉不能与鸭血同食，否则易引起腹泻。

木樨汤

【原料】

主料：净猪肉50克，鸡蛋1个。

辅料：菠菜50克，水发木耳5克，水发笋片25克，水发海米10克，酱油、精盐、麻油、高汤适量。

【做法】

①将猪肉切成细丝，鸡蛋打入碗内搅匀，菠菜择洗干净切成段，木耳切成块，笋片切成细丝。

②炒锅内放入高汤烧沸，放入肉丝、海米、木耳、笋丝、菠菜，加精盐、酱油调味，汤沸后把碗中的鸡蛋甩入汤内，放入麻油即可。

【特点】

黄、绿、黑色彩相间，汤鲜味美，营养丰富。含人体必需的蛋白质、脂肪、碳水化合物、多种维生素和矿物质。

二、摄入足量的蛋白质

为了满足胎儿、胎盘、子宫、母血、乳房等组织迅速增加的营养需要，并为分娩消耗及产后乳汁分泌进行适当储备，孕妇每天蛋白质的摄入量不应低于80～90克。同时，孕中期的胎儿脑细胞分化发育处于第一个高峰期，蛋白质的缺乏可导致脑细胞永久性减少。这一时期一般每天要比孕早期多摄入蛋白质15～25克，也就是85～105克。在食材方面最好是动物性蛋白质、植物性蛋白质（包括大豆蛋白质）各占总量的一半。所以，除了以面粉、米为原料的营养主食外，肉类、鱼类、蛋类、奶类等副食品也尤为重要。

香椿芽焖蛋

【原料】

主料：鸡蛋6个，鲜嫩香椿芽50克。

辅料：花生油、精盐少许，开水适量。

【做法】

①将香椿芽洗净，放入碗中，倒入开水盖严，3分钟后取出，沥干水，切成碎末。

②将鸡蛋磕入碗中，加精盐搅打至起泡沫。

③锅置火上，放入花生油烧热，将鸡蛋倒入锅内，急速炒两下，趁鸡蛋尚未炒熟时，将香椿芽末放在鸡蛋中间，用铲子将四周的鸡蛋向中心折叠，使蛋液包住香椿芽。然后将鸡蛋翻个身加少许水，用一个大碗扣在上面，改用小火焖3分钟（中间将锅摇动一下，防止粘锅底），揭开大碗，将其慢慢滑到盘内即成。

【特点】

鸡蛋微胀软嫩，香椿芽清香适口。含有丰富的优质蛋白质、脂肪、维生素A、维生素B、维生素C、维生素D及钙、铁、钾等矿物质。

银耳肉茸羹

【原料】

主料：银耳25克，瘦肉150克，冬菇3个，鸡蛋1个，上汤4杯。

辅料：香菜1根，姜1片，盐1／4茶匙，生抽、糖1/2茶匙，粟粉2汤匙，开水、油适量。

【做法】

①银耳浸1小时，剪去根，再剪成小朵，放入开水中煮2分钟，盛起。

②瘦肉剁碎，鸡蛋打散。冬菇浸软去根，切粒。

③烧热锅，下油1汤匙爆姜片，加入上汤煮开，加入银耳、冬菇煮10分钟，**放入瘦肉、辅料拌匀，加入鸡蛋再拌匀，盛起倒**入汤碗中，撒上香菜叶即成。

【特点】

银耳**含有蛋白质，猪肉含大量脂肪、蛋白质和B族维生素，能很好地满足孕妇对热量和蛋白质的需求。**银耳**和猪肉搭配味道鲜美，能开胃生津，滋润肌肤。**

三、保证适宜的脂肪供给

脂肪是提供能量的重要物质。动物性食品和植物油都有丰富的脂肪，孕妇应根据实际情况给予适量的补充。孕中期，脂肪开始在孕妇的腹壁、背部、大腿及乳房部位存积，为分娩和产后哺乳做必要的能量储备。**怀孕24周时，胎儿也开始脂肪储备。脂肪还是构成脑和神经组织的重要成分，必需的脂肪酸缺乏时，可推迟脑细胞的分裂增殖。所以补充适量的脂肪也是此时胎教的重点。**

下面的这两道菜中含有丰富的动物性脂肪，不妨一试。

小贴士

在补充脂肪时，还要讲究一定的技巧，以提升营养胎教的效果。脂肪的摄入量一般占全部热能的25%～30%为宜。植物油和动物油应有适当的比例。植物油所含的必需脂肪酸比动物油更为丰富。动物性食品，如肉类、奶类、蛋类已含有较多的动物性脂肪，孕妇不必再额外摄入动物油，如猪油、羊油、鸡油等，烹调菜肴时，只用植物油就可以了。

小烧什锦

【原料】

主料：猪舌250克，猪肝500克，水发玉兰片150克，猪心250克，瘦猪肉150克，鲜菜（菜头、萝卜或青笋均可）300克。

辅料：盐7.5克，水豆粉125克，葱、姜30克，菜油250克（耗75克），菌子50克，汤1500克，水适量。

【做法】

①将猪肝、猪舌、猪心出水，然后分别刮洗干净，煮熟，均切成长约5厘米、宽1.5厘

米、厚1.2厘米的条。玉兰片及鲜菜切成条。瘦猪肉剁细，放入碗内，加少许盐、水豆粉拌匀，再在八成热油锅内炸成肉丸子。菌子用水发胀，淘洗干净，切成片，用清水漂起待用。

②炒锅置旺火上，放入菜油，烧至五成热时，先下葱、姜，依次下盐、肉丸子，掺汤烧开，再连汤倒入锅内，用小火慢烧。

③猪肝、猪舌、猪心约烧2小时，加入菌子、玉兰片。再烧约半小时，而后加入鲜菜同烧。直烧至肚烂、菜熟时，随即下水豆粉，勾成二流芡，起锅。

【特点】

猪肝、猪心、猪舌等动物性食品中含有丰富的脂肪，可为孕妇补充充足的脂肪。同时这道菜色泽金黄，味浓可口，对缓解食欲不振也有一定的疗效。

小贴士

动物肝脏中的铁元素非常丰富，是补血食品中最常用的食物，孕妇常吃肝对胎儿有很大好处。需要注意的是，由于肝是体内最大的毒物中转站和解毒器官，所以在烹饪前最好在自来水龙头下冲洗10分钟，然后在水中浸泡30分钟。另外，烹饪时间不能太短，至少应在急火中炒5分钟以上，使肝完全变成灰褐色，看不到血丝为止。

水晶肘子

【原料】

主料：猪肘子1个。

辅料：猪肉皮150克，精盐、绍酒、大茴香、花椒、葱白、姜、鸡粉、高汤、开水适量。

【做法】

①把猪肘子用温水泡30分钟，用刀刮净皮上的毛和油泥，洗净，剔去骨头，放入开水中煮七成熟取出。

②将猪肉皮用刀刮净皮面油泥，洗净，放入开水中烫一下捞出，再洗净，切成长条。

③将葱白切成段。把姜切成块，用刀拍一下。将肘子皮朝下码在大碗内，加入猪肉皮、葱段、姜块、大茴香、花椒、精盐、绍酒、鸡粉、高汤，放入笼屉内蒸烂出锅。

④将肘子捞入另一大碗内，把汤内的葱、姜、猪肉皮、大茴香、花椒去掉，用三层纱布滤去杂质，倒在肘子碗内，放凉，凝结成冻。吃时把肘子带冻切成0.5厘米厚的片，码在盘内即成。

【特点】

鲜香凉爽，滋味鲜美，肉烂不腻。不仅含有优质动物蛋白质、脂肪，而且也是铁、磷、B族维生素、尼克酸和胶蛋白的良好来源。

四、多吃矿物质和微量元素丰富的食物

从怀孕第10周开始，孕妇的血容量迅速增加，至第33周时达到最高峰，以后速度减慢。

整个孕中期恰好是孕妇血容量增加速度最快的时期，血液相对稀释，从而易造成生理性贫血。另外，孕妇缺铁以及胎儿本身制造血液和组织对铁的需要量的增加也容易造成生理性贫血。孕妇铁摄入量不足时，会影响胎儿铁的储备，使婴儿期较早出现缺铁及缺铁性贫血。所以，孕中期应多吃含铁丰富的食物，必要时要给予铁剂治疗。

轻度贫血对怀孕、分娩影响不大，重度贫血可引起早产或死胎，使孕妇发生贫血性心脏病。贫血还容易并发妊娠中毒症，减低机体的抵抗力，引起产后感染。

从营养胎教的角度而言，食物中的铁分为血红素铁和非血红素铁。血红素铁主要存在于动物血液、肌肉、肝脏等组织中，此种铁消化吸收率较高，一般为11%～25%。因此，孕妇要注意摄入动物性食品。

植物性食品中的铁均为非血红素铁，主要存在于各种谷类粮食、蔬菜、坚果等食物中，此种铁吸收率较低，一般为1%～5%。鱼和肉除了自身所含的铁较容易吸收外，还有助于植物性食品中铁的吸收，因此，孕妇的膳食最好在同一餐中食入适量鱼或肉。维生素C能增加铁在肠道内的吸收，应多吃些维生素C含量多的蔬菜、水果。茶叶、咖啡中含有单宁酸，能抑制铁的吸收，孕妇不宜大量饮用。

其他矿物质和微量元素，如钙、锌、镁等，随着胎儿发育的加速和母体的变化，其需要量也相应增加。尤其需要加强钙的补充，牛奶是最佳的钙质来源，若孕妇本身不爱喝牛奶，那么，几块豆腐、两块薄芝士、小鱼，几两芥菜或西兰花等所含的钙质，亦相当于一杯牛奶。

如果此时准爸爸也想参与到营养胎教中来，不妨试着为爱妻做下面两道菜，不仅可使妻子补充充足的营养，还可以让妻子感受到丈夫的一片爱心，从而提升情绪胎教的效果！

肉丝海带

【原料】

主料：瘦肉150克，水发海带150克。

辅料：冬笋50克，花生油、酱油、精盐、醋、白糖、姜、开水适量。

【做法】

①把海带洗净，切成丝，放入开水锅内烫透捞出，控净水，装入盘中。

②把瘦肉洗干净，切成丝。炒锅置于火上，倒入花生油，油热冒烟时，将肉丝放入，迅速炒散，见肉丝变色时，加入酱油，翻炒几下，盛入盘中。

③把冬笋洗净，切成丝，放入开水内焯一下，捞出，沥干水，放在盘内。

④把姜洗干净，切成丝，放在盘内，再加入精盐、醋、白糖。充分搅拌即食。

【特点】

鲜香，脆嫩。含优质蛋白质、钙、铁、碘、钾及多种维生素。

小贴士

海带的营养价值很高，富含蛋白质、脂肪、碳水化合物、膳食纤维、钙、磷、铁、胡萝卜素、维生素B_1、维生素B_2、烟酸以及碘等多种微量元素。但海带中含有矿物质砷，如果在体内聚集过多，就会引起酸中毒。因此，在食用海带前，最好浸泡24小时并多换水。

金果银耳

【原料】

主料：银耳10克，金果（梨、苹果、香蕉、橘子均可）200克。

辅料：桂花少许，白糖、湿淀粉、水适量。

【做法】

①银耳用水泡1小时，清洗干净后，放入碗内，加水300克，上屉用中火蒸2小时。

②蒸好后，把原汁滤入锅内，加入白糖和适量清水，用小火略煮，使之深解，撇去浮沫。

③金果切成指甲大小的块，放入锅内煮沸，用湿淀粉调稀勾芡，倒入碗内。

④吃时，碗上铺一层银耳，撒上桂花。

【特点】

银白亮丽，清香可口。含有丰富的维生素和矿物质。

五、增加维生素的摄入

自孕中期开始，孕妇对各种维生素的需要量增加，这时应多吃新鲜蔬菜和水果以及适量的动物内脏。

维生素B_{12}能促进红细胞的发育成熟，缺乏维生素B_{12}时，也可引起巨幼红细胞性贫血，它一般和叶酸缺乏同时存在。维生素B_{12}主要存在于动物肝脏中，也存在于奶、肉、蛋、鱼中。植物性食品中一般不含维生素B_{12}。

孕中期，胎儿和孕妇对维生素B_6的需要量增加，尤其在怀孕5个月以后最明显。维生素B_6缺乏时，会导致新生儿出生后体重降低。维生素B_6的分布很广，其中含量较多的食物有蛋黄、肉、鱼、奶、全谷、豆类和白菜。

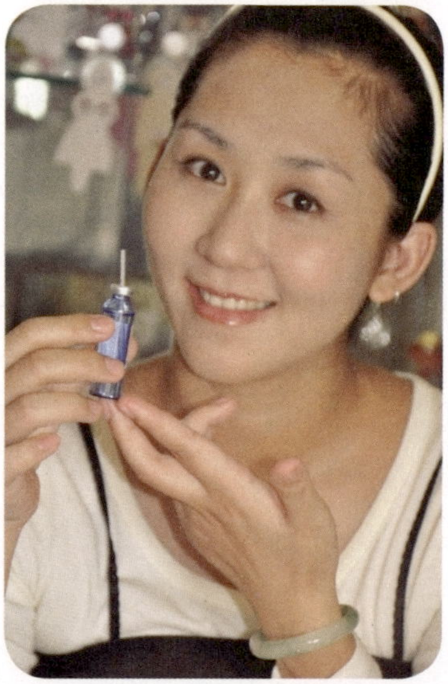

可使用下面这两道菜来为孕妇补充足够的维生素。

小贴士

白菜含有蛋白质、脂肪、食物纤维、矿物质和维生素，可辅助治疗口渴、感冒、便秘、溃疡等。新鲜白菜中的微量元素钼具有抗癌作用，但是吃剩下的白菜会影响人体健康，甚至引发癌变。这是因为，吃剩的白菜中原来没有毒的硝酸盐会转化为含剧毒的亚硝酸盐，使人体内的低铁血红蛋白转化为高铁血红蛋白，使人体出现头晕、头痛、恶心、呕吐、心慌等症状。

卤水鸡肝猪肝

【原料】

主料：鸡肝4副，猪肝200克，姜3片，葱2条。

辅料：生抽2汤匙，老抽1汤匙，酒1茶匙，糖1汤匙，水1杯，油适量。

【做法】

①猪肝、鸡肝洗净，沥干水分备用。

②以油爆香姜、葱，加入其他辅料和水，以文火煮约45分钟，制成卤水。

③先将猪肝放入卤水中，煮约20分钟后，再放入鸡肝，煮约10分钟后即成。

④将猪肝及鸡肝盛起切片，即可食用。

【特点】

鸡肝、猪肝最能补血补肝，含有丰富的蛋白质和维生素，很适合孕妇食用。

虾皮炒韭菜

【原料】

主料：韭菜300克，虾皮20克。

辅料：花生油、精盐少许，水适量。

【做法】

①将韭菜择洗干净，沥去水，切成3厘米长的段，把韭菜根部和梢部分别放在两个盘中。

②将虾皮用清水洗净，挤去水分。

③将炒锅置于火上，加花生油烧热，把虾皮炸一下，随后放进韭菜根部及精盐，翻炒几下，再放韭菜梢部，倒入少许开水，炒匀，即可。

【特点】

清脆鲜嫩。含有丰富的钙、磷、碘、铁等矿物质，维生素C，胡萝卜素和纤维素。韭菜还含有挥发油、韭香素等，具有灭菌、抑菌的作用。

小贴士

韭菜中含有丰富的粗纤维，非常适合经常便秘的孕妇食用。但粗纤维不易被胃肠道消化，所以有胃溃疡的孕妇要少吃。

第三节 运动胎教：防止体重过度增加

随着胎儿的快速成长，孕妇的腹部渐渐隆起，但还不笨重，所以可以适当做运动。同时，由于孕妇骨盆中间的软骨发生软化，其耻骨的结合部位往往会出现问题并产生不适的感觉。这种情况还会因为在运动中突然改变方向或强度而变得更加严重，所以一定要避免那些要经常转向或改变速度的运动项目。

在这一时期以不勉强自己为前提，进行一些运动胎教还是很有好处的。这是因为，进入孕中期之后，孕妇呕吐、恶心和食欲不振现象减轻，出现胃口好、食欲大增的情况。再加上运动量少，很容易使孕妇吃得过多、消化不良等，从而使孕妇体重增加过多。运动胎教除了有效缓解孕中期的腹部疼痛、腰痛等状况外，还可以避免体重的过度增多，促进营养胎教取得更好的效果。

一、拉伸背部

◎将两腿向前完全伸直，脚踝向上弯曲。

◎做出拉自己脚尖的姿势。注意膝盖不能弯曲，背部不得弓成圆形，尽量向前伸展自己的手臂。

功效：松弛背部的肌肉，消除紧张的感觉。

二、伸展背部

◎双手扶住墙壁，努力让手臂和身体形成直角。

◎用这种姿势按压自己的肩和背。

功效：强化背部肌肉并松弛肩部。

三、转动脊椎

◎两腿向前，完全伸直并分开，脚踝向上弯曲，挺直背部并保持此坐姿。

◎转动身躯向后看，左右两个方向切换。

功效：具有松弛腰部肌肉的作用。

四、左右推动骨盆

◎两腿分开与肩同宽，保持站姿并稍稍弯曲膝盖。

◎用力向右推骨盆，之后再用力向左推。

功效：强化骨盆。

五、前后推动骨盆

◎两腿分开与肩同宽，保持站姿并稍稍弯曲膝盖。

◎上身保持不动，用力向前推骨盆，之后再用力向后推。

功效：强化骨盆底部的肌肉。

六、振动骨盆

◎身体呈爬行状，用手掌和小腿支撑身体。

◎抬头，背部向上向下做起伏运动。

◎抬头，腰部向前向后做摇摆运动。

功效：强化骨盆肌肉。

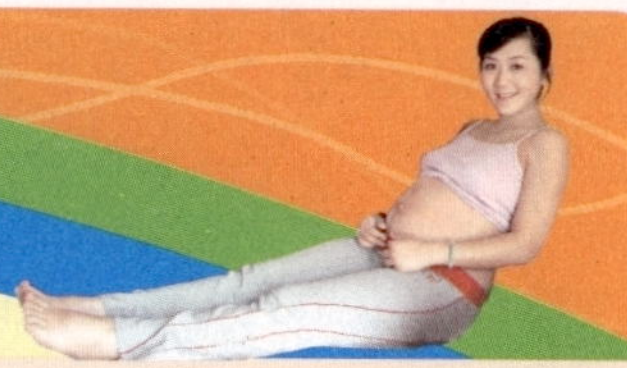

专题

孕中期的孕妇普拉提

到此时为止，孕妇的身体已经出现了腹部渐渐隆起等非常明显的变化。在怀孕初期出现的孕吐、疲乏等症状已逐渐减轻或彻底消失。孕中期可以做一些躺着进行的体操动作，但是若感到疲倦或不舒服则应立即停止运动胎教。

小贴士

普拉提是将肌肉锻炼、生理技能训练与精神调养相结合的静力训练方法，可以拉伸肌肉，燃烧脂肪，缓解颈痛、腰痛、疲劳、僵硬、静脉曲张和便秘，这对孕妇是非常实用的。

伸展四肢

◎平躺，左腿伸直，右腿屈膝。右臂向上伸出，左臂自然地放在身体左侧。

◎开始进行腹式呼吸。长长地吸入一口气，在呼出的时候双臂和双腿的姿势分别互换。重复5～10次。

功效：调整呼吸，增进肌肉协调能力。

蹲坐

◎把一个体积较大的垫子靠墙放在地面上。两腿分开与臀部同宽，并靠墙站立。

◎在吸气和呼气的过程中曲起膝盖，顺着墙壁慢慢地坐到垫子上面，在臀部碰到垫子的那一刻把双手放在两膝上，用这样的姿势进行休息。

◎保持以上的姿势1～2分钟，将身体的重量集中在下部，完全放松腰部，深深地吸一口气再呼出，在保持背部靠墙的姿势下缓缓起身。但要注意，在胎位为臀位时不能采用这样的姿势。

功效：培养平和心态，锻炼腹部及大腿肌肉。

第四节　按摩胎教：让不适远离你

怀孕进入第4个月，孕妇体重不断增加，对营养素的需求迅速增多。如果孕妇缺乏营养，就会出现牙龈炎、痔疮、便秘、乳房疼痛和小腹不适等症状。除了及时补充营养，坚持营养胎教外，还要进行按摩胎教，以缓解孕期不适和缺乏营养而带来的痛苦，从而使孕妇具有良好的精神状态，获得更好的胎教效果。

一、牙龈炎和牙龈出血

牙龈炎和牙龈出血是孕期常见不适之一，除了补充适量的维生素和水分，注意口腔卫生外，下面的按摩胎教也是有效的方法。

◎在肾脏反射区涌泉穴上用大拇指轻按3～4次。

◎在输尿管反射区用大拇指轻按4～5次，每次4秒钟。

◎在膀胱反射区用大拇指轻轻挤压4秒钟。

◎保持自己的脚背可见，按照箭头所示方向滑动并向里推以进行按摩。

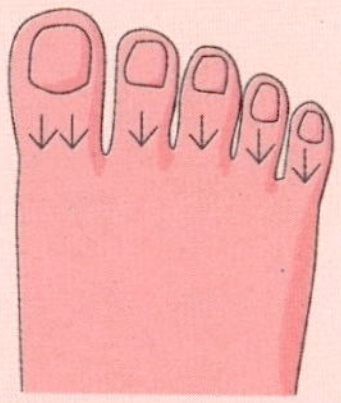

二、痔疮

以下的按摩胎教方便易行，对治疗孕期痔疮很有帮助。

◎用大拇指在位于脚底中央的涌泉穴上按3～4次，每次4秒钟。

◎在脚后跟底面边缘位置的肛门反射区，用大拇指反复按4～5次，每次4秒钟。

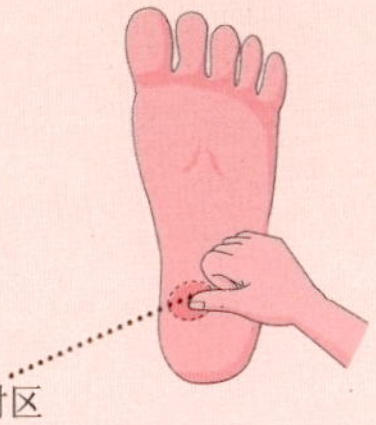

三、乳房疼痛

运用按摩胎教缓解乳房疼痛是孕期常用的保健方法，其做法如下：

◎用大拇指按涌泉穴3次，每次持续4秒钟。

◎按脑垂体反射区3次，每次持续4秒钟。

◎在内分泌系统反射区用大拇指按逆时针方向画圆，需做到从内向外揉搓并重复2～3次。

◎用大拇指在足部的内外侧脚踝上按照逆时针方向画圆，重复2～3次。

◎从内向外数第二个和第三个脚趾之间的脚背部分是胸部反射区，在此位置按照箭头所示方向搓摩，重复4～5次。

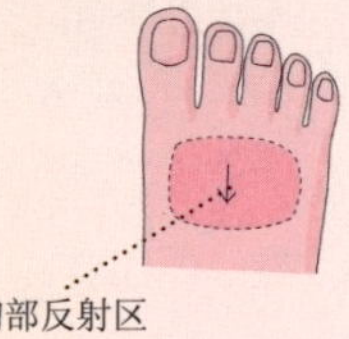

四、下腹不适

当你出现小腹不适时，不妨采取以下按摩胎教法：

◎在肾脏反射区涌泉穴上用大拇指按3～4次，每次4秒钟。

◎在输尿管反射区用大拇指轻按4～5次，每次4秒钟。

◎用大拇指和食指在大脚趾上的大脑反射区按4秒钟以上时间，重复4～5次。

◎在脚底的小肠反射区按照箭头方向滑动按摩，重复4～5次。

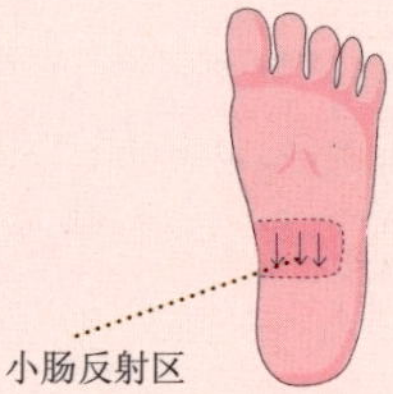

小贴士

小腹疼痛也是孕中期的常见现象，有可能是病理性的，也有可能是生理性的。对于前者主要是由于食管裂孔病引起的，除采取必要的医疗措施外，还应注意饮食调节，如要少食多餐，少吃太甜、太辣、太黏的食物；饭后不宜平卧在床，也不要躺得太低，尽量少弯腰以减轻胃部返酸；保持大便通畅。对于后者，孕妇不用太过担心，因为这种腹痛主要是由于子宫增大，同时子宫圆韧带被牵拉引起的，只要多卧床休息即可缓解。

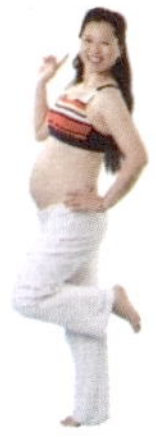

第五节　童话胎教：让胎儿的心灵更加美好

胎儿的听觉机能在孕中期就已接近发育完毕，可以对外部的刺激做出反应。这时，如果父母能够用温柔的声音为其读一读童话故事，进行童话胎教就可以刺激其脑部发育，从而达到提升胎儿潜在能力的效果。具体来说，童话胎教可以增强胎儿的想象力和好奇心，更好地刺激胎儿做出全身反应。

小贴士

孕妇准确清晰的发音能够让胎儿的感觉更清楚、愉快，也可以提醒孕妇，对待胎儿，要像和孩子当面交谈一样认真。

一、注意发音的准确性

无论是谁，在朗读时都应该注意发音的准确性，因为只有这样才能完整地表达出书中的意思。这一点在给胎儿朗读时也不例外，如果孕妇的发音不够准确，朗读的效果也一定会大打折扣。所以，在朗读之前可以先做一些针对舌头、嘴唇和口型的训练，这样会对朗读有很大的帮助。

二、用口语给胎儿讲故事

给胎儿起了小名以后，你可以把童话书里主人公的名字通通改成他的小名，并运用口语来讲述这个故事。

这样在进行童话胎教的时候，孕妇就会觉得胎儿和故事的主人公合二为一，从而使自己对胎儿的感觉变得

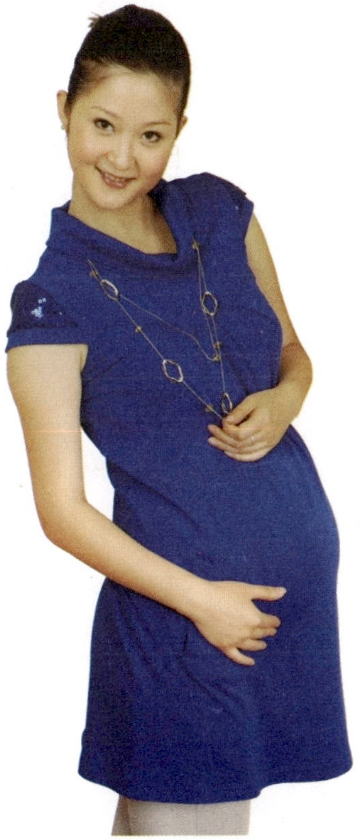

更加亲切。另一方面，如果孕妇把故事讲得声情并茂，也可以更多地吸引胎儿的注意力；反之，若是读成了流水账，恐怕不会起到任何作用。

像胎谈一样进行交流吧，无论是对孕妇还是胎儿都将是一种愉快的体验。

三、用温柔的语调朗读童话故事

胎谈时，对孕妇来说最重要的就是注意自己的嗓音，平和而温柔的嗓音将使胎儿的情绪也变得安定下来，不仅实施了童话胎教，也优化了情绪胎教。

事实上，胎儿几乎在任何时候都期待着妈妈柔和的声音，所以孕妇应该打起精神，用清亮的嗓音为胎儿朗读。在读的时候最好能够像平时说话一样，保持着那种随和、温暖而又富有感情的语调和状态。

四、边抚摸腹部边朗读

像胎谈一样，也可以在抚摸腹部的同时朗读童话书。这样做可以给胎儿带来一种温暖的感觉，使童话胎教的效果倍增。

五、每天坚持进行

童话胎教也必须要每天坚持才可以获得成效。此外，即使只能抽出很短的时间，也应该选择一天中心情最愉快的时段朗读童话。想让丈夫一起参与，晚上8点往往最为合适，胎儿的睡眠时间很长，其听觉神经最为敏感的时段就是晚上8点左右，只要在这个时间为其朗读就能取得良好的效果。

小贴士

胎教本身就是一个长期的过程，需要每天坚持并保持愉快的心情。如果半途而废，往往不能收到预想的效果。

六、讲解故事里出现的事物

胎儿对整个世界可谓是一无所知，会很自然地对书中出现的事物产生好奇。针对这种情况，我们可以对童话故事中出现的各种事物进行亲切而生动的讲解。这样既可以加深亲子关系，又能让胎儿提前接触外界事物。

七、边走边朗读

如果读书时采取的姿势很不舒适，胎儿也一定会有难受的感觉。孕妇应该在最舒适的状态下慢慢地读给胎儿听，偶尔一边走一边读也是个不错的方法。这样做既可以让孕妇得到锻炼，又可以使胎儿接受有益的震动刺激，可谓是一举两得。

八、也可以改编故事

每次都读完全相同的内容，连孕妇都不禁会感到一丝厌烦。其实在读童话书之前，孕妇可以根据图画的内容对故事的细节进行改编，这样做将为孕妇和胎儿带来很多乐趣。

在进行改编故事这样的再创作的时候，孕妇可以从那些之前没有留意到的小幅插画开始。在想象的过程中，孕妇的注意力和想象力会得到很大程度的提升，而胎儿的想象力也会变得更丰富。

九、和胎儿交流故事感受

朗读时，孕妇的注意力集中在故事情节里，因此也会很自然地产生一定的感想。在读到故事的结尾处时，孕妇可以以这些感想为话题与胎儿进行亲切的交流。这既丰富了故事内容，也为彼此提供了更多的交流机会，让谈话变得更轻松、愉快和富有生活情趣。当然，也会增进亲子关系，这正是各种胎教方法相辅相成的结果。

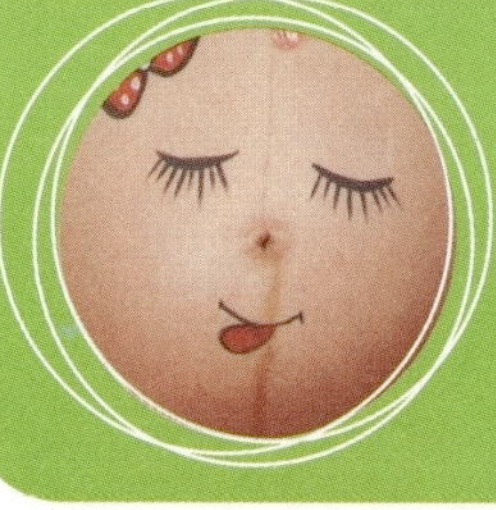

第六节　专家答疑

一、孕期体重增加多少是正常的

佳佳问：我虽然知道孕期要增加体重，但是有什么标准吗？每个孕妇增加的体重都是一样的吗？

答：由于胎儿的生长发育及自身的变化，孕妇的体重会不断增加。整个孕期约增加12千克，前半期增加4千克左右，后半期增加8千克左右。怀孕的不同阶段体重增加的速度有快、慢之分，但毕竟是一个循序渐进的过程，有一定的规律可循。孕妇要根据自身的体重变化，在实施饮食胎教、运动胎教和按摩胎教时调整相应的方法，如果体重增加过快，就要选择那些脂肪含量少的食谱，多做可消耗热量的运动，反之则相反。

小贴士

由于体重过轻或过重都不利于孕妇健康和胎儿的发育，因而孕妇要密切注意自己的体重。如果体重在短时间内迅速增加，要谨防妊娠高血压、糖尿病、子痫。

另外，通过产前定期测量体重，可了解体重的增加是否符合规律。若体重增长缓慢，要注意有无胎儿生长受限或母体营养不良；超过限度的增重，可能由于浮肿（包括隐性浮肿）、羊水过多、巨大胎儿或孕妇体形偏胖等情况造成，需要结合其他检查进行判断。

二、体重增长过慢，有什么坏处

小淼问：我的体重增加很慢，虽然吃了很多东西，却没有效果，这是怎么回事呢？

答：孕妇体重增长缓慢有可能是胎儿发育不良，应密切关注并保持与医师的沟通。而且低体重的孕妇流产率有可能增加，怀孕中、晚期则会增加早产率。低体重的孕妇，除了在营养胎教中要“均衡饮食”外，更要养成“少食多餐”的习惯。

三、体重增长过多，对孕妇和胎儿有什么影响

李想问：怀孕后，我的体重持续上升，这样对胎儿是有利的吗？

答：控制体重是营养胎教的作用之一，如果孕妇体重增长过多，会引起许多妊娠期并发症。比如妊娠高血压疾病、妊娠糖尿病等，而且可能导致难产和产后肥胖。

如果孕妇体重增长过多，就容易打鼾。孕妇打鼾引起的缺氧对胎儿和自己都不利，特别是在孕晚期，孕妇打鼾引起的缺氧会诱发或加重孕期并发症，影响胎儿发育，加大子痫前期的发病率。

小贴士

如果孕妇过胖，会造成胎儿超重，使产道和肌肉松弛，增大分娩困难，甚至增加巨大儿的出生率。这对孕妇和胎儿都是极为不利的，因此，孕妇应合理控制体重。

四、孕妇如何避免体重过度增加

刘屏问：自从怀孕后，我很难达到标准体重，请问我应该怎样做呢？

答：通过运动胎教，孕妇每日的活动要消耗一定的热能。如果餐后不活动，经常坐着或躺着，消耗的热能相应减少，多余的热能就会以脂肪的形式储存起来，人就会发胖。

因此，要想维持比较理想的体重，就需要注意营养胎教，保持食物摄入与消耗的基本平衡，能做到这点是很不容易的。另外，还需要注意保持合理的饮食结构。同时，也要注意做适当的运动胎教，如散步、体操、游泳、骑车等。真能做到上述诸点，便可以避免体重增长过快。

另外，体重增长过快也可能是由于水、钠在体内的滞留，表现为体重增加或浮肿。因此，孕期应提倡妇女采用低盐饮食。一旦发现明显浮肿时，需要多休息、多吃低盐饮食、定期检查血压及尿蛋白的情况，警惕发生妊娠高血压疾病。

五、孕中期坐飞机安全吗

小俐问：由于工作原因，我经常坐飞机出差，请问会对胎儿造成影响吗？

答：孕妇的出行也是胎教的关注点。坐飞机前，了解其乘坐事宜可使孕妇做到心中有数，从而起到辅助情绪胎教的目的。一般来说，怀孕1～3个月和怀孕4～6个月坐飞机是比较安全的。尤其是孕中期，孕吐、尿频等已经基本消失，身体处于平稳阶段，只要向飞机服务人员说明自己已经怀孕了即可。但是患有阴道出血、高血压、糖尿病的孕妇最好不要坐飞机，以免因飞机震动、气压变化而诱发疾病。以上问题不仅会影响孕妇的情绪和健康，还会影响胎儿的情绪和发育。

小贴士

各个航空公司对孕妇乘坐飞机的标准并不完全相同，有的需要出示医院证明等，所以最好先打听清楚，再乘坐飞机。

六、孕妇为什么不能全吃素食

小李问：怀孕后，我的体重严重超标，我决定吃素食减肥，这样做对胎儿有什么影响吗？

答：最近，国外有人用猫进行实验，结果表明，如果增加孕猫的牛黄酸食用量，有助于幼猫视力的正常发育。如果明显减少孕猫的牛黄酸食用量，则幼猫在胎儿期和出生后均出现持久的视力异常，部分孕猫在繁殖过程中还会出现严重的视网膜退化，个别的也会导致自身失明。

从营养胎教的角度来说，孕妇全吃素食，而不吃荤食，就会造成牛黄酸缺乏。因为荤食大多含有一定量的牛黄酸，再加上人体自身亦能合成少量的牛黄酸，因此正常饮食的人不会出现牛黄酸缺乏。

对于孕妇来说，由于需要牛黄酸的量比平时增大，人体本身合成牛黄酸的能力又有限，加之全吃素食，则素食中很少含有牛黄酸，久而久之，必然造成牛黄酸缺乏。因此，从外界摄取一定数量的牛黄酸就十分必要了。这种摄取，当然要靠吃些荤菜来补充。我们提倡孕妇要多吃素食，但应注意荤素搭配。

小贴士

对于不想吃荤食的孕妇而言，为了自身健康和胎儿的正常发育，请适当食用鲜鱼、鲜肉、鲜蛋、小虾、牛奶等含牛黄酸的荤食。

七、孕妇晒日光浴越多越好吗

莉莉问：日光可以杀菌消毒，还可以制造维生素D，那么，孕妇是不是应该多晒日光浴呢？

答：除了食物中含有维生素D之外，日光中的紫外线具有较高能量的电磁辐射，有显著的生物学

作用。多晒太阳，能促使皮肤在日光紫外线的照射下制造维生素D，进而促进钙质吸收和骨骼生长，从而有助于提升营养胎教的效果。

但是，一定强度的日光也可使皮肤受到紫外线的伤害，故孕妇晒太阳必须适当，不要过多进行日光浴。日光浴可使孕妇脸上的色斑点加深或增多，出现妊娠蝴蝶斑或使之加重。日光对孕妇皮肤的损害，还可能发生日光性皮炎（又称日晒伤或晒斑），尤其是初夏季节，人们的皮肤尚无足量黑色素起保护作用，这时更易发生日光性皮炎。此外，由于日光对血管的作用，还会加重孕妇的静脉曲张。

八、孕妇可以服补品吗

扬扬问：我怀孕后，听朋友说吃补品可以生出一个健康聪明的宝宝，真的是这样吗？

答：营养胎教主张孕妇多摄入有营养的食物，但由于孕妇身体的特殊性，因此并不是所有的营养品都对孕妇健康有利，相反，有些食品吃了会降低营养胎教的效果。

人参属大补元气之品，妇女怀孕后久服或用量过大，就会使气盛阴耗，阴虚则火旺，即“气有余，便是火”。此外，服用人参过多可产生抗利尿作用，易引起浮肿。由此可见，孕妇滥用人参，容易加重孕期呕吐、浮肿和高血压等症状，也可促使阴道出血而导致流产。另外，胎儿对人参的耐受性很低，如果孕妇服用过量人参，会有造成死胎的危险。

小贴士

名医李时珍在明代就指出：“人参甘温助气，气属阳，阳旺则阴愈消。”说明服人参不当，亦致阴虚阳亢。

桂圆中含葡萄糖、维生素、蔗糖等物质，营养丰富，也是重要的补品。妇女怀孕后，阴血偏虚，阴虚则滋生内热，因此孕妇往往有大便干燥、口干而胎热、肝经郁热的症状。中国医学一贯主张产前宜清热凉血。桂圆甘温大热，孕妇食后，不仅不能保胎、使胎儿增加营养，反而易出现漏红、腹痛等先兆流产症状。

除了人参、桂圆外，还有鹿茸、鹿胎胶、鹿角胶、胡桃肉等也属温补助阳之品，孕妇也应忌服。

如果病情需要，也应在医师指导下服用。至于其他补品，孕妇可本着“产前宜凉”的原则酌情选用清补、平补品。若孕妇脾胃功能良好，食欲正常，没有恶心、呕吐和腹泻，适量服用阿胶，有利于养血安胎。因此不要轻易服用补品。

第六章　第5个月

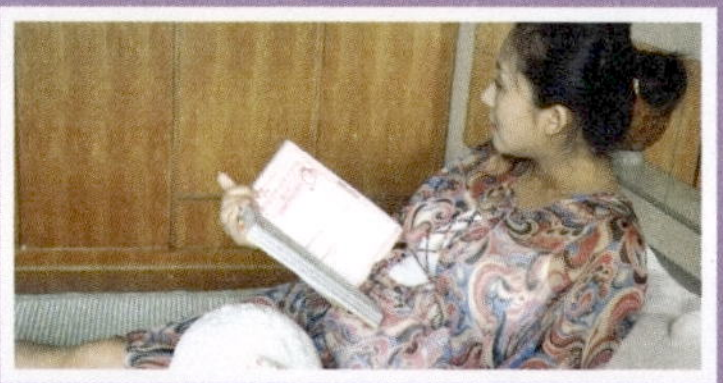

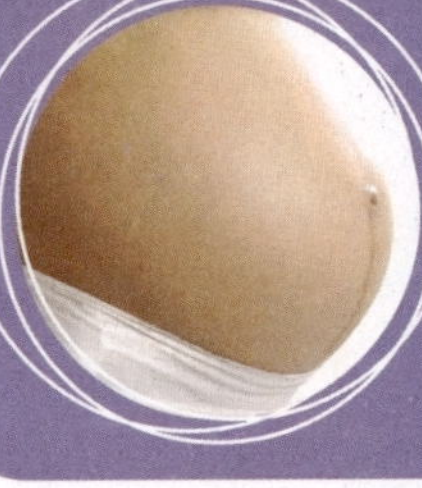

第一节　胎儿和孕妇的变化

一、胎儿

胎儿的身长约为25厘米，体重为250～300克。头的大小约为身长的1/3，鼻和口的外形会逐渐明显，而且开始长头发与指甲。

胎儿全身被胎毛覆盖，皮下脂肪也开始形成，皮肤呈不透明的红色。心脏的脉动也增强，力量加大，如是女婴，则阴道发育成形。骨骼、肌肉进一步发育，手、足运动更活泼，可以让母体感觉到胎动。可见，这是利用语言胎教、胎谈胎教与胎儿沟通的好时机。

二、孕妇

孕妇的子宫如成人头般大小，子宫底的高度位于耻骨上方15～18厘米处。而且乳房与臀围变大，皮下脂肪增厚、体重增加，全身出现浮肿现象。

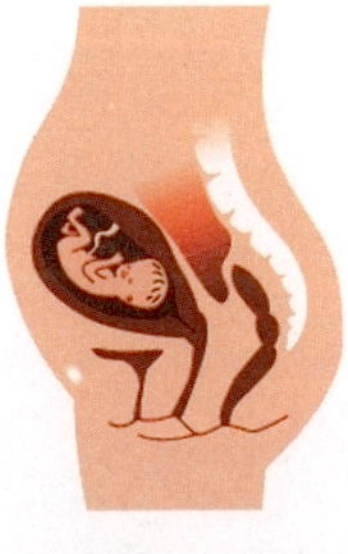

若前一个月还有轻微的孕吐情形，此时会完全消失，食欲依然不减，身心到达安定时期。

此时微微可以感觉胎动，刚开始也许不太明显，但肠子会发出蠕动的声音，肚子有不舒服的感觉。这一时期，孕妇常感到口干舌燥，耳鸣，但不发烧，这些都是怀孕引起的体内变化，不是病态，分娩后均可自愈。

这个月，孕妇要适当调节营养，防止痔疮和腹痛，通过运动胎教和按摩胎教缓解肌肉紧张、身体疼痛等。同时，孕初期的不适感消失，孕妇有更充足的精力进行语言胎教，以便启迪胎儿的智慧。

小贴士

胎动，是了解胎儿发育状态的最佳方法，孕妇应将初次胎动的日期记下，以供医师参考。

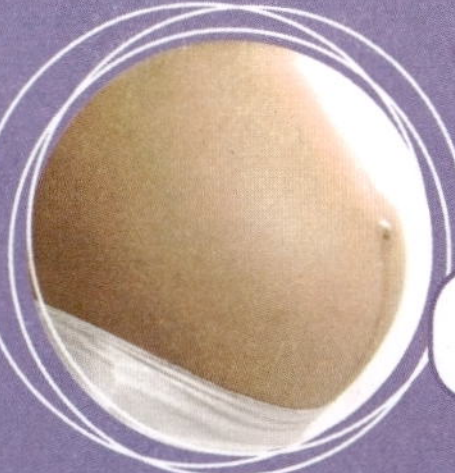

第二节　营养胎教：用食物消除孕中期不适

怀孕5个月之后，胎儿不断长大的身体会对子宫形成一定的压迫，从而使孕妇出现腹痛和痔疮。除了注意休息之外，孕妇应注意用营养胎教调节血气，多吃食物纤维丰富的食物，减少肠道废物在体内的存留时间，促进肠蠕动，缓解腹痛和痔疮。

一、腹痛

孕妇常会觉得下腹部有轻微的刺痛，这是由于子宫日渐增大，导致支撑子宫的韧带过度牵引，因而出现牵扯性的阵阵痛感而造成的。尤其是在坐或卧了一段时间之后，这种现象更加明显。

这种腹痛是正常的，不需治疗也不用服用止痛药。如觉得有需要，可用热水袋敷，令肌肉松弛。

小贴士

严重的腹痛可表现为下腹疼痛，腹部鼓胀，小便不畅。这些症状可能是后屈妊娠子宫压迫尿道出口，引起尿潴留。治疗方法是先解决排尿问题，然后纠正子宫位置。

下面这道羊肉汤既驱寒，又暖胃，对缓解腹痛很有效果，可提升营养胎教的效果。

当归生姜羊肉汤

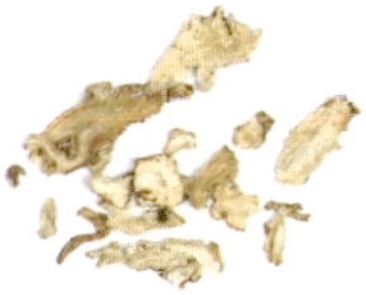

【原料】

主料：羊肉650克，当归、生姜片各20克。

辅料：精盐6克，料酒15克，酱油3克，水适量。

【做法】

①将当归洗净，切成片，备用。

②把羊肉剔去筋膜，放入沸水锅内去血水后过水洗净，用刀切成小块，备用。

③将瓦煲洗净，加入适量水，置于火上，用旺火煮沸，加入当归片、羊肉块、生姜片、料酒，煲加盖，用文火煲3～4小时后，加入精盐调味，即可食用。

【特点】

补气养血，温中暖肾。适用于妇女孕期中气血不调所致的腹痛。

橘皮木香肉片汤

【原料】

主料：木香和橘皮各6克，当归10克，瘦猪肉200克。

辅料：盐、水淀粉、油、水、姜适量。

【做法】

①将瘦猪肉切成片，用盐、水淀粉腌制，备用；把姜切成片，备用。

②锅内放油，加热，放入姜片、肉片，倒入适量水烧开。

③将木香、橘皮、当归放入水中，加入盐调味，稍煮。

【特点】

具有健脾安胎，治疗孕期腹痛的功效。

二、痔疮

由于胎儿大而压迫着肠道，妨碍了直肠内的血液流通，使盆腔器官血液回流减少，令直肠周围的静脉曲张，形成痔疮。任何会增加腹部压力的情况，如便秘、咳嗽、提起重物等，都会使痔疮的症状加剧。

如果孕妇的父母曾患痔疮，那她也有患痔疮的可能性。孕妇应慎防患上痔疮，综合运用营养胎教、运动胎教以及按摩胎教，平日多喝水，多吃高纤维食物及做体操，以避免便秘。如果已经患有痔疮，则要经常保持肛门周围清洁，避免刺激发作。

下面这几道汤、粥可有效加速孕妇肠蠕动，辅助治疗痔疮。

马齿苋鱼肉汤

【原料】

主料：马齿苋500克，鱼肉500克。

辅料：豆腐2块，姜2片，葱1条，盐、油、水适量。

腌料：盐1/2茶匙，糖1/4茶匙，胡椒粉少许，淀粉1茶匙，水2汤匙。

【做法】

①马苋菜洗净，在开水中略烫过后，捞起放入冷水内浸一下。

②鱼肉洗净剁烂成鱼茸，加入腌料拌匀；用手涂油，抓起鱼胶做成鱼球状备用。

③豆腐切成小块待用。

④在煲内注入适量水，放入鱼球、豆腐及姜、葱，以中火煲约20分钟。

⑤捞起冷水中的马齿苋，沥干水分，切成适当长度放进汤内，煮沸后加入盐调味，即可熄火饮用。

【特点】味道鲜美，对治疗孕期便秘很有效果。

小贴士

马齿苋的茎稍带红色，茎叶多汁，稍带酸味，含丰富的铁质、维生素A、维生素B、维生素C，并且有杀菌作用。如将其叶晒干煎服，可治恶疮、便秘及尿道炎。

杏仁大米酪

【原料】

主料：杏仁15克，大米90克。

辅料：黑芝麻、白糖各30克，水适量。

【做法】

①将黑芝麻、杏仁、大米分别用水浸泡半天，要经常换水，备用。

②把杏仁捞出，去皮夹，然后将黑芝麻、大米捞出与杏仁混合在一起碾成糊状，备用。

③将洗净的锅置于火上，放入少许水，烧开，加白糖溶化后把黑芝麻、杏仁、米糊缓缓倒入，拌成糊状，熟后，即可供食用。

【特点】

润肠通便，益气健脾。适合用于孕中期肠蠕动减慢而致的便秘。

松子仁粥

【原料】

主料：松子仁30克，粳米100克。

辅料：精盐少许，水适量。

【做法】

①将松子仁打破，取洁白者，洗净，沥干水，研烂如膏，备用。

②把粳米放入水中淘洗干净，备用。

③在煮锅中加适量水，放入松子膏及粳米，置炉火上煮。烧开后改用中小火煮至米烂汁黏，加入少许精盐调味即可。

服法：每日可食1～2次。

【特点】

润肠增液，通便。对孕中期便秘、痔疮者有一定疗效。

小贴士

每次排便后，立刻拭净，最好再用专用毛巾以温开水洗净。沐浴时，先叉开双腿以暖水洗患部，沐浴后，再充分拭干水分。怀孕妇女所罹患的痔疮多属于外痔疮，在洗净患处后，再涂上药用软膏，便会逐渐痊愈。

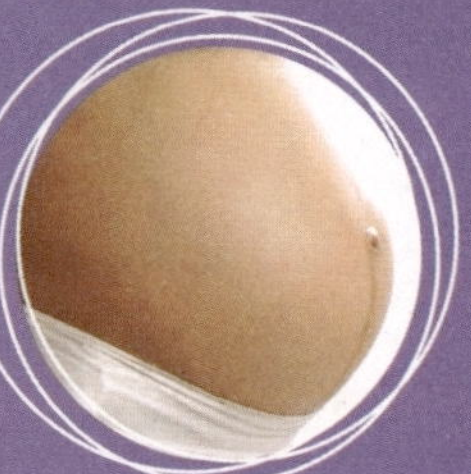

第三节 运动胎教：改善肌肉紧张状态

这一时期孕妇开始感觉到胎动，有时感觉就像蝶翅轻拂或小虫爬动一般，这时可以发现孕妇的腹部产生了变化。除此之外，由于胎儿已经在自己的位置上完全固定了下来，所以进行适当的运动胎教一般不会带来问题。

由于腹部的变大，很多孕妇都懒于运动，这会导致身体肌肉的紧张与不适，此时可通过运动胎教调节这一状况。

这时胎儿已经具有相当的重量，所以平躺状态下所做的运动最好不要持续很长时间，平躺姿势会影响血液的正常流动，给静脉造成压力，从而有可能导致低血压。这样做还可能引起眩晕症或排尿量增加等后果。所以从此时开始要尽量避免采用平躺姿势进行任何活动。

一、扭动背部

◎俯卧，用双手撑住地面，然后尽量提起上半身。

◎扭动上身的同时回头去看自己的脚后跟。

功效：放松背部两侧的肌肉。

二、抬起双脚画圆

Step1：两手向后扶住地面，双腿并在一起尽量上举。

Step2：两腿同时在空中画圆。

功效：强化腹部肌肉。

三、转动脚后跟

◎伸展双臂，抬头挺胸。

◎尽力抬起脚后跟，持续一会儿以后再放下。

功效：增加腿部力量，并有助于掌握身体的重心。

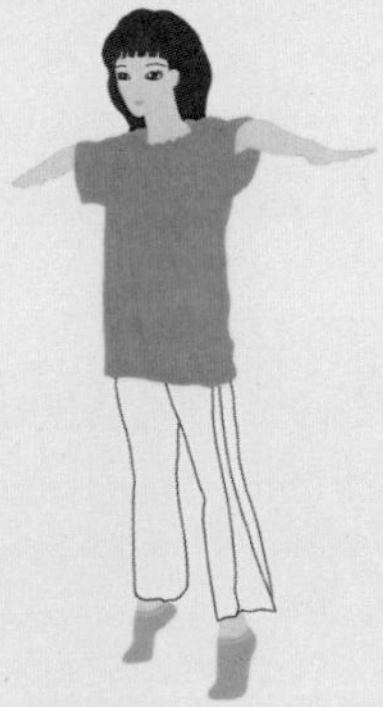

四、胸部运动

Step1：两臂各弯曲成直角并分开到身体两侧，上臂与地面保持垂直。

Step2：吸气后再呼气，同时两臂向前并拢，接着再继续做分开、并拢的动作。

功效：锻炼胸部和背部的肌肉。

五、转动手臂

◎以放松的姿态站立，两臂抬至与肩同高，手掌向上，在手臂上注入全身的力量。

◎随后用手臂带动肩部从前向后转动，然后再改至从后向前。

功效：强化肩部和臂部肌肉的效果。

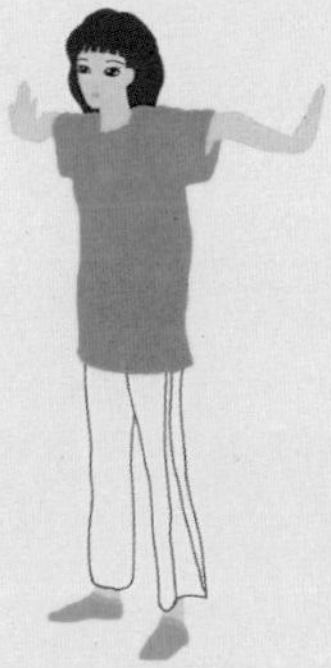

六、前后分脚半跪

◎一只脚迈向前方，同时抓住椅子或桌子保持站立的姿势。

◎渐渐将两膝的部位弯成直角，身体半跪下来。然后改换另一只脚迈向前方，再重复半跪的动作。

功效：提高腿部肌肉的力量。

专题

散步的注意事项

最好从怀孕第16周开始散步

散步的最佳时段是上午10点到下午2点，在这段时间里孕妇的状态较为稳定。

其实，散步也用不着过于在乎时间，只要避开强烈的紫外线和饱腹的状态就行了。每天散步30分钟就可以起到孕妇和胎儿共同锻炼的效果。

小贴士

一般来说，每周最好散步3～5次，孕妇也可以根据自己的身体状况进行适当调节。

腹部抽痛的时候要立即停止散步

孕妇在身体疲倦时很容易产生腹部抽痛的感觉。所以，一旦产生明显的疲劳感或腹部疼痛，就要立即停止散步。散步时觉得累了，可以停下来休息片刻再继续走，若出现冒冷汗或眩晕的情况，则应立刻前往医院接受诊断和治疗。

散步时一定要检查身体的状态

确认身体处于良好的状态——在开始散步之前，要确认自己的身体不存在任何问题。

穿上较为舒适的便鞋——孕妇最好穿较为舒适的便鞋，开口宽敞、低面、弹性好的鞋子是最佳的选择。另外，孕妇还应该穿上袜子，这样就能更好地保护脚了。

摄取水分——应事先准备好大麦茶和矿物质饮料，以备散步时饮用。给身体供给充足的水分可以预防脱水。空腹散步会加速身体的疲劳，所以最好在散步前1小时摄入适量的食物。

注意休息——在身体吃不消时，坚持散步反而会造成很大的伤害。最好能根据自己的身体状态来调节走路的速度，并保持愉快的心态，这样才能在散步中获得最佳的效果。此外，若感到疲倦或心情不佳，最好坐下来并休息片刻。

散步的地点——孕妇很容易出现关节松弛、肌肉抽筋等现象，并可能因此而受伤，所以散步时最好选择一些地面平坦的场所。

小贴士

孕妇在散步时不要选上坡路，这样会给腹部造成很大的压力。相比之下，在平坦的道路或草地上散步是最佳的选择。

放松呼吸——为了更多地吸入清新的空气，掌握一种好的呼吸方法格外重要。在用鼻子吸入长长的一口气之后稍作停顿，然后随着“呼”的一声把气息从口中呼出。发生阵痛时也需要使用与此类似的呼吸方法，所以从此时开始注意就可以达到提前练习的目的。

正确的姿势——走路的姿势也非常重要。低头走路会给颈部和肩膀带来很大的负担。孕妇在散步中应该保持挺起胸部、注视前方的姿势。步伐没有必要迈得太大，要给双脚留出一定的自由活动空间。

散步之后的脚底按摩

Step1：先后捏住每一个脚趾中央的凸起部分，并轮流进行按摩和缓慢地旋转。

Step2：以脚趾的顶端作为起点向脚后跟方向推进，再用两手大拇指挤按整个脚底。

Step3：握紧拳头，用第2个手指关节在脚底轻轻地抚按。此动作不可过于用力，仅仅起到刺激的作用就可以达到最佳效果。最后在脚踝周围进行大范围的抚摸和刺激。结束以后再用以上方法按摩另一只脚。

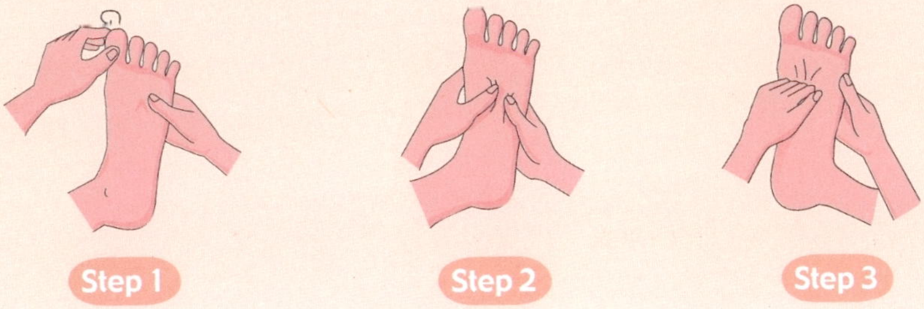

第四节 按摩胎教：让怀孕变得愉快起来

在第5个月，由于胎儿的不断成长，孕妇的身体变得沉重起来，会出现肩背疼痛、腰痛和头痛、心绪烦躁等现象。孕妇可以用按摩胎教缓解这些不适，使心情变得愉快起来。

一、肩背疼痛

在怀孕过程中，孕妇体内激素增多，再加上不断增大的胎儿，使得子宫增大，进而压迫神经与盆腔，使孕妇身体向后倾，容易出现肩背疼痛。当你感觉肩背疼痛时，试试以下按摩方法吧！

◎先在涌泉穴上按3次，每次4秒钟，然后向下滑动，挤压输尿管反射区，重复9次。

◎挤压脚踝内侧的膀胱反射区3次，每次4秒钟。

◎在膀胱反射区和靠近跟腱方向的尿道反射区之间，照椭圆形的弧线扫过，达到按摩的作用。

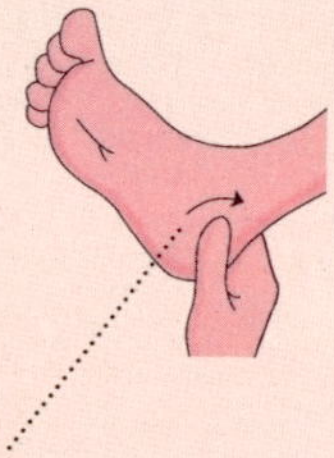

◎从脚踝开始一直到膝盖上10厘米，按摩内侧、外侧和后侧。

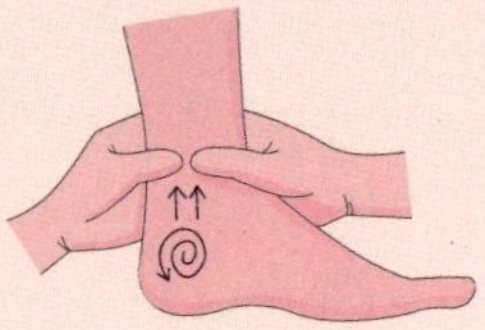

◎在脚底内侧再稍微靠上一点的部分是能够对背部起到反射作用的中足骨。在这一反射区按照从脚趾到脚后跟的方向滑动并挤压，重复9次。

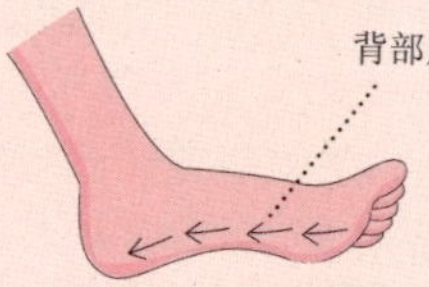

◎脚上与肩部相对应的反射区是小脚趾的侧面部分。在这一部位按照从脚趾到脚跟的方向滑动着进行按摩并重复9次。

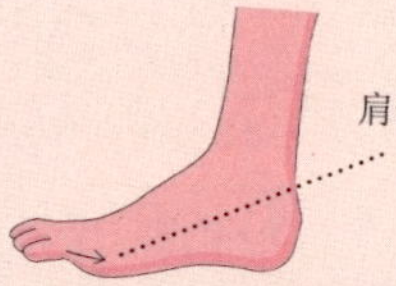

◎小脚趾和大脚趾下端之间的脚底部分是对应背部和肩部的反射区域。在此部位按照从小脚趾到大脚趾的方向进行9次以上的按摩。

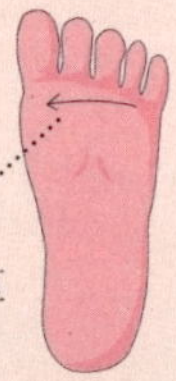

第六章 第5个月

二、腰部疼痛

腰痛是困扰孕妇的一大苦恼，然而一味地卧床休息并不能起到很好的缓解效果，适当的按摩胎教是必不可少的。

◎在肾脏反射区涌泉穴上用大拇指轻按3～4次。

◎接着在输尿管反射区用大拇指轻按4～5次，每次4秒。

◎用大拇指在膀胱反射区轻轻挤压4秒钟。

◎用大拇指在尿道反射区滑动揉搓9次以上。

◎在脚的内侧面从大脚趾往下依次是颈椎、胸椎、腰椎和尾骨这几个脊椎部分的反射区，用大拇指在这一区域滑动按摩4～5次即可。

三、头痛

随着胎儿的发育，孕妇的身体负担不断加重，会出现情绪烦躁、头痛、失眠等情况。除了饮食调节外，下面这套按摩胎教也非常不错。

◎在位于脚底中央的肾脏反射区涌泉穴上按3次，每次4秒钟。

◎用大拇指来回移动并在每一个脚趾靠近顶端的凹陷处各按2～3次，每次持续4秒钟。

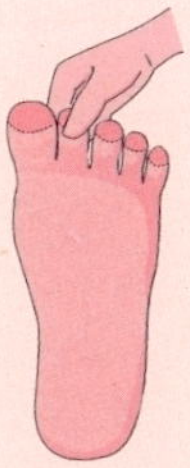

◎如果出现头痛并感到颈部僵硬时，就找到各个脚趾和脚底连接的凸起部分，并在这一区域的中央位置从上向下捋，重复9次。

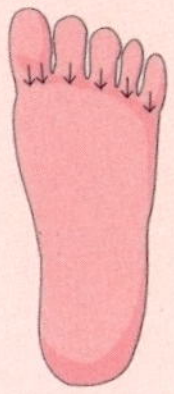

小贴士

按摩人体足部穴位可有效缓解头痛，在按摩的过程中，要保持平和的心态，呼吸吐纳做到自然、顺畅，手法要力度适当。

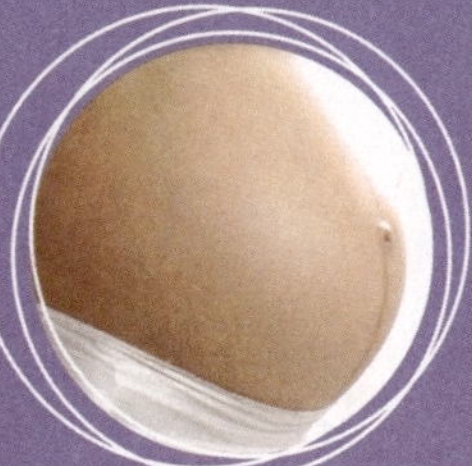

第五节 胎谈胎教：与胎儿共享自然和社会知识

胎谈胎教可以刺激胎儿的感受能力，丰富胎儿的情感世界，让他在没出生之前就可以对外部世界有一定的了解。胎谈包括的范围很广，不仅仅局限于简单的对话、讲故事，可以将自然界和社会中发生的一切事讲给胎儿听。

一、将家里发生的事告诉胎儿

除了给胎儿讲故事、阅读图画书之外，可以将家里发生的琐事告诉他，比如家里重新粉刷了墙壁，爸爸今天得到了单位的嘉奖，妈妈买了一件漂亮的衣服，吃甜点和吃苦瓜的不同感觉，用手触摸热水和冷水的不同感受，电扇为什么能让人感到凉快……

从早上醒来到晚上睡觉，父母要充分利用生活中的小事引起胎儿对外部世界的感受，包括家人正在做的事，正在说的话，做事情的不同感受等。这些事没有规定，只要是真实发生的就可以了。进行胎谈时，要向和朋友交谈一样轻松和真实，不要有任何心理负担。

通过这种方式，胎儿可以了解一些生活常识，从而在出生后对日常生活更感兴趣。

二、散步时将沿途的所见所闻告诉胎儿

外出散步不仅可以让孕妇的心情放松，还可以丰富胎儿对生活的认识。在散步的途中，自然会看到很多景物，不妨将你的所见所闻告诉胎儿，让他更深刻地感受到你的情感变化和他将要面对的世界。

小贴士

散步时告诉胎儿沿途的景物，不仅可以让胎儿了解生活的一般常识，还可以为母体和胎儿提供共同体验生活的方法。

当你看到一栋高楼时，可以说“这是一座非常高、非常现代化的楼，它是一个四方体，四周都是宽大的蓝色玻璃。”看到汽车时，可以说“妈妈面

前刚过去一辆黄色的小轿车，它的车身很小，有四个轮子，全身都是黄色的。”看到人群时，可以说“路上的人特别多，有老人、小孩，也有像爸爸妈妈一样年轻的叔叔阿姨。”

进入你视线范围的一切事物，都可以讲给胎儿听。无论是可爱的玩具、美丽的花朵和衣服、接触到的人，还是精美的橱窗展示，都可以将它们描述出来，和胎儿共同分享。

为了看到更多不同的景物，你可以经常变换散步的路线，并提前想好线路。这样既可以发现生活的乐趣，调养身心，又可以给胎儿创造学习的机会。

三、将大自然的景观告诉胎儿

大自然千变万化，无论是蔚蓝的天空、闪烁的星星，还是倾泻的大雨，都是大自然活生生的写照。对胎儿来说，让他早早地感受到这些实际存在的东西，会让他感到好奇和愉快。无论你去郊游，还是去散步，都可以将看到的自然景观告诉他。

当你看到桃花开了，可以说“宝宝，今天的桃花开得非常好看，淡粉色的小花就像美丽的笑脸。”当你看到池塘中的鱼，可以说“这个池塘里有很多红色的鲤鱼、金黄色的小金鱼，它们在水里不断地游着。”如果条件允许，你可以摸一摸别人刚钓上来的鱼，让皮肤和鱼来一次亲密接触，让胎儿和你分享这份乐趣。

小贴士

将生活中鲜活的事物用形象的语言、实实在在的触摸传达给胎儿，能有效刺激胎儿作出反应。

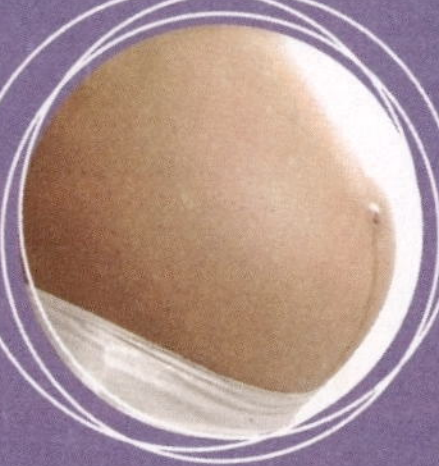

第六节 语言胎教：用闪光卡片向胎儿传递“语言之画”

利用空闲时间绘制简单的图片，既可以帮助孕妇打发无聊的时间，又可以培养新的爱好，还可以为胎儿提供积累知识的机会。这是利用形象的图片，让胎儿认字，向胎儿传达语言的有效途径。

一、绘制色彩鲜艳的词语图片

词语是构成语言的单位，人们通过词语进行交流。孕妇可以用彩笔或荧光笔画出数字、文字、语言图片，当然也可以把简单的数字运算画在图片上，例如加法、减法、乘法、除法等。也可以把汉语拼音或英语字母写在卡片上开展语言胎教。

在描画图片时，可以用色彩艳丽的笔写字，再用黑笔勾勒边缘，使之产生强烈的对比效果。由于这是一项需要长期坚持的工作，所以要求孕妇有极大的耐心和毅力。为了保持更好的注意力，使母子得到意念上的统一，最好在孕中期以前就开始这样做。

二、用正确的方法向胎儿传达词语的含义

在绘制了颜色鲜艳的图片之后，还要利用正确的方法将图片信息传达给胎儿。为了达到更好的效果，最好在柔和的房间里进行训练，不要选择嘈杂的环境、色彩艳丽及装饰复杂的房间。这样既能让

孕妇保持稳定而愉快的心情，又可以为胎儿创设优雅、安静的学习环境。

更重要的是，孕妇要保持正确的发音，用手在卡片上将字形描摹出来，这样可以更清楚地将词语的感觉传达给胎儿。

小贴士

在给胎儿讲解词语的时候，要心态平和、语气温柔、吐字清晰，把平静的心情和集中的注意力结合起来。先调整好呼吸，将词语在头脑中画一遍，再用手指在卡片上描绘出来。

三、向胎儿讲述和词语有关的知识

在语言胎教中，利用图片向胎儿讲述知识是必不可少的，但要求不是非常严格。所以，不必讲述得像词典一样丰富而精确，只要保证讲的内容不是错误的就可以了。如果遇到困难，可以去图书馆查资料，千万不要把错误的知识传授给胎儿。例如讲到汉语拼音“ā”，你可以说这个字母可以组成很多词语，也用得非常广泛，人们在说：“啊”、“阿姨”、“妈妈”的时候，都会用到它。

在向胎儿讲述英语字母时，也可以利用形象记忆加强效果。例如讲解字母Q时，可以说：“Q就像一个充满气的、系着飘带的气球，还像扎辫子的小脑袋。”

在讲解“熊猫”这个词语时，可以说“熊猫是中国的国宝，它的四肢、耳朵和眼睛是黑色的，其他部位全都是白色的。熊猫特别喜欢吃竹子，也喜欢爬树。熊猫早在200万年前就生活在地球上了，为了保护它们，我们国家开设了好几个大熊猫自然保护区。”

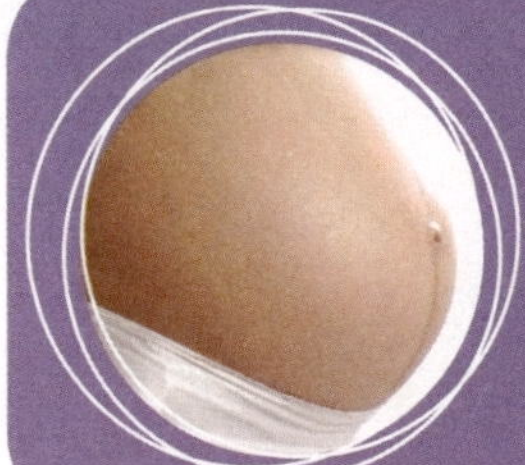

第七节 专家答疑

一、孕妇为什么不能长时间吹电风扇

小风问：夏天天气热，就是不怀孕也容易出汗，再加上孕妇本身的新陈代谢十分旺盛，就更容易出汗，那么请问，可以长时间吹电风扇吗？

答：如果孕妇长时间吹电风扇，就会有头晕头痛、疲乏无力、饮食下降等不适反应出现，这种做法会使胎教效果大打折扣。因为电风扇的风吹到皮肤上时，汗液的蒸发作用会使皮肤温度骤然下降，导致表皮毛细血管收缩，血管的外周阻力增加，而使血压升高，表皮血管呈舒张状态，血流量增多。尤其是头部因皮肤血管丰富，充血明显，对冷的刺激敏感，所以易引起头晕、头痛症状。在这种情况下，为了调节全身体温，达到均衡状态，全身的神经系统和各器官组织必须加紧工作。因此，吹电风扇时间长，人并不感到轻松，反而容易疲劳。

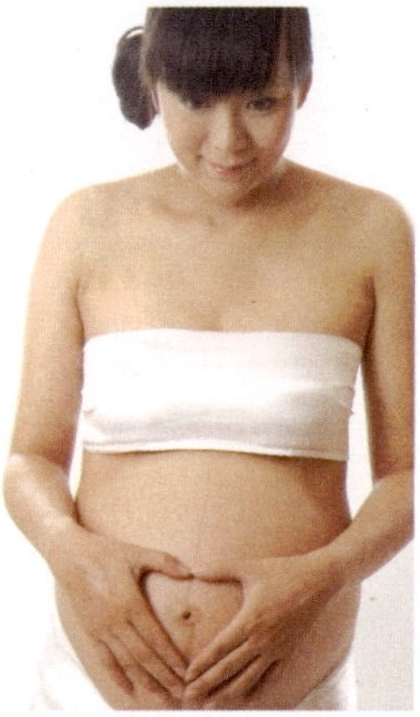

孕妇出汗多时，更不要马上吹电风扇，因为这时全身皮肤毛孔疏松，汗腺大开，邪风极易乘虚而入，轻者伤风感冒，重者高热不退，给孕妇和胎儿的健康造成危害。因此，孕妇应注意避免突然或长时间吹电风扇，更不可用吹电风扇的方法落汗。

小贴士

孕妇必须吹电风扇时，只宜选用微风间隙吹，不可用强风，也不可直接对着身体吹。

二、孕妇为什么不能长时间看电视

小琴问：我怀孕后整天闷在家里，一天到晚看电视，请问这样对胎儿有什么影响吗？

答：有些妇女因怀孕后各种活动减少，便用更多的时间看电视，以消磨时间。从环境胎教的角度来说，长时间看电视会使孕妇处于X射线的照射下，从而影响到胎儿发育。同时，长时间保持一个姿势看电视会使孕妇肌肉得不到放松，影响运动胎教的效果。

据有关专家对每周接近荧光屏20小时的近700名孕妇的调查，发现其中20%的孕妇发生自然流产；而对每周接近荧光屏40小时的孕妇调查后发现，自然流产发生率更高。

电视机在工作时，显像管不断发出肉眼看不见的X射线，这些射线有一部分会射到外边，对胎儿的影响是不容忽视的。它往往容易使孕妇流产或早产，还可能使胎儿畸形，特别是对1～3个月的胎儿，危害更大。如果孕妇要看电视，距荧光屏的距离要在2米以上为好。

另外，看电视久坐会影响下肢血液循环，加重下肢水肿，更易导致下肢静脉曲张。由于看电视而睡得过晚，会妨碍孕妇的睡眠和休息，对孕妇和胎儿都不利。

小贴士

电视中的紧张情节和惊险场面，对孕妇来说，可以称为不良刺激，有碍优生。所以，建议孕妇少看电视，否则因此而流产、早产或生下畸形儿时，悔之晚矣。

三、孕妇为什么不能睡太软的床

小雅问：孕妇可以睡席梦思等软床吗？

答：一般人睡席梦思床，有柔软、舒适之感，但孕妇则不宜睡席梦思床。

易致脊柱位置失常

孕妇的脊柱较正常腰部前曲更大，睡席梦思床及其他高级沙发床后，会对腰椎产生严重影响。仰卧时，其脊柱呈弧形，使已经前曲的腰椎小关节摩擦增加；侧卧时，脊柱也向侧面弯曲，长此下去，使脊柱的位置失常，压迫神经，增加腰肌的负担，既不能消除疲劳，又不利于生理功能的发挥，并可引起腰痛。本来孕妇由于怀孕的影响已经会腰酸背痛，通过运动胎教、按摩胎教症状有了一定的缓解，但席梦思床的弊端无疑会使这一症状再次加剧。

不利于翻身

正常人的睡姿在入睡后是经常变动的，一夜辗转反侧可达20～26次。有学者认为，辗转翻身有助于大脑皮质抑制的扩散，提高睡眠效果。然而，席梦思床太软，孕妇深陷其中，不容易翻身。

同时，孕妇仰卧时，增大的子宫压迫腹主动脉及下腔静脉，导致子宫供血减少，影响胎儿发育。有些孕妇会出现下肢、外阴及直肠静脉曲张，因此而患痔疮。右侧卧位时，上述压迫症状消失，但胎儿可压迫孕妇的右输尿管，易患肾盂肾炎。左侧卧位时上述弊处虽可避免，但可造成心脏受压，胃内物质排入肠道受阻，同样不利于孕妇健康。

因此，孕妇不宜睡席梦思床。

小贴士

孕妇以睡棕棚床或硬床上铺9厘米厚的棉垫为宜，并注意枕头松软，高低适宜。

四、孕妇洗澡应注意什么

小茹问：洗澡可使孕妇身轻气爽，在获得身体放松的同时拥有愉悦的心情。但是洗澡方法不当，也会导致不良情况的出现。请问孕妇该如可洗澡？

答：孕妇洗澡的确和普通人有区别，主要体现在时间、水温和洗浴方式上。如果把握不好，就会使胎儿处于不良的宫内环境之中，影响环境胎教的效果。

孕妇洗澡忌时间过长

如果孕妇洗澡时间过长，除导致孕妇机体发

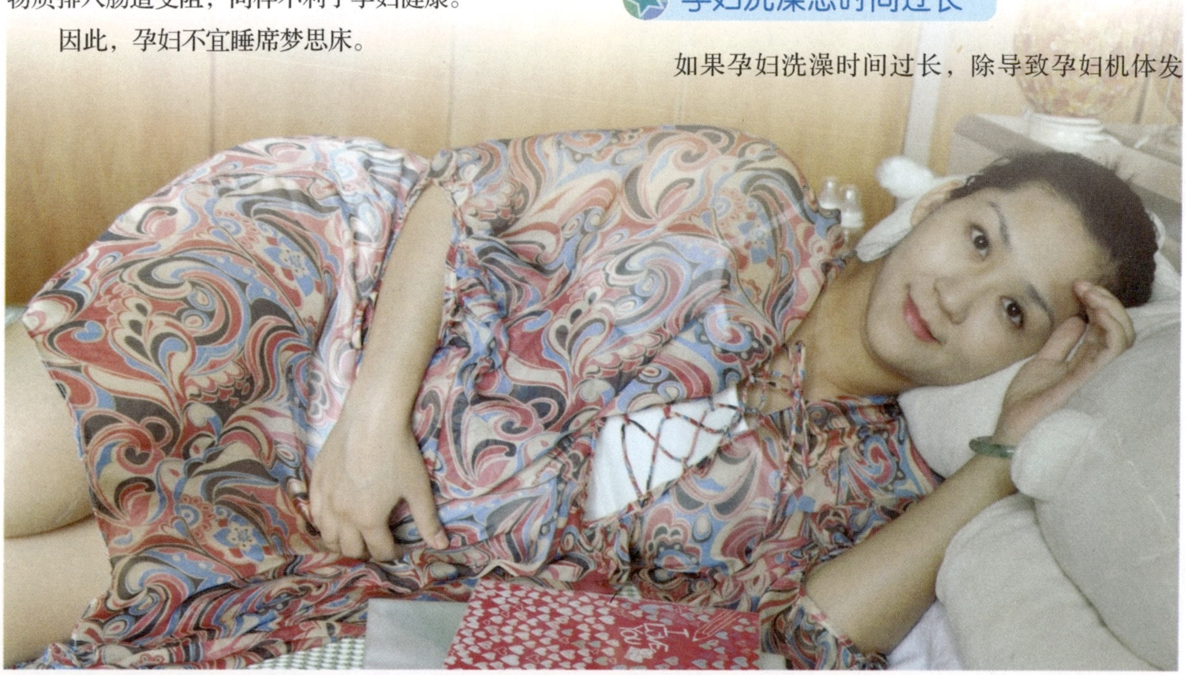

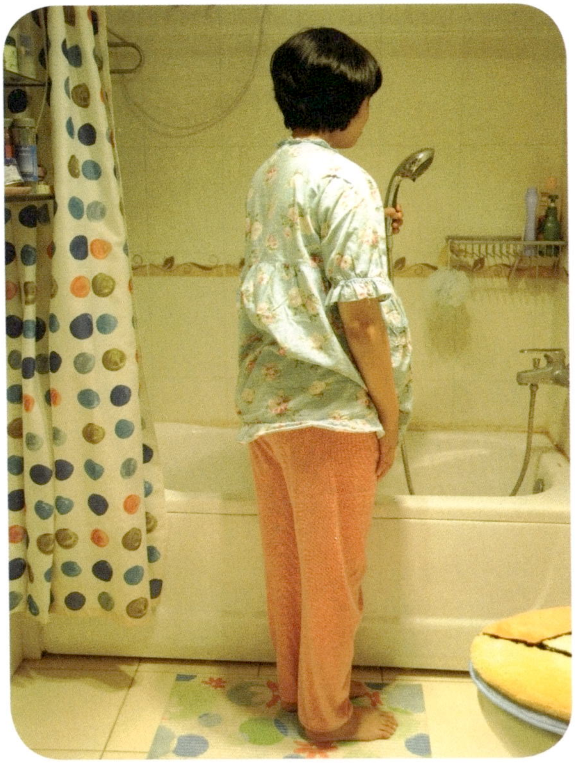

生不适，如昏倒、大脑缺氧外，还会造成胎儿缺氧。如果胎儿脑缺氧时间很短，一般不会造成不良后果，如果时间过长，就会影响神经系统的生长发育。因此，专家提示，一般孕妇洗澡时间不宜超过15分钟，或以孕妇本身不出现头昏、胸闷为度。

孕妇洗澡忌水温过高

孕妇应坚持经常洗澡，保持身体清洁。但洗澡用的水温不可过高，以免对胎儿发育不利，损害胎儿大脑。

胎儿泡在羊水中，通过脐带与母体相连。羊水有保持宫腔内恒温、恒压的作用，以使胎儿正常发育。如果孕妇洗澡时温度过高，就会使母体体温暂时升高，羊水的温度也随之升高。研究表明，孕妇体温比正常体温升高2℃时，胎儿脑细胞发育就会停止；孕妇体温上升3℃，就可能存在杀伤胎儿脑细胞的危险。这种胎儿脑细胞受损的现象，会使胎儿全身发育不良。

小贴士

孕妇洗澡的水温不宜超过38℃，否则会危害胎儿的中枢神经系统。

孕妇洗澡忌坐浴

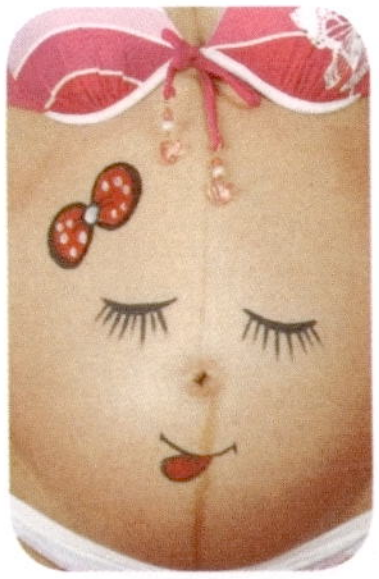

妇女洗澡采用坐浴是不利于身体健康的，孕期洗澡更不应坐浴，尤其孕晚期绝对禁止坐浴，以防引起早产。

在正常情况下，妇女阴道保持一定的酸度，以防止病菌的繁殖。这种生理现象与卵巢分泌的雌激素和孕激素有密切关系。妇女在怀孕时，尤其是孕晚期，胎盘绒毛产生大量的雌激素和孕激素，而孕激素的产生量大于雌激素。所以，在这个阶段，阴道上皮细胞的脱落大于增生，会使阴道内乳酸量降低，从而降低对外来病菌的杀伤力。如果坐浴，浴后的脏水有可能进入阴道，而阴道的防病力减弱，就容易引起宫颈炎、附件炎，甚至早产，从而使胎儿处于极其不利的环境之中，影响胎儿发育。

五、孕妇能不能养宠物

小娟问：现在家庭养宠物的不少，但宠物对孕妇的健康似乎不利。现在我怀孕了，可以养小猫、小狗等宠物吗？

答：有的妇女生下畸形儿，就是由于母亲在怀

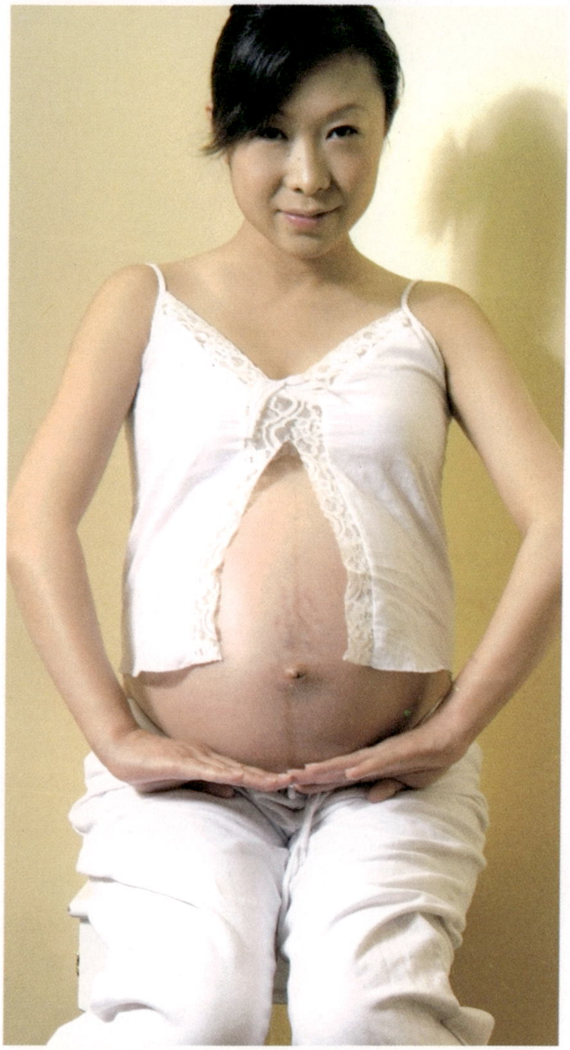

孕期间同宠物接触过多。

医学专家从畸形儿产妇和流产的孕妇的脐带血液中发现了弓形体菌。猫的身上就带有这种弓形体菌。这种病菌通过口腔进入人体内繁殖生长，并可通过胎盘造成胎儿先天性弓形体菌病。怀孕3个月后常致流产，6个月常致胎儿畸形或死胎。孕妇宫内感染弓形体菌的胎儿出生后主要表现为脑积水、小头畸形、精神障碍等。因此必须排除这些病菌才能继续实施胎教。

小贴士

如果一定要养宠物，必须和宠物一起去医院做个检查，充分听取医师的建议后再做决定。

六、孕妇为什么不能吃太多酸性食物

玉心问：我怀孕后特别喜欢吃酸的东西，不光是酸味水果，还经常吃泡菜，这会影响身体健康吗？

答：有些女性在怀孕后想吃酸食，于是经常大量食用各种腌菜、泡菜。从营养胎教的角度来看，偶尔少量食用腌菜、泡菜是可以的，但摄入过多对自己和胎儿的健康与发育并没有好处。原因在于：腌菜和酸菜之中存在着亚硝基化合物，这类物质有较强的致癌性，可以诱发动物及组织器官的肿瘤。

值得注意的是，有的亚硝基化合物可以通过胎盘使子宫发生肿瘤诱发胎儿畸形。

如果孕妇确实喜欢食用酸性食品，应该选择既有酸味，又营养丰富且无害的天然酸性食物食用，比如西红柿、樱桃、杨梅、石榴、海棠、橘子、草莓、酸枣、葡萄、苹果等新鲜水果和蔬菜等。这些食品既可改善孕后发生的胃肠道不适症状，又可增加食欲和多种营养素，可谓一举多得，同时也使营养胎教发挥其正面效应。

七、孕妇为什么不能吃太多菠菜

小云问：菠菜可以缓解便秘，又含有很多营养素，可以补铁，孕妇是不是应该多吃？

答：食物不止含有有益于孕妇健康的营养素，也含有破坏营养素的成分，为此在家实施营养胎教时要特别注意。菠菜中铁的含量并不多，其主要成分是草酸，而草酸对人体所需的重要营养素锌、钙有着不可低估的破坏作用。

锌和钙是体内不可缺少的微量元素，如果锌、钙被草酸破坏，将给孕妇和胎儿带来严重后果。过多食用菠菜会干扰人体对锌的吸收。如果孕妇缺锌，就会感到食欲不振、味觉下降；如果缺钙，有可能使宝宝出生后发生佝偻病，出现鸡胸、罗圈腿以及牙齿生长迟缓等现象。因此，孕妇不可吃太多菠菜。

小贴士

体质敏感的人应该先把菠菜入水焯一下再食用，以便去除其中的草酸盐。缺钙、肺结核、软骨病、肾病和腹泻的人群不宜生吃菠菜。菠菜的一次性摄入量不能过多，也不能和豆腐一起吃，以免形成肾结石。

第七章　第6个月

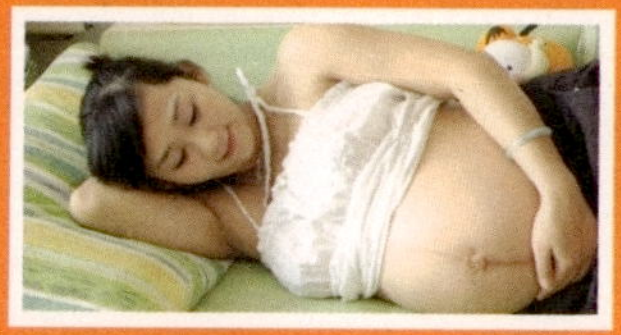

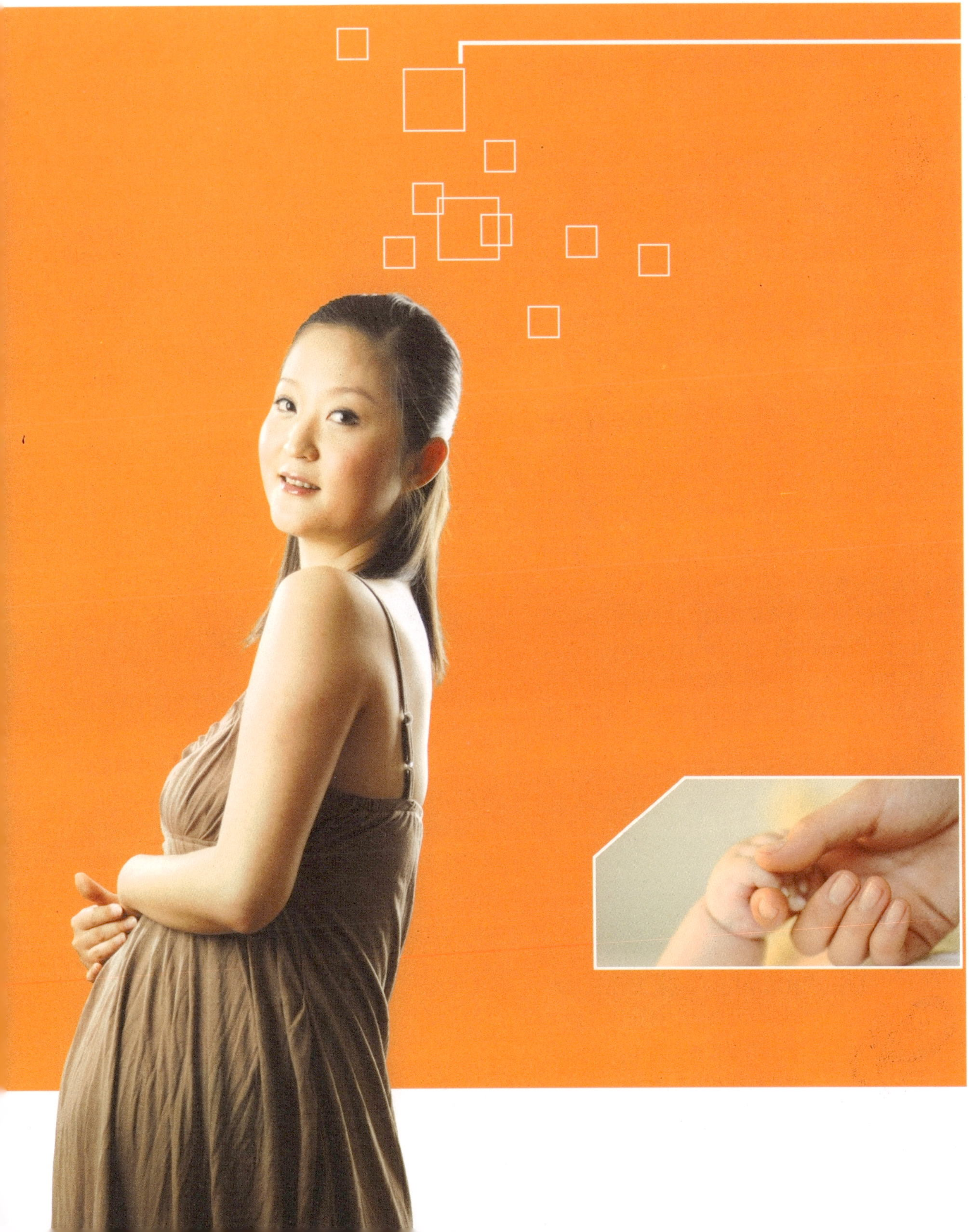

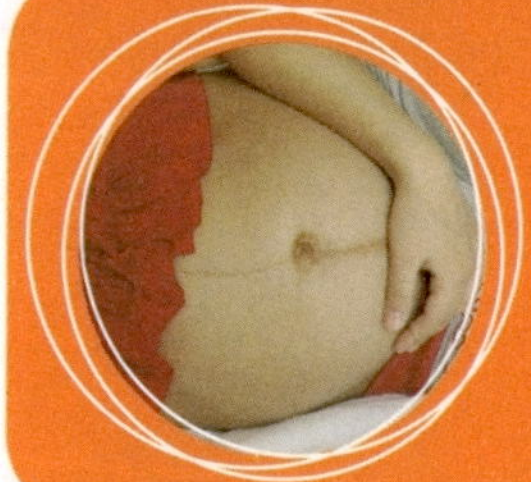

第一节　胎儿和孕妇的变化

一、胎儿

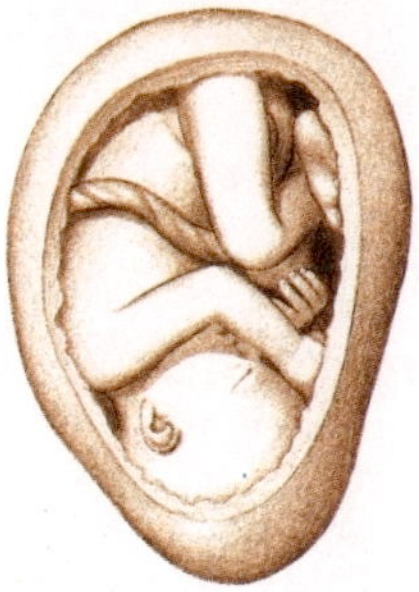

进入第6个月后，胎儿身长30厘米，体重约600～750克。

骨骼更结实，头发更长，眉毛及睫毛开始长出。脸形也更清晰，但仍然很瘦，全身都是皱纹。

皮脂腺开始具有分泌功能，并长出白色脂肪般的胎脂，覆盖在皮肤表面。而胃肠会吸收羊水，肾脏排泄尿液，已经完成出生的准备。万一此时早产，只要在保温箱内得到很好的护理，婴儿还能健康成长。

此时已可利用听诊器听出胎儿的声音。医生可在孕妇腹壁摸到胎头及胎臀，判断出胎儿在子宫腔的位置。这是利用运动胎教调整胎位的好时期。

二、孕妇

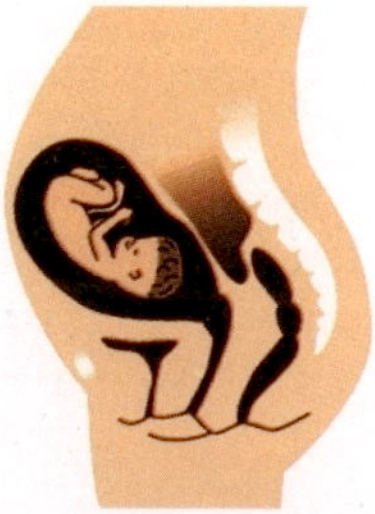

子宫更大，子宫底的高度约18～20厘米。肚子会越来越胀大、凸出，体重也日益大增，腰部变得更沉重，平时的动作也较为吃力、迟缓。

乳房的发育更为旺盛，不但外形饱满，而且用力挤压时会有带黄的稀薄乳汁“初乳”流出，分泌物仍然大量增加。

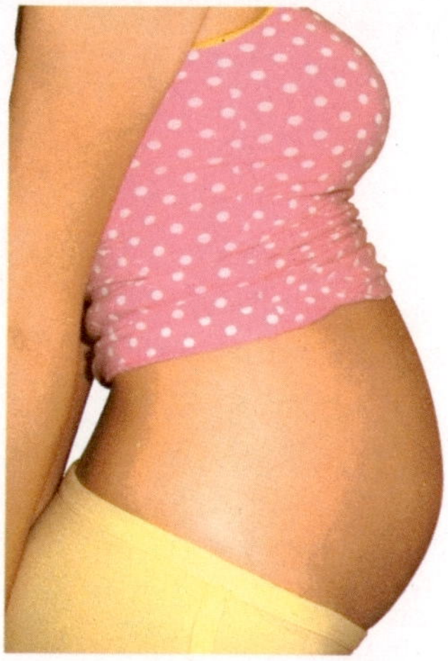

这一时期，几乎所有的孕妇都能清晰地感觉到胎动的现象。

在第6个月，孕妇要注意利用食物去病，运用运动胎教进一步缓解肌肉紧张，运用按摩胎教消除皮肤瘙痒、鼻塞等不适。

小贴士

孕妇肚子变大凸出后，身体的重心也随之改变，走路较不平稳，并且容易疲倦。尤其弯身向前或做其他有难度的动作时，就会感觉腰痛，上下楼梯或爬上高处时，应特别留意安全。

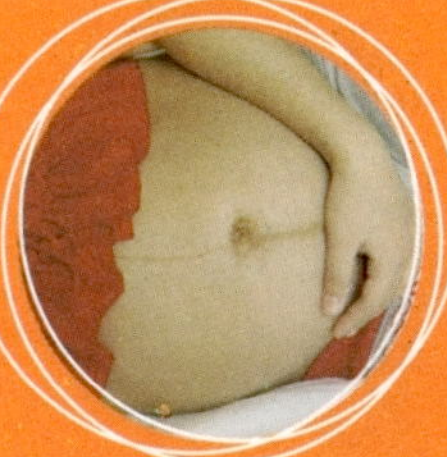

第二节 营养胎教：用食物来治病

进入这一阶段后，孕妇身体已能充分适应怀孕状态，身心较趋于畅快。在营养胎教上应均衡摄取各类养分，以维持母体和胎儿的健康，尤其是铁、钙和蛋白质的需要量应该增加，但盐分必须特别节制。这段时间孕妇容易便秘，应该常吃富含纤维素的蔬果，牛奶有利排便，应多饮用。万一患上肺结核，也需要适当调节饮食。

一、肺结核

患有严重肺结核的女性不宜怀孕，不过，患轻微的肺结核的女性仍可以怀孕，但务必随时与结核病专家及妇产科医生保持密切联络，接受定期检查，配合长期疗养，方可平安分娩。

除此之外，在营养胎教方面可选用下面这两款食谱辅助治疗肺结核。

银耳鸭肾汤

【原料】

主料：银耳10克，干鸭肾2对。

辅料：瘦肉30克，姜1片，盐少许，水适量。

【做法】

①将银耳用水浸发，去除污物，放入开水中捞出用冷水洗净，备用。

②干鸭肾隔夜浸水，浸软后切片。

③在汤煲内加入适量水，煮沸后，加入全部材料，同煲约2小时，便可调味食用。

【特点】

有除痰、清润、祛肺燥的功用。银耳有润肺的作用，所以，孕妇可以在日常饮食中，多用银耳烹制各款食品。

西洋菜煲猪肉

【原料】

主料：西洋菜450克，猪瘦肉260克，北杏仁6克。

辅料：开水1800克，精盐适量。

【做法】

①西洋菜洗净，控干水分，备用。

②猪瘦肉洗净切片，放在汤煲内，倒入开水，煮至汤沸。

③再将西洋菜、北杏仁放入煲内煮熟，放入精盐调味即可。

【特点】

富含优质蛋白质、脂肪、维生素和矿物质，具有清热润肺、止咳化痰的功效，对治疗孕期肺结核很有帮助。

小贴士

杏仁富含蛋白质、脂类、糖类、B族维生素和多种矿物质，可以滋养肺部。此外，杏仁还具有润肠通便、美容养颜的功效。

二、中暑

孕期，由于孕妇的生理负荷加大，机体代谢产热增多，而且皮下脂肪层比任何时候都要厚，所以不利于机体产热和散热的平衡。如果此时遇到居住环境狭小、不通风的情况，就很容易发生中暑。

中暑的孕妇轻则头晕、胸闷、多汗、恶心，重则高热、昏迷、抽搐，不仅严重影响孕妇的健康，甚至会对胎儿造成严重危害。

发现孕妇中暑后，立刻进行救治是极其必要的。若发现孕妇有中暑的症状，应立即使孕妇离开高温环境，到通风较好的凉爽处休息，为其解开衣服，多喝些淡盐水或服十滴水、仁丹、解暑片、藿香正气水等，短时间内即可好转。除此之外，可采用下面的胎教小方法辅助治疗：若孕妇出现高烧、昏迷、抽搐时，应让她侧卧、头向后仰，以保证呼吸道畅通。在呼叫救护车或通知急救中心的同时，可用湿毛巾或30%～50%的酒精擦前胸、后背等处。

在营养胎教方面，为了避免孕妇中暑，可合理调配饮食，在夏天要保证食欲，多吃新鲜蔬菜，如黄瓜、西红柿、扁豆、冬瓜等；多吃新鲜豆制品；常喝用鸡肉丝、猪肉丝、蛋花、紫菜、香菇做成的汤，同时应经常变换菜肴的花样。

小贴士

为了避免中暑，孕妇要注意少吃油腻的食物，不在气温高、阳光强烈的时间外出。

下面就介绍两道能有效防止孕妇中暑的菜肴。

黄瓜三丝汤

【原料】

主料：黄瓜250克、海带50克。

辅料：牛奶750克、盐3克、葱花5克。

【做法】

①将黄瓜去皮洗净，切成7厘米长、5厘米宽的粗丝。

②将海带发涨洗净后切成丝。

③将锅放在旺火上，放入牛奶、海带丝同煮，最后放入黄瓜丝烧开。

④加入精盐起锅后撒上葱花即可食用。

【特点】

此汤为夏令适口的家常汤菜，清淡鲜美。可生津止渴、补充人体盐分，既可以用来佐餐，也可用来解暑。

百合西芹

【原料】

主料：西芹、百合、胡萝卜片适量。

辅料：盐、油适量。

【做法】

①将百合一瓣儿一瓣儿剥下、洗净，除去百合皮；西芹洗净，切成片；胡萝卜切成片。

②将炒锅放在火上，放入油烧至七成热，放入胡萝卜、西芹、百合，略炒。

③加入盐后即可食用。

【特点】

西芹脆、百合酥，略苦、清凉爽口。具有清胃、涤热、清心安神的功效。

小贴士

孕妇在第6个月应多吃牛奶、肉类、鱼类、豆类、海藻、芹菜、葛根等，以保证摄入足够的蛋白质、维生素和铁，增强母体的肠胃功能。

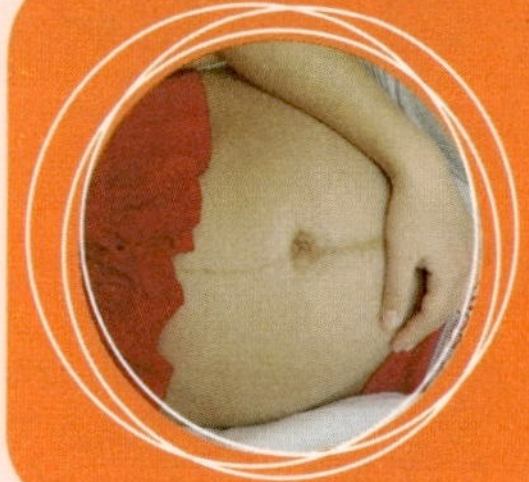

第三节 运动胎教：使肌肉进一步放松

此时，孕妇膨胀的子宫给肠部尤其结肠带来了不良的影响，因而可能导致便秘，故孕妇最好通过少量的运动来使肠部的活动变得更加顺畅。进入孕中期以后，身体的各个部位都已经能够有效地进行配合，孕早期出现的不适症状也都逐渐消失殆尽。孕妇可乘此机会学习一些锻炼动作。

人的姿势对身体的均衡、呼吸、外形和动作都有影响。随着胎儿的体积增大，许多孕妇常常会出现腰痛的现象，这多半是由不正确的姿势引起的。因此，要养成保持正确姿势的习惯，并经常进行强化腰、背部肌肉的运动。

一、向前俯下轻摇腹部

◎双手和膝盖撑起整个身体，让腹部完全放松下来。

◎将身躯向两侧轻轻晃动。

功效：舒展腹内空间，对疏通肠道有明显的帮助。

二、两腿分开半站

◎将两腿向左右方向大幅度分开，在这样的站立姿势下平伸双臂至肩部的高度。

◎保持双臂左右平举，让双腿的夹角接近90度，然后下坐2次，将力量集中到臀部再向上提升2次。

功效：锻炼大腿内侧和臀部肌肉。

三、半坐式

◎两腿分立，与肩同宽，双臂向前平伸，与肩同高。

◎慢慢将双腿分开坐下再站起，尽可能不让臀部往后陷，让双腿集中力量坐下再站起。

功效：强化大腿内侧的肌肉。

小贴士

如果觉得保持平衡较为困难，可以抓住椅子或书桌的边缘来完成这个动作。

四、转动手腕

Step1、Step2、Step3、Step4：捏紧拳头并将手腕轮流向上和向下弯曲，再进行从里向外和从外向里的转动。

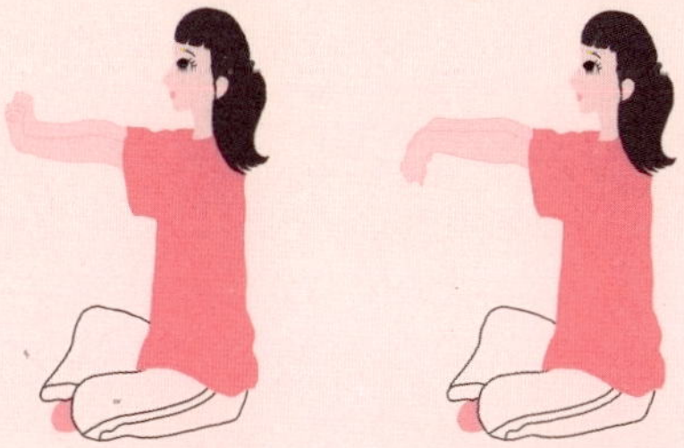

Step 1　Step 2

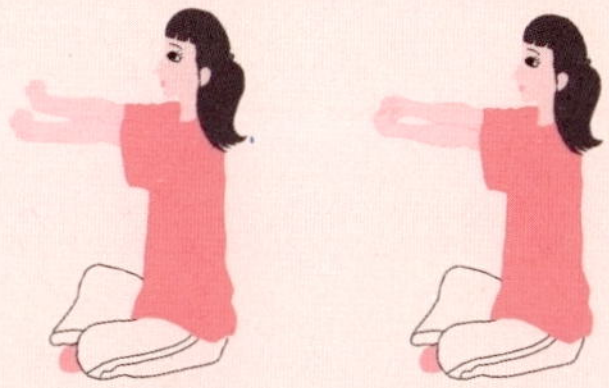

Step 3　Step 4

五、转动脚踝

Step1、Step2、Step3：将双腿向前平伸，背部挺直，双手撑住地面。脚踝尽力向上弯曲再改向前伸出，双脚从里向外再从外向里转动。

Step 1

Step 2　Step 3

小贴士

孕期穿舒服的鞋子格外重要。许多职业女性此时都会出现足部和脚踝肿胀的现象，这是因久坐或久站而血液循环不畅所引起的。因此，随时给脚和脚踝做按摩或常常转动手腕都大有益处。

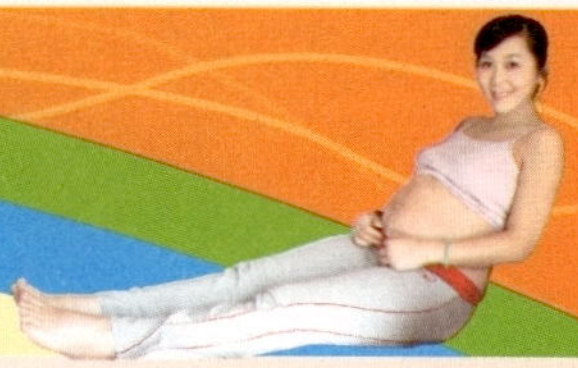

专题

步行，有益胎儿身心的好方法

情绪胎教强调孕妇应该具有平和、宁静和乐观的心态，并通过这种稳定的情绪状态促进胎儿的生长发育。步行是一种转移孕妇烦躁情绪，让孕妇变得轻松、愉快的好方法。这是因为，步行可以促使孕妇的心血管系统将新鲜氧气和血液持续不断地输送到全身，增强孕妇的肺脏、心肌、肌肉的功能，促进血液循环。如果孕妇进行有规律的步行锻炼，还可以控制体内的胆固醇水平，维持体内清洁健康，减少便秘和痔疮的发病率。对孕妇来说，步行还可以使足部关节、骨骼、韧带和肌肉能力得到加强。

在身体舒适的情况下，孕妇的心情自然得到放松，从而给胎儿提供了平和幸福的宫内环境，使胎儿的心血管系统、肌肉、骨骼等发育得更健康。此外，步行时孕妇可以将沿途的景观告诉胎儿，向他讲解大自然的知识，帮助他积累生活常识并获得与胎儿共同交流的机会。这对胎儿的身心发育是非常有好处的。

步行是情绪胎教、运动胎教和语言胎教相结合的有效方式，对提升孕妇的情绪、优化胎儿的发育很有好处。

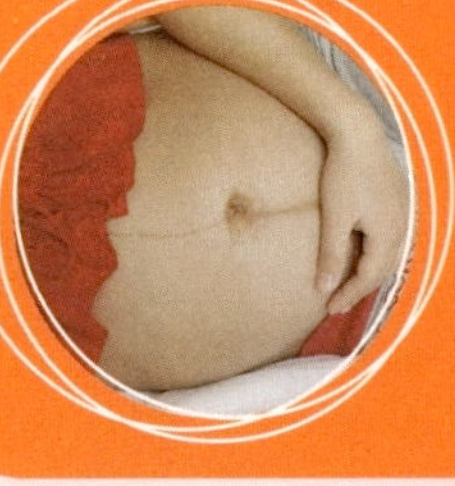

第四节　按摩胎教：使精力更加充沛

在第6个月进行的按摩胎教可以有效缓解孕中期不适，包括皮肤瘙痒、鼻塞、流鼻血等。对精神烦躁不安或烦闷的孕妇来说，按摩胎教可以使其情绪得到缓解，精力更加充沛。

一、皮肤瘙痒

在怀孕的过程中，孕妇经常感到皮肤瘙痒，这与体内激素水平升高，从而刺激皮肤有关。遇到这种情况，孕妇应该多吃水果，涂抹橄榄油。此外，以下按摩胎教也是很好的方法。

◎在涌泉穴上按3次，每次4秒钟。

◎向着对角线方向的输尿管反射区滑动按摩，重复9次左右。

◎在脚踝内侧的膀胱反射区上挤压3次，每次持续4秒钟。

◎在5个脚趾各自之间的淋巴反射区上用大拇指和食指一起挤按，每次4秒钟，重复4～5次。

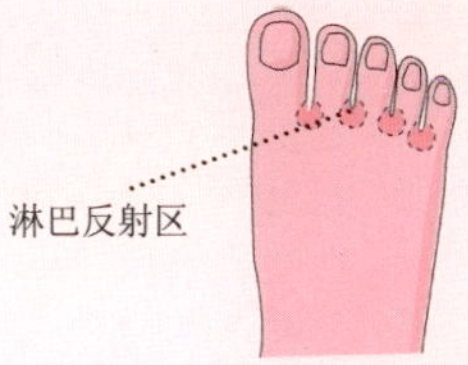

◎在脚背上朝着箭头所示意的方向进行整体的滑动按摩。

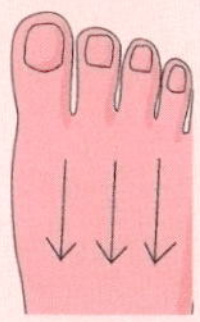

二、忧郁症

随着分娩的不断临近，孕妇难免出现紧张状态，情绪容易激动、脾气暴躁，甚至患上忧郁症。出现这种病症时，可用以下方法按摩缓解。

◎用双手握住整个脚背，模仿掰开一个苹果的动作，重复4～5次。

◎用大拇指和食指依次抓住5个脚趾向上提拉。

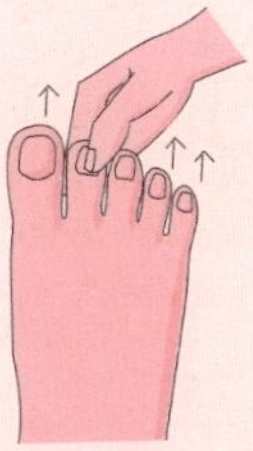

◎握住脚向后扳，重复这一舒展运动4～5次。

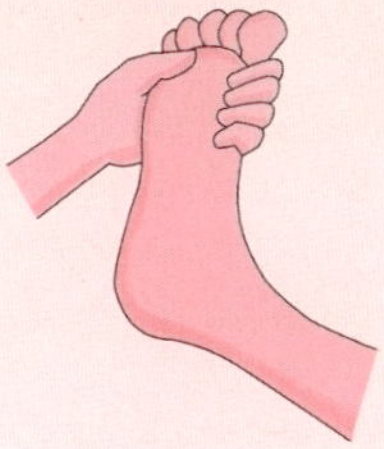

◎用大拇指在脚踝的侧边卵巢反射区依照逆时针方向画圆，通过这一动作达到按摩的效果。

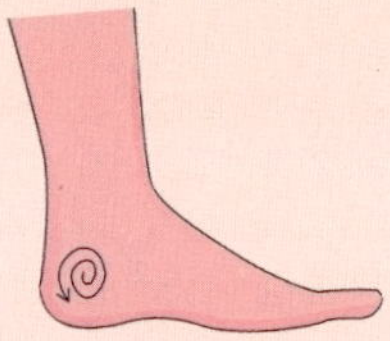

◎用大拇指在涌泉穴上按下并挤压3次，每次4秒钟。

三、鼻塞、流鼻血和过敏性鼻炎

怀孕后，孕妇会因体内激素水平发生变化，引发鼻黏膜肿胀，血管扩张、充血并导致鼻出血等症状。以下按摩胎教法，具有一定的缓解作用。

◎按下并挤压位于脚底中央的肾脏反射区涌泉穴3次，每次4秒钟。

◎在大脚趾上的大脑反射区用大拇指和食指一起按住4秒钟以上，重复4～5次。

◎用拇指按压鼻部反射区进行刺激，重复4～5次。

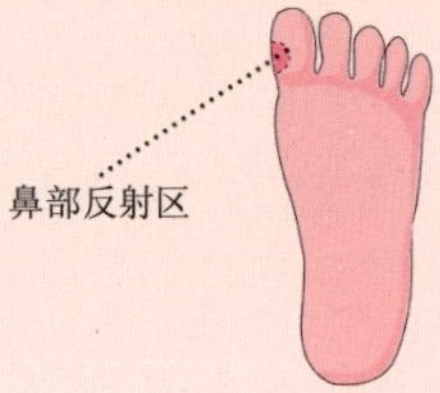

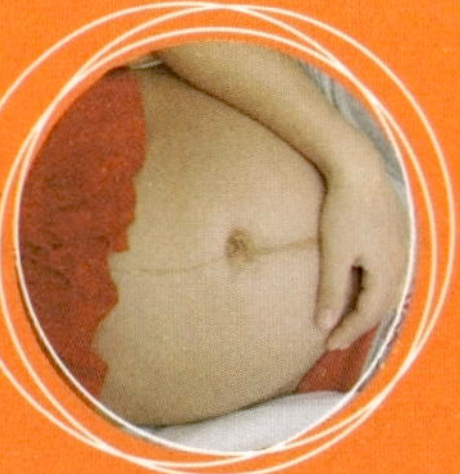

第五节　音乐胎教：促进胎儿大脑发育

人类的脑细胞在数量和形态上并不具有个体差异，但脑细胞之间联络路线的多少决定脑的发育程度。怀孕5个月以后胎儿的脑部就已相当发达，脑细胞数量接近成人的140亿，这时给予其一定刺激就可以使连接脑细胞的线路增多，从而对脑部发育产生明显的作用。

在帮助胎儿脑部发育这方面，听觉起到了90%以上的作用，这恰恰也是另一个可以证明音乐胎教重要性的理由。音乐可以刺激主管各种感觉的右脑半球，只要持续倾听音乐，人的想象力和创造力都会有所上升。胎儿时期就喜欢音乐的孩子，在出生以后一定会在语言、集中注意力和感性方面显示出优势。

小贴士

音乐除了可以促进胎儿的大脑发育之外，还可以使胎儿情绪稳定、注意力集中。此外，音乐胎教还是加深亲子关系的好方法。

一、哼唱歌谣

音乐胎教最主要的方法就是唱歌、跳舞和欣赏。唱歌对夫妻双方来说，是很容易实施的胎教手段。孕妇的声音对胎儿的耳朵来说是最重要的声音源泉，而唱歌又是最自然的展示自己声音的方式，所以孕妇应该用歌声把自己的感情传递给胎儿。同样，丈夫也可以唱歌的方式参与一家三口的亲情交流。

古典歌谣往往具有民间语言和文化的特征，所以容易被人们学习和接受，可以把这些歌谣当做最基本的胎教素材。

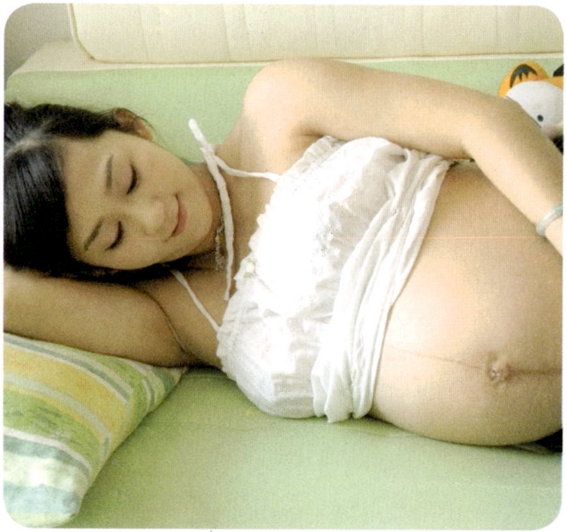

孕妇可以自己填词，唱民歌和童谣，以强化胎儿与父母之间的感情。

自创作品的好处在于它可以加强亲子之间的交流。可以把对胎儿的爱称加入到创作的内容中，再唱给其听，这也是一种与胎儿进行心灵沟通的有效手段。

二、边听音乐边跳舞

跳舞可以使整个家庭的气氛活跃起来，并达到健身的效果。

孕妇可以使用舞巾和丝带，也可以在播放柔和音乐的同时踩着拍子跳舞，在爱的氛围下共同起舞。

正确的做法：

①随着音乐摇动手中的丝带。可以采用在空中画圈，朝侧边晃动或向上转动等不同的方法。

②夫妻两人一起随着音乐的节拍互相投接手中的舞巾，注意长拍和短拍的变化。

③在播放音乐的同时，夫妻二人依照拍子向对方投掷毛线小球。这一动作可以使夫妻之间得到情绪上的交流，也会将两人的深厚感情全部传递给胎儿，并产生很好的影响。

小贴士

跳舞可以使孕妇的肌肉和情绪紧张状况得到改善，也可以使家庭氛围更和谐。更为重要的是，具有良好节奏感的父母在跳舞的同时，会将这一感觉传达给胎儿，从而使其心情更加愉快。

三、欣赏音乐

欣赏音乐是一种可以给予胎儿最为丰富的感官体验的音乐胎教法。在实行这种以欣赏为主的方法时，可以选择比较容易吸引胎儿注意力的、形式分明、内容淡雅的古典音乐。巴赫的《G弦上的咏叹调》，亨德尔的《水上音乐》，莫扎特的《g小调交响乐第一乐章》以及帕海贝尔的《卡农》等都被广泛推荐为胎教音乐。

除此之外，乔治·温斯顿的轻音乐就像现代的音乐剧作品一样，可以给人带来轻松的享受。妇产科专家史沃茨博士曾说："我们发现分娩时播放音乐可以减少孕妇的紧张感觉，并对胎儿起到镇定的作用。"

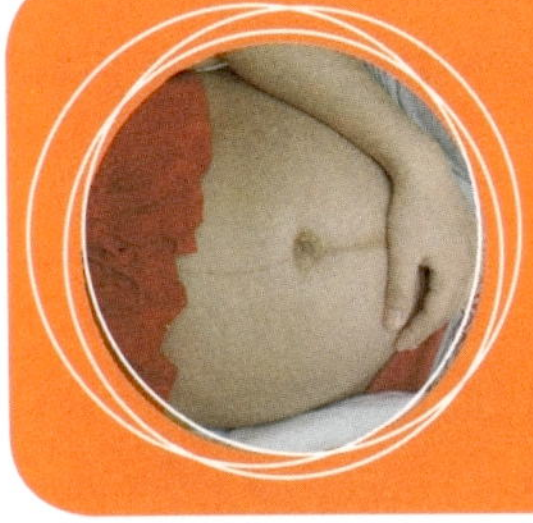

第六节　数学胎教：用联想法教胎儿认识数字

对闪光卡片的利用还体现在数学胎教上，即利用闪光卡片传达的形象记忆，向胎儿传授数字和简单的数学知识。这种数学胎教并非片面地讲述，而是形象记忆的过程，要求孕妇充分运用联想力，将事物、图片与数学知识结合起来。

一、将数字和相关事物联系起来

利用闪光卡片可以使胎儿获得深刻的印象，可加深对图片上所写的数字、图形和颜色的记忆。通过孕妇耐心细致的讲解、清晰的声音将这些知识传达给胎儿，就可以很好地启迪胎儿在数字学习上的智慧。正是由于以上因素的结合，才使原本平面的学习，变成了三维立体的学习方式。

小贴士

孕妇睡眠充足或刚睡过午觉时，精神饱满，可以利用这个机会好好教胎儿学习数学。学习之前，不妨先洗个脸，提醒自己和胎儿：“我们现在开始学习数学了！”

每天学习的数字量不要超过5个，在学习数字时，一定要将抽象而枯燥的数字和丰富的联想结合起来。例如学习数字“1”，你可以这样描述“数字1就像竖立的铅笔，也像一根笔直的电线杆”，也可以和英语字母“i”进行比较。此外，还可以利用“1支铅笔”、“1块面包”、“1个橘子”等词语加深对数字“1”的认识。

在学习数字“9”时，可以这样描述“数字9就像1个站立的人的侧面，它和6是不一样的，因为9的头朝上，而6的头朝下。”

当然，你也可以将数字和具体的事物结合起来，如学到“1”时，可以拿出1个苹果，念着“这是1个苹果”。总之，利用你身边随处可见的事物，将枯燥的数字记忆转化为形象记忆，是有效地理解数学的方法。

小贴士

利用图片学习是非常愉快的方法，在不断的写写画画中，既可以传达知识，又可以让时间过得更快。

二、用图片进行数字学习

用图片学习数字也是非常形象而高效的方法，孕妇可以边用手在闪光卡片上描摹数字，边用语言进行描述。还可以将绘有图案的闪光图片和数字结合起来，边看图，边说出物体的数目。如学习数字“5”，可以先画出5个糖果，再慢慢地从1数到5，并用手指描摹。又可以和上文中的比喻方法相结合，这样既可以加深胎儿的记忆，又可以让他初步体会到数字的乐趣。

也可以将具体事物和图片相比较，例如，讲到5个鸡蛋时，可以将两个鸡蛋和绘有5个鸡蛋的图片放在一起。

三、和胎儿一起解答算术题

学习解答算术题时，可以综合运用以上两种方法，只不过需要灵活变通。这体现在任意组合数字并通过简单运算得到正确答案上。你可以用墨水在卡片上进行加减法运算，每天教5个，数字限制在0～50，当学习完数字“50”的运算后，再从“0”开始学。

例如，你可以将9-1=8，9-2=7，9-3=6，9-4=5，3+5=8，5+3=8等分别写在卡片上，注意一张卡片只写一个算式。再将卡片涂成不同的颜色，就会得到色彩斑斓的图案。长期坚持下去，就可以攒下很多宝贵的图片。在孩子出生后，可以让他继续利用这些充满乐趣的图片来学习数字。

此外，可以将图片和事物相结合，如讲到3+5=8时，拿出3块糖果，再拿出5块，放在一起就成了8块。同样的方法也可以用在减法运算中。与单纯的抽象运算相比，这种方法又快又直接，是胎儿和孩子乐于接受的方法，其说服力和效率相当高。

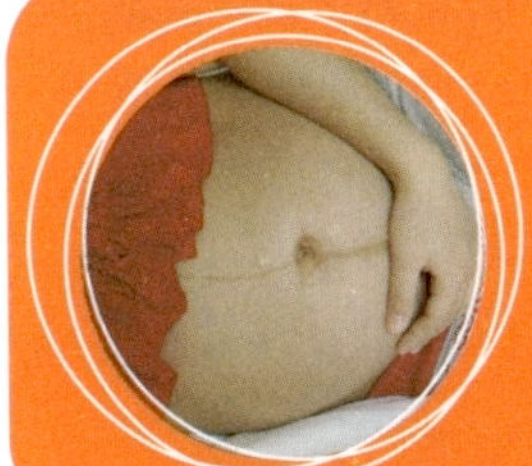

第七节　专家答疑

一、如何防止胎儿耳聋

米兰问：进行音乐胎教会对胎儿的听力造成不好的影响吗？如果声音过大、过久，会不会使胎儿耳聋？

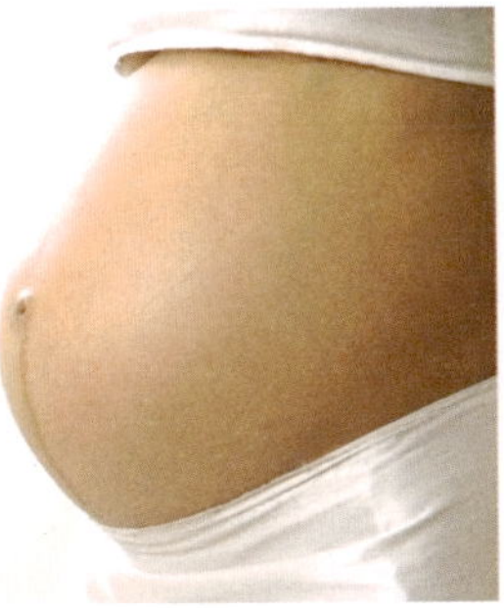

答：对胎儿进行音乐胎教是一项促进大脑发育和智力开发的有益活动，但千万要注意方式方法，注意保护胎儿的听力不会受到伤害。

在进行音乐胎教时，一是注意不要把传声器直接放在腹部，因为这样会使声波直接进入体内，其高频声音对胎儿内耳基底膜上面的短纤维刺激很强，耳蜗底部最容易遭到破坏。轻者导致听觉能力受到损害，重者会造成终生耳聋。

小贴士

在进行音乐胎教时，只要选取适当的音乐放给胎儿听就可以了，没必要使用传声器。

二是要注意胎教音乐的音频范围。因为胎儿听觉生理机制非常稚嫩、脆弱，对音量的承受能力极其微小，胎儿听力所允许的音频标准应该是500～2000赫兹。因此，在对胎儿实施音乐胎教时要格外注意这两点，防止音频伤及胎儿的听力。

二、如何预防噪音对胎儿的影响

微微问：我家附近工地正在施工，经常有隐隐约约的噪音，请问会伤害胎儿吗？

答：当然会，和曲调柔和的音乐相比，分贝过高、过频的噪音会使孕妇处于一种狂躁不安的环

境之中，情绪也随之低落，进而食欲下降，夜不入眠，从而影响胎教的整体效果。

噪音是不利于胎教的消极因素，对孕妇的伤害很大，而更为严重的是对胎儿听力神经的发育危害极大，可使胎儿听力下降，容易造成胎儿出生后耳背、耳聋的严重后果。如果住宅周围有公害噪音，最好在怀孕期间换个环境居住，防患于未然。

小贴士

噪音除了伤害胎儿的听力外，还会对胎儿的精神产生影响，使其烦躁不安，从而影响生长发育。同样，噪音伤害也会让孕妇烦躁、心绪不宁。

三、为什么温差变化太大会影响胎儿的成长

小马问：在夏天和冬天，室内外温差很大，请问我应该怎样做才不会对胎儿造成影响？

答：周围环境因素影响孕妇的情绪和身体健康，从而影响胎儿的生长发育，这属于环境胎教的范畴。如果温差变化太大，会使母体体表受到温差变化而产生末梢血管的急剧收缩或扩张。当血管收缩时，会使血压升高，出现头晕、头痛现象。而身体为了防御和适应这种悬殊太大的温差，必然要采取一些应激反应。应激反应会使母体分泌过多的肾上腺皮质激素等等，这些反应都会通过胎盘影响到胎儿自身的内分泌变化，从而影响胎儿的脑部发育，对胎儿的健康生长产生不利的影响。

出现温差变化的原因，一是孕妇在夏季从炎热的室外进入有空调的室内，或在寒冬从温暖的室内走到寒冷的室外。二是在孕晚期，由于身体笨重容易出汗，孕妇时常感到热，因而喜欢凉爽的环境，因此，有时会将空调的温度调得太低或让风向直接吹到身体上。在寒冷的冬季，孕妇或许喜欢洗热水

澡，而过热的水对孕妇非常危险，容易引起流产或早产。对于这些导致温差太大的原因，孕妇切不可掉以轻心，注意要让自己的身体逐渐适应温度的变化，从而给胎儿营造一个有益的生长环境。

小贴士

在进入温差较大的环境之前，一定要逐步适应这种变化，不要贸然进入。例如夏天从空调房出去前，可以先将空调关上，让自己适应较高的温度后再外出。这一方法同样也可以在冬天使用。另外外出时，一定要注意增减衣服，防止着凉。

四、孕妇粉刷房间安全吗

倩男问：我和老公打算在宝宝出生前亲手把房子粉刷一遍，这样做不会对胎儿有什么影响吧？

答：从环境胎教的角度来说，粉刷墙壁是不安全的。因为在粉刷房间的过程中，孕妇可能会接触到树脂、油、聚乙烯、干燥剂、添加剂、橡胶等物质。这些物质中也许含有锌、铅、铝等金属，而对这些物质的具体吸入量是很难确定的。目前市场上内墙涂料中可溶性铅的含量不一，如果孕妇在粉刷过程中吸入铅，会影响自身及胎儿健康。

如果孕妇长期从事粉刷、刮磨家具等职业，便会经常接触化学溶剂，这使胎儿患有先天性腹裂的概率比常人高3~4倍，这是一种由于腹壁不全而导致肠道溢出的疾病。

此外，孕妇如果必须接触粉刷涂料，一定要戴上手套、口罩，而且不要在这些场合喝水、吃东西。

五、如何治疗孕期花粉热

小童问：我对花粉过敏并有过敏性鼻炎，请问在怀孕期间应该怎样治疗才不会影响胎儿？

答：人类生存的环境对人体有很大的影响，既影响人的性格，也影响人的健康水平。即使在同一个环境中，人的适应性也是不同的。在百花盛开的季节，有很多孕妇因为对花粉过敏而产生过敏性鼻炎，也就是花粉热。目前治疗花粉热主要采用抗组胺剂，但有些抗组胺剂药物不会产生镇静作用。

患有花粉热的孕妇，应该先向医师说明自己已经怀孕了。这样，医师就会根据孕妇的身体状况开出治疗花粉热的喷雾，与滴鼻剂相比，喷雾被孕妇吸收率更低。只要按照医师提供的剂量使用，就不会对胎儿产生副作用。

小贴士

目前已有预防花粉热的药物上市，但孕妇还是应遵照医嘱使用，最好不要擅自购买和使用。

六、孕期接触干洗用的化学品安全吗

小林问：听说干洗后的洗衣残留很多化学物质，请问怀孕期间可以穿干洗过的衣服吗？

答：如果孕妇接触到从干洗店送来的衣服，是不会受到化学品伤害的，因为残留在衣服上的干洗化学品可以忽略不计。

但是对于长期从事干洗工作的女性来说，如果孕后继续从事此类职业则有可能对胎儿不利。有研究表明，从事干洗、兽医、绘画职业的孕妇，由于经常接触氯乙烯、芳香烃、脂肪烃、苯酚、二甲苯等化学物质，会造成胎儿流产或早产，甚至死胎。环境胎教强调为胎儿提供良好的宫内环境，以上化学品对孕妇的健康可能会造成严重危害，是不利于胎儿健康发育的环境因素。

七、孕期接触化学品是否安全

王洁问：我最近接触了一些涂料、油漆等化学品，会伤害胎儿吗？应该怎样避免食物中的化学品伤害胎儿呢？

答：孕妇及家人要做的就是将不利于孕妇和胎儿健康的因素减少到最小，即使是一些不利因素的发生概率很低也不能掉以轻心，这也是情绪胎教所要达到的目的。化学品、传染病、放射物、处方药和违禁药品被称为致畸物，可导致胎儿出生缺陷。在一定程度上，有3%的胎儿会因孕妇在怀孕期间长期接触化学品而有出生缺陷。产生这一结果的原因有许多方面，包括孕妇接触化学品的怀孕阶段、剂量、接触方法、不

同化学品的成分和危害等等。

孕妇首先要避免接触汞、铅等化学品，所以，孕妇一定不要从事装修、珠宝制造、印刷、电子、陶艺、玻璃制造和加工等工作。

在日常饮食方面，因为自来水中含有铅，所以隔夜的自来水不能喝，只有先将水放一两盆后才能饮用。同样，热水管道中的水，也不可以用来饮用或做饭。最好少吃受到汞污染的大型鱼类，如金枪鱼、剑鱼；被酸雨污染的淡水鱼，如鲈鱼、鳟鱼等。如需食用，每周至多一次。可见，环境胎教和营养胎教是不可分割的，胎儿的成长需要孕妇的配合，需要孕妇从健康的环境中提供优良的营养。

另外，孕妇不要接触与装修房间有关的喷漆、地板漆、松节油等。在清洗厨具、卫浴、瓷砖等物品时，一定要戴上手套，以免直接接触清洗剂。孕妇要避免喷洒农药、杀虫剂和杀菌剂，并注意在这些环境中开窗通风。

小贴士

染发剂、化妆品中也含有铅、汞等成分，因此，孕妇最好不要染发。在选购化妆品时，也要注意其中的铅、汞含量，不要选择超标的商品。

八、孕期接种疫苗安全吗

玉华问：孕妇可以接种疫苗吗？孕妇接种什么样的疫苗才是安全的？

答：依据情绪胎教的观点，对于任何和孕妇有关的因素都要持一分为二的心态，这样才能顺利度过孕期。接种的疫苗类型决定着孕妇接种疫苗是否安全。一般情况下，医生建议孕妇在怀孕期间不要接种经过减毒处理的活疫苗，如麻疹腮腺炎风疹三联疫苗。这是因为，疫苗中的病毒虽然已经被削弱，但仍会通过母体将病毒传染给胎儿。一般认为，在怀孕期间，可以接种流感疫苗等死疫苗（即灭活疫苗）。

如果孕妇通过接种麻疹腮腺炎风疹三联疫苗而引发风疹感染，会导致婴儿智力低下、耳聋、视力降低等。为了胎儿的安全，同时也为了更安全地进行胎教，医生会在孕妇怀孕18周时，做详细的B超检查来确定是否需要接种疫苗。

只有保证了自己的身体健康，孕妇才能为胎儿的发育提供有利的健康保障，使胎儿在健康的母体环境中更好地成长。

九、孕期可以做阑尾炎手术吗

明洁问：怀孕前我患有阑尾炎，但一直没有动手术，请问怀孕后还可以动手术吗？

答：排除一切不利于胎教的疾病，也是胎教的任务之一。在孕期，由于患有某种疾病而动开腹手术的情形屡见不鲜，其中最多的就是急性阑尾炎。大部分在孕前便有慢性阑尾炎的孕妇，都会由于怀孕的关系由慢性转化成恶性。但是在怀孕以后才患阑尾炎的病例却很少见发生。

阑尾一般在腹部的右下方。在怀孕约4~5个月时，子宫会变大，将阑尾慢慢地往右上方推挤。随着怀孕月数的增加，阑尾便向上或向右升高。到怀孕8~9个月的时候，已升高到相当的程度了（大约在子宫的侧后方），一直到生产后第10~12天左右，才又会回到原来的位置。

小贴士

阑尾炎的发病原因是有肠道内存有粪块、粪石、寄生虫、食物残留等。为了预防阑尾炎，孕妇应及时治疗便秘和肠道寄生虫，少喝冷水，保持饮食卫生。

阑尾炎容易使孕妇情绪不佳，食欲不振，如不及时治疗，还会影响胎儿对营养素的吸收，甚至造成流产，这是必须避免的后果。

怀孕中若患上阑尾炎，就会有生命危险，所以发生急性阑尾炎时，要立即接受手术，把阑尾切除，由于它的恶化比起没有怀孕的时候还要激烈，

所以应尽可能地提早把它切除。

孕期进行阑尾炎手术的时候，孕妇应和和外科医生及妇产科医生合作，以避免流产或早产。

患了慢性阑尾炎的妇女，最好在还没有怀孕以前就进行手术。如果在孕期发作，要尽早地找医师接受检查。手术在怀孕刚开始的时候，很容易进行，并且可以避免因手术而发生意外流产事件，为胎教的继续进行打好基础。

十、孕期可以使用汽车安全带吗

小桃问：自从怀孕后，我每次开车或坐车时，都害怕系安全带会伤害到宝宝，但不系又不安全，请问孕妇可以系汽车安全带吗？

答：可以系，但要注意方法。孕妇只有在保证了自身安全的情况下，才能更好地孕育胎儿。汽车安全带是孕妇的安全保障，因而孕妇完全可以系汽车安全带。需要注意的是，孕妇要将安全带从腰部系至髋部，不可系在肚子上，以免在突然刹车或摇晃时导致胎盘剥离。在冬天，一定要保持车内温度，以便孕妇将厚衣服脱掉，使安全带更合身地系在身上。肩式安全带可以系在人体的胸部，这对孕妇是安全的，但如果安全带滑到颈部，就需要及时调整。

小贴士

安全带属于汽车安全装置，可有效降低碰撞产生的伤害，且避免碰撞后由气囊造成的伤害。不论是孕妇，还是普通人，在乘车时，都要系好安全带。

第八章　第7个月

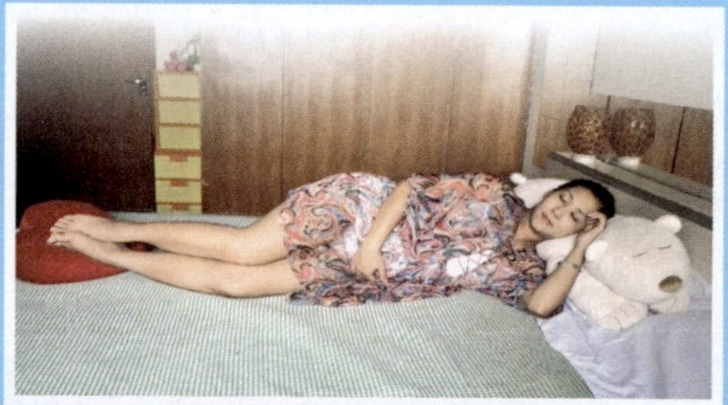

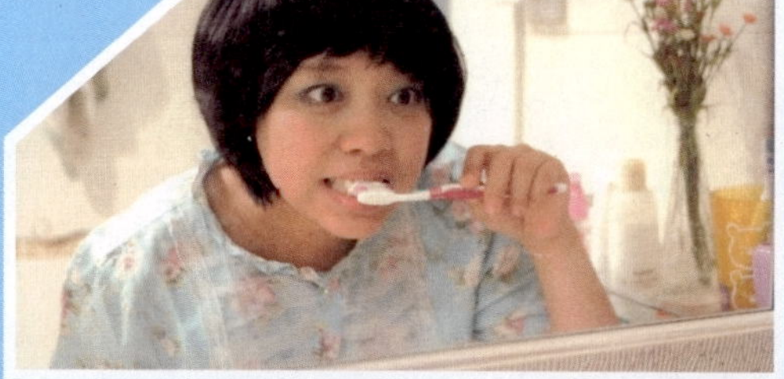

第一节 胎儿和孕妇的变化

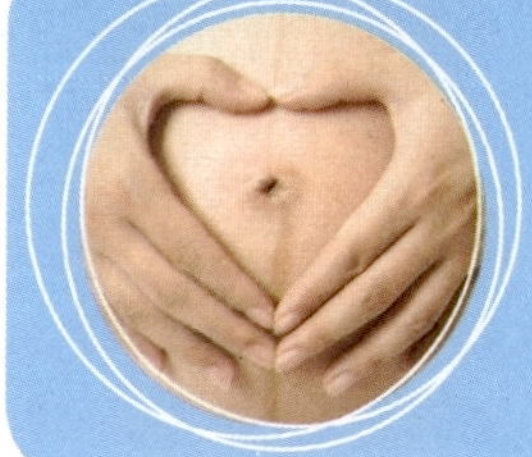

一、胎儿

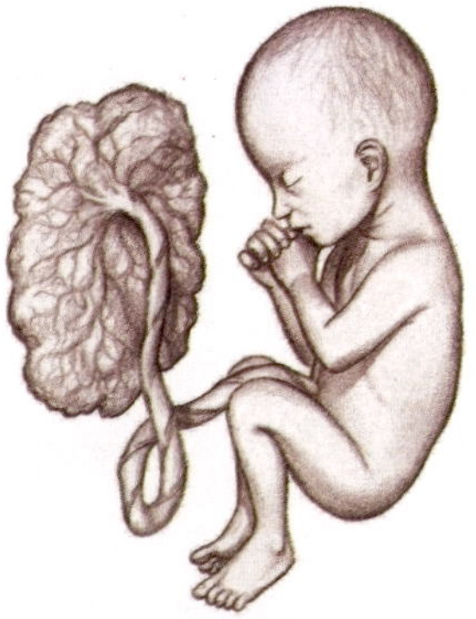

此时胎儿身长约36~40厘米，体重约1000~1200克。

胎儿脑部开始发达，感觉更加敏锐，并能将自己的心情传递给母体。所以孕妇要通过情绪胎教调整心情，时刻保持一种良好的心态。此时，胎儿还获得了分辨光亮与黑暗的能力，这为光照胎教提供了条件。胎儿的味觉也变得越来越发达，可以尝出甜味和苦味，所以在营养胎教方面，孕妇要摄取丰富的食物，以丰富胎儿的味觉。

另外，此时胎儿的记忆能力有所发展，胎儿手脚变长，逐渐具备了人的模样，但由于胎儿对体外生活的适应能力还没有完全具备，若在此时出生，会因为早产而发育不良或死亡，所以预防早产也是此时胎教的重点。

二、孕妇

孕妇上腹部已明显凸出、胀大，这不仅增加了腿部的负担，而且使睡觉变得更加困难，缓解失眠症状成为此时胎教的一个重要任务。这一阶段，孕妇的疲劳感日益增加，并常会有腰酸背痛的感觉，所以采取缓解腰部、肩部肌肉紧张的按摩胎教法可以有效缓解这些症状。

子宫的肌肉对各种刺激开始敏感，胎动亦渐趋频繁，偶尔会有收缩现象，乳房更加发达。在胎教时，丈夫要注意和胎儿的互动，可采取抚摸、敲打孕妇腹部、和胎儿对话等胎教方式，促进胎儿的感官发育。

小贴士

母体若受到外界过度的刺激会有早产的危险。所以此时在进行运动胎教时要注意，不要做那些压迫腹部的动作，也不要做过于激烈的动作，以免刺激子宫，影响胎教的效果。

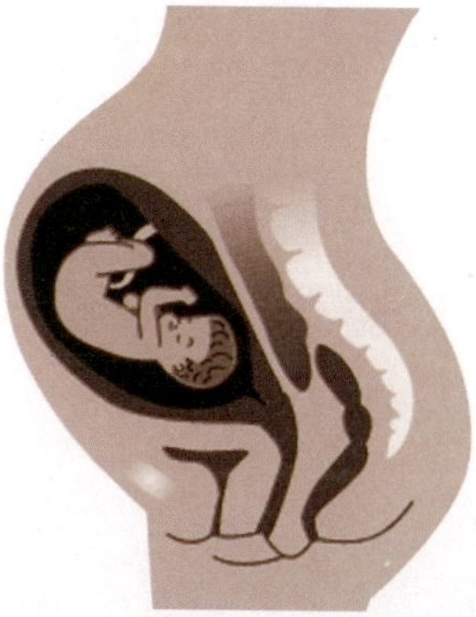

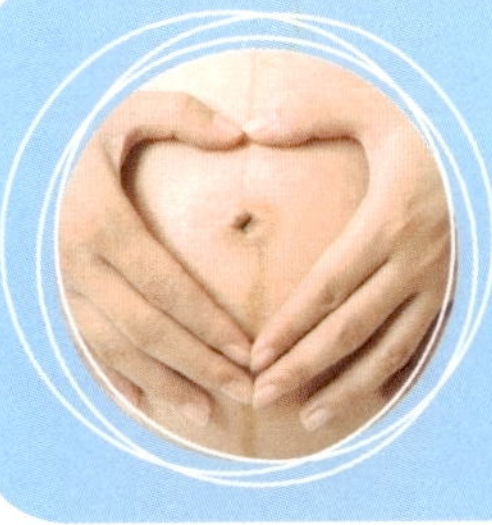

第二节　营养胎教：用食疗控制疾病

药食同源，所以对于此时容易出现的妊娠中毒症，从饮食上加以控制是再好不过的方法了。

一、妊娠中毒症

孕妇患有这种疾病可导致胎儿和孕妇死亡，甚至造成早产，新生儿和产妇死亡。但大多数患有此症的孕妇只要注意采用有效的胎教方法，就可以安然度过孕期，产下健康的婴儿，而且分娩过后不会留下后遗症。

妊娠中毒症的典型症状有蛋白尿、高血压、浮肿，可从控制这几种症状入手进行营养胎教：

利用优质蛋白质和必需的脂肪酸控制蛋白质的流失。发生妊娠中毒症时，孕妇体内的蛋白质会随尿液排出，从而使体内缺乏蛋白质。此时正是胎儿发育的旺盛时期，胎儿又需要足够的优质蛋白质。所以在实施营养胎教时，多摄取蛋白质含量丰富的食物，如乳制品、大豆制品、鱼，为胎儿补充急需的蛋白质，保证胎儿的健康发育是非常必要的。

另外，缺乏必需的脂肪酸往往会加重妊娠中毒症状，故应当采取多吃植物油等方式控制症状的发展，使孕妇有效控制妊娠高血压病症。

当然，采取以上这些胎教方法时，还是需要一些技巧的，下面提供一套食谱可让孕妇更好地提升胎教效果。

虾米鸡蛋黄瓜

早餐：甜牛奶（牛奶250克，白糖5克）、煮鸡蛋（鸡蛋50克）、热拌青笋粉丝（青笋25克，粉丝10克）、麻酱花卷（面粉50克，麻酱10克）。

加餐：芦柑200克。

午餐：米饭（大米150克）、虾仁豆腐（豆腐250克，干虾仁15克，玉兰片50克）、炒鲜蘑油菜（油菜100克，鲜蘑100克）。

加餐：牛奶（牛奶250克，糖5克）。

晚餐：葱花饼（面粉125克，葱花5克）、炒鸡丁柿子椒（鸡丁50克，柿子椒100克）、素炒芹菜（芹菜150克）、黄瓜蛋花汤（黄瓜50克，鸡蛋40克）。

加餐：甜豆浆（豆浆200克，白糖5克）、桃（桃100克）。

小贴士

全天烹调油用量35克，食盐用量限制在5克以内。

还要多吃含钙、钾的食物，抑制血压的上升，家人还要及时督促孕妇量血压，以防孕妇血压上升。

二、浮肿

浮肿和盐分摄入过多有关系，因此在进行营养胎教时，要实行低盐饮食方案，避免体内有过多的盐。若症状轻，则每天限盐量为5克；症状重，则每天限盐量为3克。同时还可多吃水果、海藻类食物，使这些食物中的纤维和其他食物中多余的盐分结合，随粪便将盐分排出体外，从而减少体内盐的蓄积，避免浮肿的发生，从而提升营养胎教的效果。

在进行营养胎教时，采取有效、简单的食疗方法既可缓解疾病症状，又可提升胎教效果。

赤小豆粥

【原料】

主料：赤小豆、粳米各100克。

辅料：白糖100克，水适量。

【做法】

①将赤小豆拣去杂质，淘洗干净，用清水浸泡过夜后捞出，备用。

②把粳米淘洗干净，直接放入刷洗干净的煮锅内，加入赤小豆、水，先用旺火煮沸，再用文火煮至豆、米熟透，以白糖调味，稍煮片刻，即可进食。

【特点】

利水消肿，健脾养肝，益气固肾。适用于孕期浮肿、脚气浮肿、肾炎浮肿等症。

熟三鲜炒银芽

【原料】

主料：绿豆芽150克，熟瘦猪肉、熟鸡肉各85克，熟火腿50克。

辅料：食用油、麻油、精盐、白糖、水适量。

【做法】

①先将绿豆芽放入水中去外壳，换水洗净，沥干水分，备用。

②将瘦猪肉、熟鸡肉、火腿切丝，备用。

③把炒锅刷洗干净，置于火上，起油锅，放入少许精盐，绿豆芽入锅，用旺火快速炒数下。加入肉丝、鸡丝、火腿丝炒，点入白糖、精盐调味，淋上麻油拌匀，即可食用。

【特点】

清热解毒，利尿消肿。可增加营养，防治孕期营养性浮肿等症。

赤小豆花生大枣粥

【原料】

赤小豆、砂糖各60克，生花生仁50克，大枣8粒，粳米100克，水适量。

【做法】

①将赤小豆、花生仁分别清洗净，用水浸泡1小时后捞出，备用。

②把大枣剔去核，用水冲洗干净，备用。

③将粳米淘洗干净，直接放入洗净的煮锅内，加入水、赤小豆、花生仁、大枣，置于火上，先用旺火煮沸，改用文火慢熬至成粥，以砂糖调味，稍

煮片刻，即可进食。

【特点】

止血安胎，利水消肿。适用于孕妇胎动不安、水肿及身体虚弱、营养不良等病症。

小贴士

此时孕妇腹部变大，不愿意多活动，导致双手、脚踝、小腿等部位的血液受阻，从而产生浮肿。故在采取营养胎教法的同时，更要注意活动容易血液循环不畅的部位，以减少浮肿的发生。另外，孕妇应该尽量让双腿休息，避免长时间站立。每天的睡眠时间至少要有8小时，白天亦最好在中午或午后休息1小时左右，睡时用枕头垫高双脚，从而巩固营养胎教的效果。

三、食欲不振

此时孕妇不仅睡觉困难，而且由于子宫压迫胃部，导致食欲也不是很好。下面推荐几款食谱，可让孕妇的食欲大开，从而保证胎儿的营养充足。

醋溜白菜

【原料】

主料：白菜750克。

辅料：菜油50克，酱油10克，醋2.5克，盐2.5克，水淀粉50克。

【做法】

①白菜除去老叶和梗，洗后切成约4厘米见方的片，加盐（1克）和匀，腌约1分钟。

②用碗将酱油、盐（1.5克）、醋、水淀粉等调成汁。

③炒锅置火上烧热，菜油烧至七成热时，放入白菜炒熟，加汁，将汁收浓起锅。

【特点】

味鲜而烫，醋味突出，宜于下饭。

酱排骨葱

【原料】

主料：猪排骨1000克。

辅料：酱油、大茴香、葱、姜、蒜、精盐、白糖、水适量。

【做法】

①将猪排骨剁成5厘米长的段，先用开水焯一下，再用清水洗净。

②将葱洗净，切成段；把姜洗净，切成片；将蒜剥去外皮，洗净。

③锅内加水，置于火上，将排骨、酱油、大茴香、葱段、姜片、蒜瓣、精盐、白糖放入，烧开，撇去浮沫，改用小火，煮至肉离骨时捞出，控净汤，摆盘上桌即可。

【特点】

含有丰富的蛋白质、脂肪、钙、铁等多种营养素，可有效提高孕妇食欲。

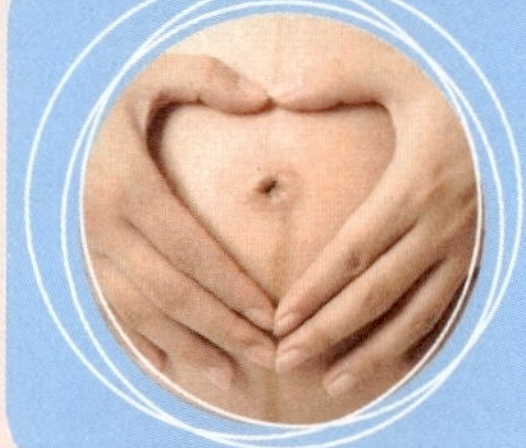

第三节　运动胎教：促进胎儿自由呼吸

胎儿只有得到足够的氧气，大脑才能快速发育，而要做到这一点，孕妇就必须呼吸充足的氧气，使自己的呼吸和循环系统处于最佳状态，然后通过胎盘把新鲜而营养的血液输送给胎儿，而这恰是此时提高胎教效果的方法之一。同时，缓解孕妇的肌肉紧张状态也是此时胎教的任务。

一、抬头呼吸

Step1、Step2：两脚分开，与肩同宽，将双臂缓缓地举向上方并用鼻子吸气，与此同时抬起自己的脚后跟。

功效：提高孕妇保持身体平衡的能力并增加氧气的供应量。

Step 1

Step 2

小贴士

当怀孕7个月后，练习拉梅兹分娩呼吸法可以通过胎盘将新鲜的血液输送给胎儿，促进胎儿大脑的发育，提高胎教的效果。拉梅兹分娩呼吸法强调分娩是一种正常、自然、健康的过程，可使每个孕妇掌握待产和分娩时的力学知识，用以解决不同阶段、不同程度的疼痛。

二、舒展背部

◎双臂上举，吸入空气再从口里慢慢吐出，上半身向前弯曲。注意保持背部挺直，脖子稍稍上抬，两眼凝视前方。

◎待身体弯曲至与双腿构成直角之后，再次吸入空气，弓起背部并慢慢地让上半身恢复原位。

功效：不仅使孕妇的呼吸变得更畅通，而且还可以强化肌肉。

三、拉伸肩部

◎两腿分开，膝盖弯曲，跪坐，上半身前倾并让两手接触地面。

◎尽可能地向前伸出双手，彻底地舒展自己的肩部。

功效：增加肩膀的柔韧性，并让整个身体松弛下来。

四、转动身躯

◎将右腿完全伸直，左腿弯曲起来并跨过右腿踩在地面上，扭动上半身并向后看。

◎用右手揽住膝盖，左胳膊撑在地面上。上半身保持竖直，在保持有规律的呼吸的同时做上述动作。换另一侧重复做。

功效：缓解背部肌肉紧张。

小贴士

用按摩器也可以缓解肌肉紧张状态，但切记不可用力过猛。除此之外，面对日益增大的腹部，可以用托腹带来减轻腹部的压迫感，巩固胎教的效果。

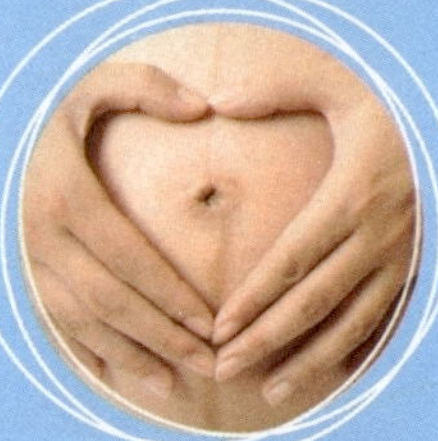

第四节　按摩胎教：轻松度过孕期

此时孕妇不仅会有不适感，而且由于身体的变化还会患上此时特有的一些孕期常见疾病，如失眠、呼吸困难、静脉瘤等，用按摩法可以很好地缓解这些症状。

一、失眠

胸痛、胃痛、腰痛、腹痛等症状会导致失眠，所以要利用运动胎教消除不适症状，从而起到缓解失眠的作用。孕妇长期养成的仰卧睡姿也会导致孕妇入睡困难，所以此时要改为左侧卧位睡觉。对于因心情烦躁等心理因素引起的失眠，孕妇和其家人除要利用情绪胎教努力消除引起烦躁的因素之外，还可按以下方法进行按摩，以帮助睡眠。

◎用热水泡脚15分钟左右。

◎在脚底中央的涌泉穴挤压2～3次，每次4秒钟。

◎在大脚趾中央位置的大脑反射区用大拇指使劲按4～5次。

◎用大拇指在小肠反射区按照箭头方向反复擦拭并按摩。

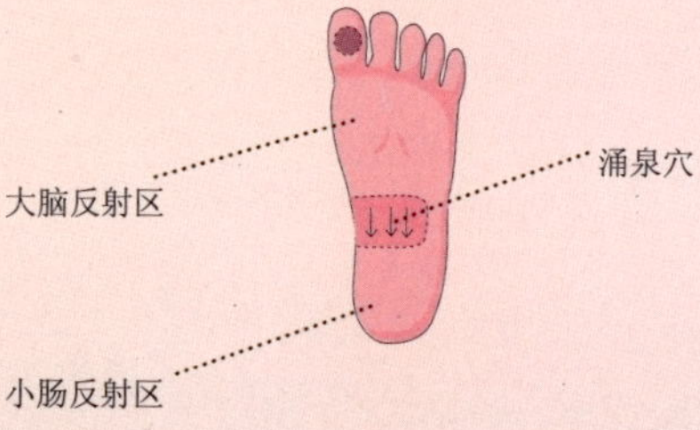

◎左手按压右脚，右手按压左脚，用大拇指在脚底部位每隔4秒钟挤按1次，最终每一个按下的点连接起来可成为弯勾的形状。

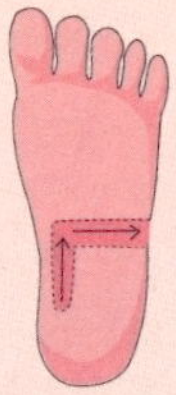

◎用右手大拇指在左脚脚底上每隔4秒钟挤按1次，把按下的点连接起来就呈“U”状。还要记得在直肠反射区上多按下1次，这一动作在晚上睡觉之前重复4次。

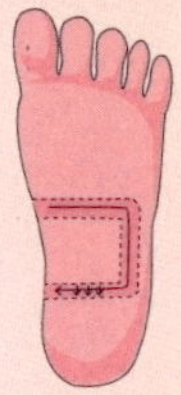

二、呼吸困难和胸部疼痛

由于胎儿变大压迫子宫，有的孕妇躺下时自然会因肺部受到压迫而感到胸闷甚至呼吸困难。这时除睡觉时避免平躺姿势外，还可采用下面的胎教方法缓解症状。

◎用热水泡脚10分钟以上。

◎ 在脚底中央的涌泉穴反射区挤压3次，每次4秒钟。

◎ 在脚背上朝着箭头所示意的方向进行整体的滑动按摩。

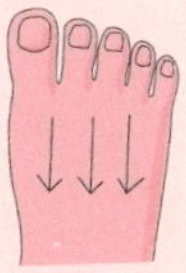

三、静脉瘤

静脉瘤程度轻时，站立的时间不要太长；仰卧时，在脚下垫上垫子，将浮肿的部位抬高；在日常生活中注意营养胎教：多摄取富含蛋白质、维生素B_1和维生素C的食物。除此之外，以下按摩胎教法可起到辅助治疗的作用。

◎ 用大拇指按涌泉穴3次，每次4秒钟。

◎ 向着对角线方向的输尿管反射区滑动按摩，重复9次左右。

◎ 在脚踝内侧的膀胱反射区用大拇指挤压3次，每次4秒钟。

◎ 用大拇指和食指握住脚踝，然后从下部向膝盖方向摩擦，重复4～5次，以达到按摩脚内侧、外侧和后侧的效果。

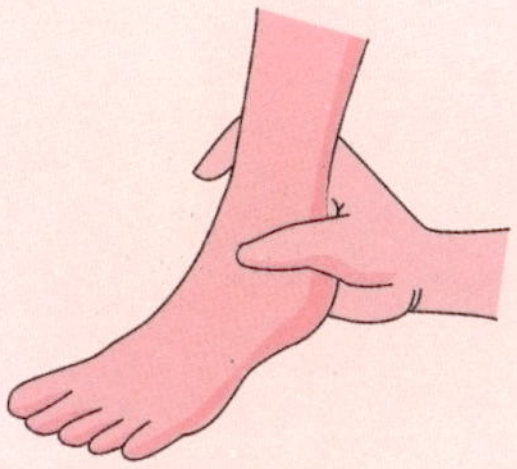

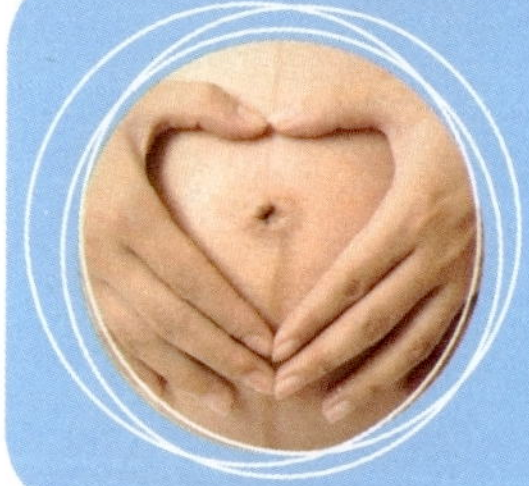

第五节　专家答疑

一、孕期使用空气清新剂会对胎儿产生不良影响吗

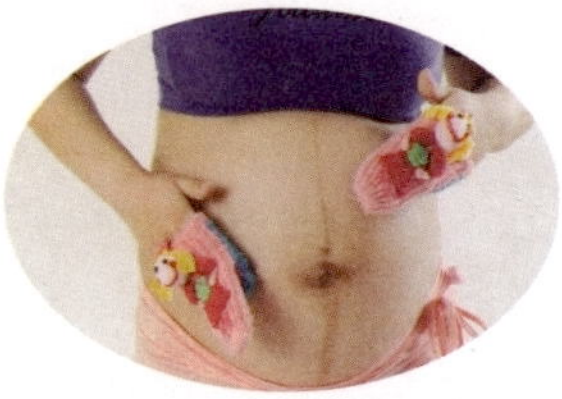

一楠问：我怀孕7个月了，因家里不通风，家人经常使用空气清新剂来净化空气，请问使用空气清新剂会对胎儿产生什么不良影响？

答：良好的环境可以促进胎儿的发育，同时恶劣的环境也会对胎儿的发育起到不好的影响，甚至会抑制胎儿的健康发育。人们使用空气清新剂的目的，本意是为孕妇创造良好的生活环境，但空气清新剂中的乙醚、香精等成分在空气中分解之后会产生有害气体，增加空气的污染程度。而且胎儿脑细胞在此时处于分裂高峰期，空气清新剂里的芳香剂会对胎儿的神经系统产生危害。所以这种做法没有使环境胎教发挥好的影响，相反却影响了胎儿的发育。想达到清新空气的目的，可以采取开窗、勤打扫屋子等措施减少空气中的异味。如果一定要使用空气清新剂，要戴上手套，减少用量，开窗通风。

二、孕期使用漂白粉和其他洗涤用品会对胎儿造成影响吗

小冉问：一般人都有这种感觉，用过洗涤用品后会觉得它里面的碱性物质伤害皮肤，请问怀孕后使用这类产品对胎儿会造成什么影响？

答：在实施胎教时，孕妇一般会利用抚摸腹部等方式，将自己对胎儿的爱通过母体传递给胎儿，来促使胎儿的感官发育。同样孕妇在使用洗涤用品时，也会将这类产品对人体的影响传递给胎儿，而这类用品中的荧光增白剂、表面活性剂、增强剂等有毒的化学物质，经母体传给胎儿后会损害胎儿的身体器官，严重时可直接导致胎儿畸形。

所以孕期最好使用孕妇专用洗涤用品，或者选择替代品来做洗涤用品，如用小苏打和醋就可去除餐具上的异物。若一定要使用洗涤用品，要戴上手套，不要用手直接接触洗涤用品，并且保证周围环境通风，减少使用量。应选择使用一些无刺激性、不含有毒化学成分或者低毒的洗涤用品。

三、孕期出现过敏性鼻炎怎么办

安安问：怀孕有7个月了，最近天气慢慢变凉，本人的过敏性鼻炎犯了，天天

流鼻涕、鼻塞。本来大肚子就呼吸不是很顺畅，这样一来更严重了，有时觉得憋得慌，咨询医师后，自己在家施行了按摩胎教法，但是没有明显的效果。请问我是不是得用药？哪些胎教方法可起到辅助治疗的作用？

答：胎教不是万能的，但按摩胎教可以对孕妇的身体不适起到缓解作用，或起到辅助治疗的作用。在治疗过敏性鼻炎时，如果要用滴鼻药或其他药物，要在医师指导下进行。

怀孕后如果鼻部不适，可采用以下几种胎教小方法缓解：

①少接触有烟雾的东西，不在抽烟环境中停留。

②每天补充充足的水分。

③用双手的大拇指相互搓热，在鼻翼两侧上下搓，经常做可以使鼻子通气。

④用蒸气、热毛巾热敷鼻窦或鼻道部位，或者在洗澡时利用浴室里的热气来改善鼻塞现象。

四、腹部有规律地动正常吗

萍萍问：最近，我一直感觉腹部有规律地动，每次持续几分钟。我觉得胎动应该是乱踢吧，为什么会这么有规律呢？

答：孕期有一些看似不正常的症状，而经过医学检测后发现是正常现象，为此孕妇及其家人这时进行胎教的任务就是要积极学习孕期知识，去除心中的困惑，缓解内心的焦虑，从而稳定孕妇的心态。

对处于孕中晚期的孕妇来说，腹部有规律地动是一种正常现象。这不是胎儿的心跳，而是胎儿的膈肌在做有规律的运动，也就是说，这是胎儿在打嗝。这是胎儿的神经系统发育到一定阶段的表现。胎儿在母体内打嗝，孕妇会感到肚子里一下一下地抽动，频率类似成人心跳，但绝对要比胎动频繁得多。虽然孕妇会比较难受，但完全不用担心，这是很正常的。胎儿的打嗝不同于胎动，比较短促有节奏感，可以用手摸到。打嗝的时间没有规律，每天1~5次不等，95%的胎儿打嗝频率在3~5分钟之间，频率慢的每分钟少于10次，快的可达50次以上。

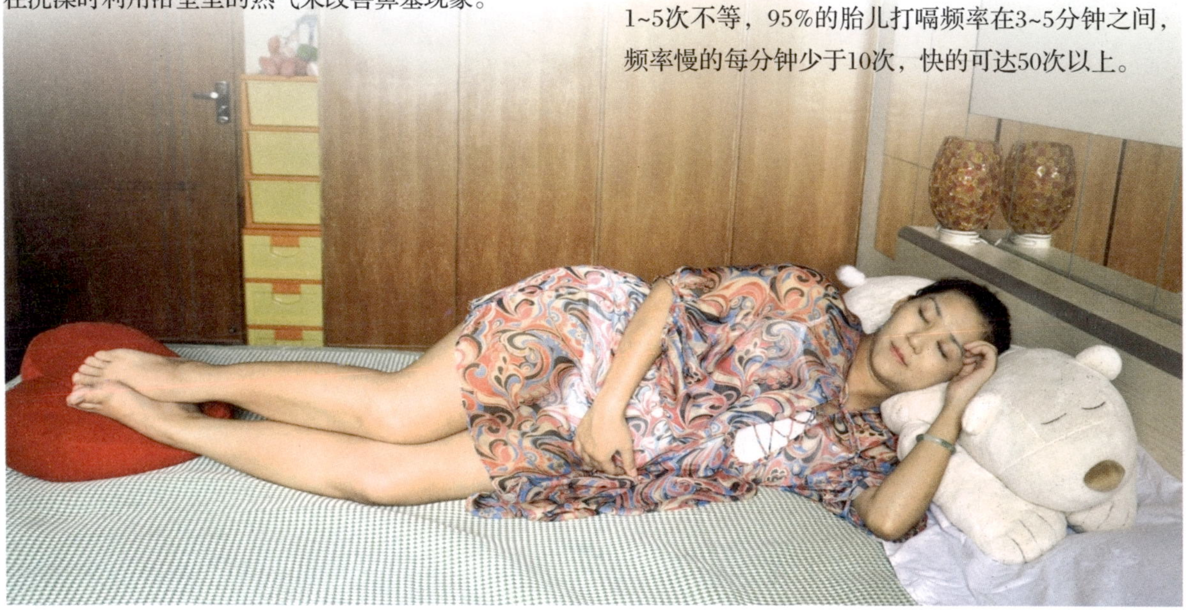

五、双胎妊娠在孕中期需要注意什么

一诺问：我怀孕25周，因为是双胎，我感觉肚子比别的孕妇大多了，而且经常觉得呼吸困难。我怎样才能安然度过孕中晚期呢？因为身边的人包括医生都告诉我双胎妊娠可能会导致早产。

答：怀双胎的孕妇除了要像一般孕妇那样进行胎教外，还需要注意以下几点：

①孕双胎孕妇要均衡饮食，吃好吃饱，少吃多餐，加强营养，多补充铁质和钙质。如果孕妇浮肿较严重时，应适当增加蛋白质摄入量，如肉、鸡蛋、牛奶、豆制品等，并且要限制食盐的摄入。

②双胎妊娠由于腹部胀大，张力过高，常常维持不到足月而发生早产和难产。因此，怀双胎后要注意适当休息，避免过度劳累，定期做产前检查，进行围产保健，遵从医嘱，以防早产且减少并发症。

③在孕期要预防贫血和妊娠高血压综合征。多卧床休息，可以增加胎儿体重，减少早产和围生儿死亡率。

④躺着的时候采用左侧卧位，不适宜采取坐位、半坐位及平卧位。

⑤丈夫要特别关爱妻子，帮助妻子做事，如帮妻子穿鞋袜，走路多搀扶，减少妻子的活动等，为妻子营造良好的孕育环境。

六、孕妈妈不修边幅会影响胎儿的发育吗

一楠问：我现在怀孕7个月了，身体也变得非常臃肿，脸上也出现了黄褐斑，真是难看极了。为此，我很郁闷，每天懒得梳洗，但过来人告诉我这样不好，会影响胎儿发育，请问真的是这样吗？

答：怀孕才最能体现女性的美，孕妇合理装扮自己，会保持心理平衡，有助于维护良好心境，对自身及胎儿的身心健康都是十分有益的，也会提升胎教的效果。

①此时，孕妇不妨把头发剪得短一点，梳理得整齐美观一些，给人以生机勃勃的感觉，自己也会心神愉悦。但不宜烫发，尤其是不宜用冷烫精烫发。

②可以化淡妆，不宜浓妆艳抹。孕期皮肤比较敏感，化妆品的过度刺激会使孕妇引发皮肤病，影响胎儿器官的发育，从而使胎教达不到应有的效果。另外，浓妆还会掩盖孕期贫血的肤色，使人无法辨别症状。

③孕妇此时穿衣应宽松肥大，不宜紧身，更不能把腰带束得过紧，以免使腹部受压，影响胎儿正常发育。因为在外来压力下，可致胎儿骨骼变形、组织器官发育不良、胎位不正等，不利于巩固胎教的积极成果。孕妇的乳房因怀孕而进一步发育，为防止日后出现垂乳，可选择纯棉布制作的胸罩，并且根据乳房的发育随时调节胸罩的大小，不宜过紧，以免影响呼吸和肺活量以及乳腺的正常发育。

④孕妇应穿轻便合脚的鞋子，最好是鞋底平厚、鞋帮松软的鞋。不宜穿高跟鞋，因为穿高跟鞋会使孕妇重心不稳，容易摔跤。而且因身体前倾，容易压迫腹部，不利于胎儿的血、氧供给，影响胎儿生长发育，从而降低胎教的效果。

七、孕妇怎样保护牙齿

一诺问：怀孕后我吃得比较多，一天会吃上好几顿，这样会得牙周病吗？请问牙周病会对胎儿产生什么影响？平时应该怎么保护牙齿？

答：严重的牙周病容易引发早产。假使孕妇患有严重的牙周病，不只是孕妇的牙齿要受苦，胎儿也会受到影响。严重的牙周病会导致体内的前列腺素分泌增加，引发子宫收缩，继而导致早产。因此孕前一定要先检查好牙齿。

不过，孕妇也不必过于惊慌，只有在牙周病很严重的情形下才有早产的可能。为此孕妇平时就要注意保护牙齿，减少牙病，从而提升胎教效果。刷牙时，可根据自己的情况来选择牙膏，如果有龋齿，要选用含氟或含锶的牙膏；齿龋出血、浮肿者，宜选用能消炎止血的药物牙膏；若是由于吃酸性食物而引起的牙齿过敏，可以嚼含川椒粒，或用脱敏牙膏刷牙。对有牙周疾病的孕妇而言，要经常去口腔科进行检查，彻底洗牙。如果有龋齿、牙龈炎、牙周炎，应及早进行治疗。如果患有口腔炎、口角炎，应充分摄取富含维生素B_2的食物；牙龈出血，应多吃富含维生素C的食物。平时可做上下叩齿动作，这样不仅能增强牙齿的坚固性，同时可增加口腔唾液分泌量，其中的溶菌酶具有杀菌、洁齿作用。

八、为什么孕中期适度的性生活有利于胎儿健康

小智问：人们孕中期进行夫妻生活有利于胎儿健康，真的是这样吗？

答：是的。孕中期性生活对胎儿是一种很好的情绪胎教，舒心的性生活充分地将夫妻间的爱和性欲融为一体，会使孕妇心情愉快、情绪饱满，从而使胎儿健康成长。这是因为，此时胎盘逐渐形成，怀孕进入稳定期。早孕反应已过去了，孕妇的心情开始变得舒畅。由于激素的作用，孕妇的性欲有所提高。加上胎盘和羊水的屏障作用，可缓冲外界的刺激，使胎儿得到有效的保护。因此，孕中期可适度进行性生活，这也有益于夫妻恩爱和胎儿的健康发育。夫妻在孕期恩爱与共，生下来的孩子反应敏捷，语言发育早，而且身体健康。

小贴士

此外，男性的精液中含有一种精液胞浆素，它具有与青霉素相媲美的抗菌功能，能够杀灭葡萄球菌等致病菌，可以清洁及保护孕妇的阴道，从而减少阴部疾病的发生，使孕妇的身心更加愉悦。

九、如何进行光照胎教

芝诺问：看书上说，运用光照胎教可以训练胎儿的视觉功能，帮助胎儿形成昼夜周期节律。请问怎么进行光照胎教？

答：一般来讲，每次可以用小手电筒的弱光源，一闪一亮地对孕妇腹部照射3次，照射的同时孕妇要和胎儿进行对话，告诉胎儿现在是什么时间。这样，可促进胎儿视觉功能发育，对日后视觉敏锐、协调、专注和阅读都会产生良好的影响。

需要说明的是，光照胎教和音乐胎教、运动胎教一样，都是孕妇自身磨炼性情、提高修养的过程。夫妻俩可以一起进行光照胎教，并坚持下去、有规律地去做，这样才能使胎儿领会其中的含义，并积极地做出回应。

第九章　第8个月

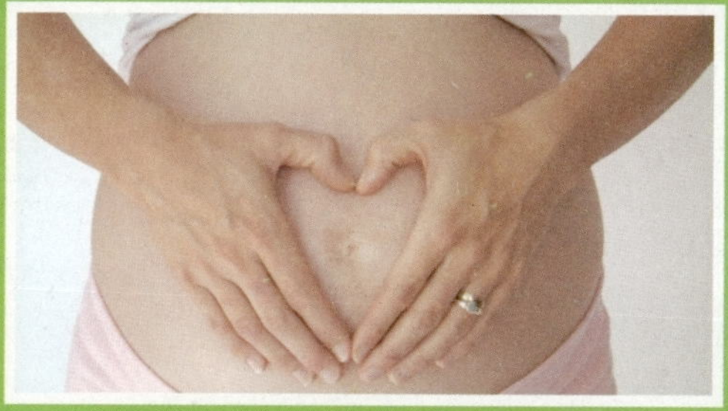

第一节　胎儿和孕妇的变化

一、胎儿

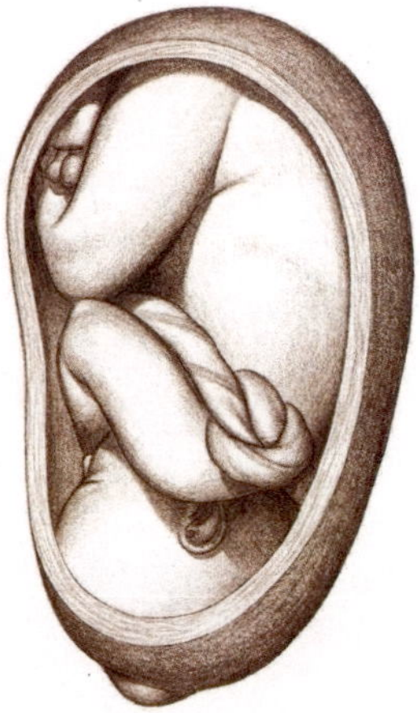

此时胎儿身长约为41~44厘米，体重约为1600~1800克。

胎儿的神经系统开始发达，对体外强烈的声音会有所反应。听觉和视觉几乎完全发育成熟，等到30周时胎儿已经能通过脑电波产生感情。此时是进行胎谈胎教、抚触胎教的最好时机。胎儿的身体日益变大，而周围能活动的空间越来越狭小，所以此时胎动会有所减少，但胎儿的动作会更活泼，力量更大，甚至有时会用力踢孕妇的腹部，所以监测胎动也是胎教的任务。

二、孕妇

孕妇下腹部更加突出，这使得孕妇腰背部的神经受到牵扯，进而使得孕妇感到手部酸麻，这时可以采用按摩胎教法加以缓解。内脏全部往上推挤，心肺受到压迫，有时会感到呼吸困难，胃部也会受到挤压，因而容易食欲不振。所以在本月仍然要采用上月中关于食欲不佳的营养胎教法。膀胱受到挤压，还会出现尿失禁的症状。孕妇容易出现下肢浮肿、静脉曲张，这些症状不会对胎儿产生影响，孕妇可以通过按摩胎教来缓解。

小贴士

现在已进入孕晚期，胎儿逐渐变大，孕妇此时活动更为不便，而丈夫要及时帮助妻子调整心理状态，调整胎教策略，积极参与散步等程度较轻的运动胎教方式，让妻子的身心保持良好的状态。

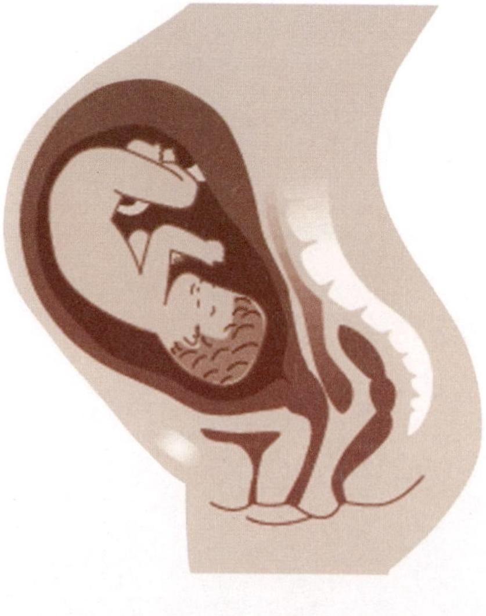

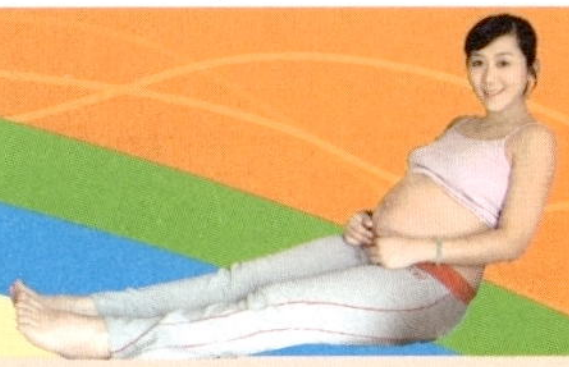

专题

孕晚期的情绪胎教

孕妇此时可能会出现和孕早期、孕中期不同的心理压力，这时需要通过情绪胎教稳定心态，积极地迎接分娩。

孕妇可以按照以下情绪胎教的小方法，调整心情：

①知识充电法。阅读孕产书籍或者到孕妇学校学习孕产知识，以便对分娩做到心中有数，并互相交流、沟通，减少孕妇因不了解孕产知识而产生恐惧和忧虑，使孕妇情绪稳定。

②心理暗示法。孕妇应该使自己内心坚强起来，告诉自己不要过于依赖家人，每一个即将做母亲的女人都是伟大的、幸福的，其他人都能够做到的事，你也一定可以做到。想想腹中的胎儿，你是一个多么快乐的孕妇啊！

③想象自助法。闭上双眼，一边深呼吸一边想象着腹中的胎儿在顽皮地吮手和玩耍，然后孕妇可以和他聊聊天，比如，“宝宝想不想看看妈妈啊？”“我来猜一猜你长成什么样，是眼睛像爸爸还是鼻子像妈妈？”这样想象两三分钟后再做一次深呼吸，并默数到5，之后伸一个懒腰，睁开眼睛。还可以通过想象辽阔的大海、温暖的阳光、潮湿的海风，还有微咸的空气，从而克服疼痛感的到来。想象这疼痛就像大海上的波浪，时高时低，而自己泅渡过去就可以接到自己的宝宝。通过这种方法可以让孕妇的心情得以平静，压力得以释放，情绪胎教的目的也就达到了。

小贴士

有些孕妇出于对分娩的恐惧，往往向医师要求提前入院。这样做有两点不利：一是孕妇入院后较长时间不临产，会有一种紧迫感，尤其看到后入院的孕妇已经分娩，对她也是一种刺激。另外，产科病房内的每一件事都可能影响孕妇的情绪，这种影响有时侯并不十分有利，有可能使她的情绪更不稳定；二是医疗设置的配备是有限的，如果每个孕妇都提前入院，医院不可能像家中那样舒适、安静和方便，更容易增加她的焦虑感。所以孕妇最好听从医师的安排，以免增加不必要的焦虑感。

第二节　营养胎教：只要营养不要胖

此时胎儿的生长已到了最后冲刺阶段，孕妇既要为胎儿的成长增加必需的营养，又要注意适当控制饮食，以免胎儿过大造成难产。但同时也要保证胎儿可摄取足够的营养，这也是此时胎教的重点。

一、摄入足量的钙

母体缺钙若没能得到补充，严重时就会引起腰痛、腿痛、骨头痛、手足抽搐及牙齿脱落等，甚至导致骨质软化症，骨盆变形，造成难产。胎儿缺钙导致胎儿骨骼发育不良，引起先天性维生素D缺乏。因此孕妇必须在孕期实施营养胎教加以调整，一方面要多吃富含钙的食物，如鱼、鸡蛋、虾皮、青菜、豆腐、腐竹、豆浆、牛奶、芝麻、紫菜和骨头汤等。另一方面还应多摄入可促进钙吸收的维生素D，如动物肝脏、鱼肝油、禽蛋等。另外孕妇多晒太阳也可以促进钙的吸收。

可按照下面的食谱补充钙，进行此时的营养胎教。

香葱拌虾皮

【原料】小葱、虾皮、盐、麻油、水适量。

【做法】

①虾皮洗净后氽水。

②小葱切小段。

③在虾皮中加入小葱段、盐、麻油少许即可。

【特点】

虾皮中含有丰富的钙，每100克虾皮中钙的含量为20克，因此此道菜堪称补钙佳品。

小贴士

虽说虾皮中含有丰富的钙，但其中的钙真正能为人体所吸收的很少。这是因为人们每次炒菜时不会放太多的虾皮，而且虾皮中不含维生素D，故虾皮的钙吸收率很低。所以孕妇要补充钙，还是要多喝牛奶。因为牛奶中含有丰富的钙、维生素D、乳糖。酸奶中的乳酸以及乳蛋白质消化产生的酪蛋白磷肽，可促进钙的吸收。所以，奶中的钙是各种天然食物中利用率最高的。

鲜汤浸鲟鱼

【原料】

主料：老鸡1只，黄花1把，棒骨1根，鲟鱼1条。

辅料：姜、盐、水适量。

【做法】

①将老鸡、棒骨洗净加姜与黄花、水煲成浓汤。

②鲟鱼洗净切成条。

③用老鸡浓汤将鲟鱼条烧至软烂加盐少许即可。

【特点】

具有丰富的不饱和脂肪酸、脂肪、蛋白质、钙、磷、铁等，不仅可以为机体补充足够的钙，可强筋骨，补虚益气。

小贴士

孕妇也可以吃钙片，增加体内的钙含量，但最好还是从食物中摄取钙。另外百叶、鸡肉、鲤鱼、牛肉、油豆腐、油菜、肉丝雪里蕻、菜心、虾米、虾仁、芹菜、香干等都含有丰富的钙质，孕妇平时可以多吃这些菜补充钙。

二、摄入足量的维生素B_1

如果这时缺乏维生素B_1，孕妇会感到疲倦、乏力、小腿酸痛、心率过速等，并会导致新生儿先天性脚气病以及出现死胎、低体重儿，还可影响分娩时的子宫收缩，使产程延长，分娩困难。这时可多食用富含维生素B_1的食物，如谷类、豆类、肉类、小米、黄豆、标准粉、瘦猪肉、猪肝、鸡蛋等。另外煮粥时不可淘洗过多，蒸饭也不要多加水，以免造成维生素B_1损失过多。

小贴士

孕晚期，有的孕妇还会出现类似的早孕反应。这种情况一般无须治疗，除可以按照孕早期提供的按摩胎教法缓解症状外，还要注意休息和营养，身体经过自我调节后，一般症状会逐渐消失。但是，也应警惕一些妊娠合并症，如妊娠合并急性肝炎等的发生。如果通过营养胎教等方法治疗效果不佳，或有加重的趋势，应及时到医院检查，了解疾病产生的原因，以免延误治疗。

可以按照以下方法补充维生素B_1，提升胎教效果。

栗子烧白菜

【原料】

主料：嫩白菜500克，去皮熟栗子50克。

辅料：笋片25克，水发木耳10克，淀粉5克，花生油、白糖、精盐、料酒、高汤适量。

【做法】

①将白菜用刀轻拍几下，切成3厘米的正方块，栗子切成片。

②将笋片洗净。把木耳撕开，洗净。

③锅置火上，倒入花生油，油热时将白菜下锅炸软捞出，控净油，放入汤锅内浸一下，除去浮油。

④将净锅置于火上，加入高汤。将白菜、栗子、笋片、木耳、白糖、精盐、料酒放入锅内，烧至汁浓菜烂，用淀粉勾芡，翻匀装入盘内即成。

【特点】

菜烂汁浓，甜咸适口。含有较多的维生素B_1、维生素B_2、维生素C和粗纤维。此外，还含有蛋白质、多种矿物质及糖。

三、适当控制饮食，科学进食

孕晚期胎儿发育基本成熟，这时要适当控制进食的数量，特别是高蛋白、高脂肪的食物。此外，脂肪性食物里含胆固醇较高，过多的胆固醇在血液里沉积，会使血液的黏稠度急剧升高，使血压也升高，出现高血压病症。从营养胎教的角度说，应以量少、丰富多样为主，采取少吃多餐的方式进餐，并选择容易消化的食物，多吃富含蛋白质、无机盐和维生素的食物，但热量不能增加过多，以免体重增长过多。

小贴士

孕晚期胎教的另一项任务是预防贫血。此时孕妇容易有贫血症状，为了防止分娩时出血过多，必须及早多摄取铁质，而内脏类食物含丰富铁质，可以增进造血机能。此外，也要避免进食盐分太重的食物，含防腐剂、人工味精的速食面、加工食品等也应避免。同时为了避免浮肿，也不宜多吃含水分太多的水果。

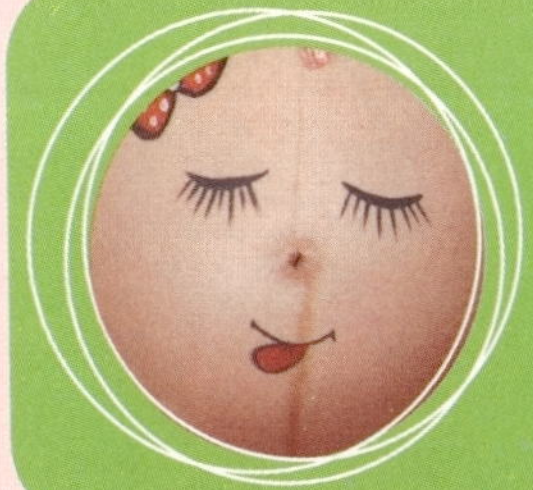

第三节　运动胎教：运动让你更健康

这时很多孕妇会发现体重增加超过了理想的数字，可以通过做一些简单而适宜的运动避免体重增加过多，同时这些运动还可以缓解身体的不适。

一、手臂运动

Step1：保持放松的坐姿，两肩向后倾的同时抬起双手。

Step2：让肘部完全向上舒展后再放下，重复数次。

功效：可使手臂得到充分运动。

小贴士

举起双臂时要吸气，向下放时呼气，反复进行。

二、推掌

◎以放松的状态坐下，两手在胸前合掌，吸气，用力推动双掌。然后吐气，放松。重复这一动作。

功效：手部得以放松。

三、拉伸腰部

◎放松，盘腿而坐，用一只胳膊肘撑住地面。然后另一只手臂向上举并做腰部弯曲，同时肘部以上的部分向地面方向用力。

功效：可以强化腰部肌肉。

四、肩部运动

孕晚期，孕妇可能会背部不适。如果是胸罩不合适，要及时更换能够完全支撑整个胸部的胸罩。有些孕妇转动肩部感觉颈部有痛感，可以有针对性地训练上半身和脖子，利用重量合适的哑铃锻炼颈部、上臂以及脊柱。垫高背部或是采取侧卧姿势睡觉容易造成高血压、恶心和眩晕等，所以一定要保持正确姿势。孕妇瑜伽里的蝙蝠姿势、猫势等姿势对此也有一定的缓解作用。除此之外，还可以按照如下方法，缓解肩部肌肉的紧张状态。

◎两腿大幅度分开，在站立的姿势下弯曲膝盖并呈90度角。然后两手撑住双膝，一侧的手将膝盖向后推；另一侧则尽量使肩膀往里沉，扭动上半身以配合这一动作。

功效：解除肩部和背部的紧张状态，并松弛大腿内侧的肌肉。

五、抖动双手

Step1、Step2、Step3：紧握双拳再放松，接着从上向下抖动双手。

功效：促进血液循环并缓解手部肌肉僵硬的感觉。

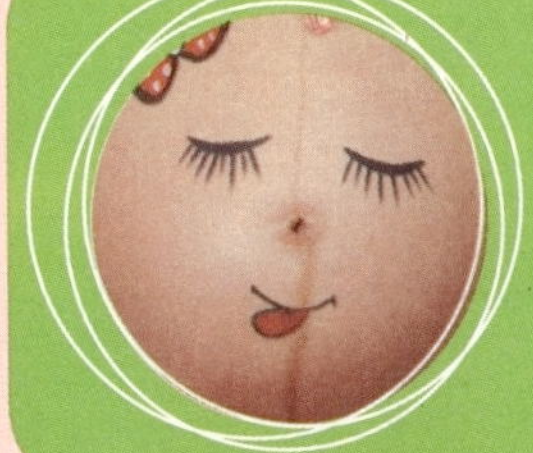

第四节 按摩胎教：为分娩做准备

此时实行按摩胎教可以帮助孕妇为分娩做好身体和心理上的准备，如果丈夫能参与进来效果会更好。

一、压力过大

研究发现，如果孕妇在怀孕期间压力过大，孩子出生后明显比低压力的孕妇所生的孩子忧郁、胆小。孕妇及其家人可以通过胎教安抚孕妇的情绪，缓解各种压力，放松心情，全家人应一起积极地迎接分娩。试试下面的按摩方法吧 。

◎在脚底中心的涌泉穴上用大拇指缓缓按4～5次，按时要尽量用力。

◎在小肠反射区从上向下进行滑动按摩，重复4～5次。

◎在脚后跟部位的生殖腺反射区上用画圈的方法进行按摩，重复2次。

◎用一只手抓住自己的脚，另一只手将5个脚趾一起向后扳动。

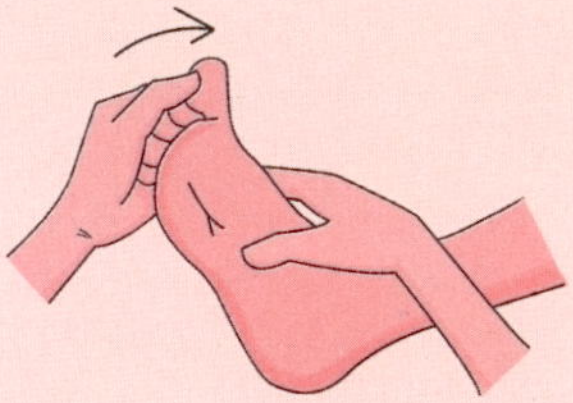

二、预防早产

早产与社会经济因素、孕期疾病和感染、产科并发症及其干预、工作压力等有一定的关系。孕妇这一时期除了调整好心态，还应注意会阴部卫生保健、防治细菌性阴道炎，以防止绒毛膜羊膜炎及子宫内胎儿感染。性生活方面，夫妻二人也要相互体谅，以孕妇的身体安全为主，不应采用过分刺激的动作。身体出现不适和疾病时，要及时去医院请医师治疗。除此之外，下面的做法也会让孕妇感觉更加舒服 。

◎夫妻俩对坐，孕妇把脚放在丈夫的膝盖上。

◎用大拇指在脚底中央的涌泉穴上用力挤压2次。

◎用大拇指捏住大脑反射区所在的大脚趾位置，然后进行揉搓按摩，重复2次。

◎在位于脚后跟的生殖腺反射区上按逆时针方向画圆进行按摩，重复2次左右。

◎用大拇指和食指抓住脚踝，然后柔和地进行左右转动。

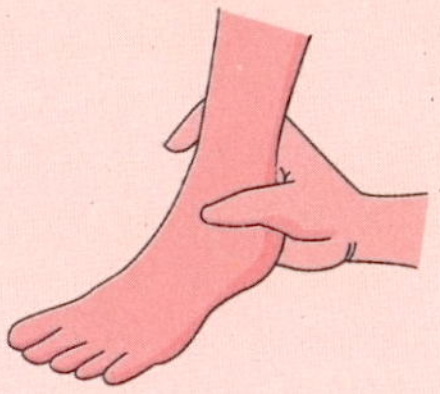

◎并拢食指、中指和无名指，然后用指纹所在的部位在孕妇的脚踝周围按逆时针方向画圆。

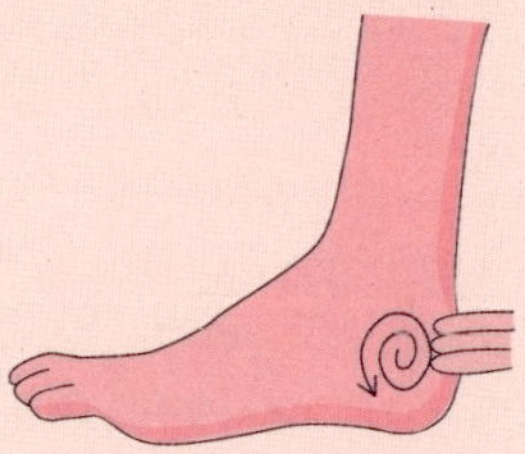

三、早期阵痛

针对早期阵痛，一方面家人和孕妇可以通过情绪胎教安抚孕妇的情绪，使孕妇在思想上放松。另一方面孕妇在分娩前应该充分了解分娩的相关知识，树立起对分娩的信心，学习并掌握减轻分娩疼痛的技巧，保持平静的心态。此外还可以参照下面的穴位按摩法，缓解产前阵痛。

◎在脚底中央的涌泉穴上用大拇指缓缓按4～5次。

◎用大拇指在小肠反射区进行滑动按摩，重复4～5次。

◎在脚后跟部位的生殖腺反射区进行2次滚动按摩。按摩时要仿照旋涡的形状按逆时针方向进行。

四、手脚麻木

这时孕妇的肚子已经很大了，要避免过度劳累，适当多吃些维生素B_1含量丰富的全麦粉、糙米和瘦肉。出现手臂麻木可抬高手臂，使手保持适中的位置，减轻症状，一般无须特殊的治疗。分娩后，症状可逐渐减轻、消失，再次妊娠时不一定发生同样的现象。还可按照以下按摩胎教方法缓解症状 。

◎将手脚浸泡在热水中10分钟。

◎用大拇指在涌泉穴从里到外按逆时针方向旋转着进行按摩。

◎在小肠反射区用大拇指按照箭头所示方向进行按摩。

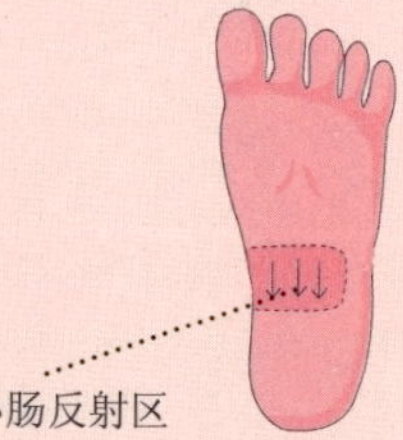

◎用大拇指按压各个脚趾的顶端。

◎再将手和脚放到热水当中，不断地搓擦手脚，直到感觉发热为止。

小贴士

有的孕妇这时会出现坐骨神经痛。可以通过一些胎教小方法得以缓解：要注意休息，避免劳累。平时可以平躺，将脚架高，使得脚的位置和心脏的位置接近，使静脉回流增加更为舒畅。睡觉时左侧卧，并在两腿膝盖间夹放一个枕头，以增加流向子宫的血液。白天不要以同一种姿势站着或坐着超过半个小时。疼痛相当厉害的时候，最好请医师进行治疗。

五、尿失禁

对付尿失禁，一方面要通过营养胎教控制每天盐分的摄入量，多喝水，多吃水果等高纤维食物；另一方面，还要通过运动胎教法经常进行骨盆底肌肉的锻炼。此外，还要注意生活方式的调整，如要及时排掉小便，注意防止便秘，避免提重物，注意保持个人卫生，经常更换内裤和护垫。如果排尿时有疼痛或尿混浊，要及时找医师检查。还可以按以下按摩胎教的方法，缓解尿失禁。

◎仰卧，两膝弯曲，双脚平放，好像要中止排尿那样地用力收紧肌肉。

◎停顿，再用力缩紧，直到再也使不出更大力气为止，此状态维持片刻，然后逐渐放开。重复10次，每日至少练习3~4次，才有可能取得良好的效果。

小贴士

按压肾俞、复溜、中脘、石门、三阴交这些穴位，对于缓解孕期反应有一定的缓解。指压时动作要轻柔，并且边指压，边要问孕妈妈的感觉，尽量找到正确的位置。

第五节 艺术胎教：让胎儿阅历更丰富

此时胎儿的视觉已经很发达，因此，利用艺术胎教一方面可以丰富胎儿阅历；另一方面可以使孕妇心神愉悦。

一、多看漂亮的照片、名画

欣赏好的照片和画作与听到旋律优美的音乐和阅读感人的文字一样，都是一种美的享受，此时孕妇的内心会变得安定，甚至会有一种被净化的感觉。同时还使孕妇的情感变得更加丰富，并将这种美感传递给胎儿。艺术胎教不仅可以丰富胎儿的阅历，也可以起到辅助情绪胎教的作用。

胎儿的视觉要比听觉的发育晚很多，但视觉上的刺激同样会对胎儿的情绪产生影响。科学研究发现，当光线照射到孕妇眼中时，她的眼睛会分泌出褪黑激素，这使得胎儿也相应地具备了明暗的感觉。当看到明亮的物体时，褪黑激素的分泌量会减少，而看到灰暗的物体时，褪黑激素会增加分泌量，从而使胎儿的视觉能力得以发展。美好的画作恰恰可以促进胎儿视觉的发育。

小贴士

欣赏画作时，可选取那些美感充足、线条柔和、色彩鲜明的作品，印象派的作品就是不错的选择，比如马奈的《草地上的午餐》、莫奈的《日出印象》、凡•高的《向日葵》。印象派的画作清新自然，生动，色彩饱满，非常适合孕期欣赏。

欣赏画作要注意以下几点：

①刚开始的时候，与其欣赏细腻的人物肖像，不如看那些一眼就可以了解画家基本意图的风景画，看到美丽的自然风景就如同倾听自然的声音一样，可以使孕妇情绪安定下来。

②在去美术馆之前可以先了解一下正在展示的作品种类。掌握了画家和作品的基本信息之后再对其进行鉴赏，往往可以带来更多的感受。

只要能看出画家何时创作了这幅作品，作品的

名称是什么就已经足够了。掌握这些基本信息后会对画作产生许多相关的疑问，到最后也就能相应地获得许多感动和收获。也只有在孕妇对画作产生情感的情况下，胎教才能真正有效。

③对孕妇来说，一个画展并不只具有观赏一次的价值。遇到一本好书，每读一遍都会有新的收获。欣赏画作也是这样，即使是同一幅作品，每看一次都可能有不同的感受。昨天没有领悟的内涵也许会在今天的欣赏中产生新的感受，这种体验将带给孕妇无比的喜悦。

小贴士

欣赏美丽的照片或画作，重要的不是了解与之相关的背景知识，而是排除心理负担。丈夫可以带着妻子到画展或美术馆欣赏名画和摄影展。选择画册欣赏，孕妇的喜好是最重要的基准。同时，进行艺术胎教时，要抛弃把宝宝培养成画家的思想。在孕妇居住的房间贴上以美丽风景为内容的照片是不错的选择，有的孕妇还喜欢把漂亮宝宝的照片贴在墙上，也是很好的做法。

二、自己动手作画

自己动手作画，可以达到释放内心情绪的目的，这种胎教方法所取得的胎教效果要比鉴赏画作高出数倍。在作画的过程中，孕妇不仅可从普通事物中发现美，还可想象如何用画将美好的事物表现出来。孕妇可以用蜡笔、颜料、彩色铅笔作画，可以画蓝天、白云或孩子美丽的脸庞。不过，要记得：一是带着自愿、愉悦的心情作画；二是克服完美心理。

三、十字绣

绣十字绣可以使孕妇的心情很快得以平静，对提高注意力也有一定的作用。而且绣十字绣可以锻炼手指，刺激胎儿的脑部发育。同时，在一幅十字绣作品里往往要用到数十种颜色的丝线，所以在一针一线的编织过程中，孕妇的色彩感和调和颜色的能力也不知不觉得到了提高。孕妇若能在怀孕时多接触一些美丽的颜色和形状，生出的孩子也将拥有较高的审美能力。

在绣十字绣时，孕妇还可以同时进行胎谈胎教。可以说一说正在为其制作的东西，比如枕头、围兜和儿童被等，也可以描述十字绣的各种颜色、图案。

小贴士

刺绣使人眼光和神经都集中在了针尖那一点上，所以很容易产生疲倦的感觉；另外，孕妇也不适合长久保持刺绣的姿势。因此，孕妇最好把每次刺绣的时间控制在1个小时之内。最好在腰后垫一个垫子，在舒适的姿势下完成这项活动。此外，刺绣可以陶冶情操，稳定心态，是一种修身养性的过程，不可当成任务。

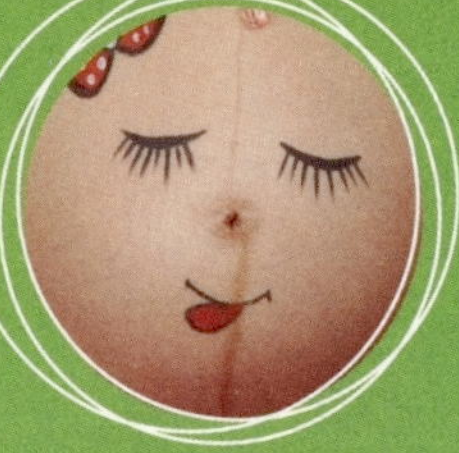

第六节　专家答疑

一、胎盘前置对胎儿和孕妇有什么危害？此时应该如何保胎

惠子问：我怀孕8个月了，突然阴道流血，去医院检查，医师说胎盘前置。请问胎盘前置对我和胎儿有什么危害？

答：疾病是影响胎教成果的主要因素之一。在孕晚期，胎盘前置是很常见的，孕妇应对其有一定的了解。此病可引起早产，也可能因产妇休克发生胎儿窘迫，胎儿严重缺氧以至胎死宫内，也可因早产儿生存能力差而死亡，因此前置胎盘的围产儿死亡率较高。

如果胎盘边缘前置，不要太担心，主要从以下几方面减少其破坏性：如出血少，而胎儿尚未足月，可以卧床休息。性行为、性交或性高潮可刺激宫缩，也会对宫颈造成损伤，所以必须禁止；如果出血停止，可以走动，但不要有太大的运动量，最好避免上下楼梯；实施营养胎教时多吃一些补血的食物，如大枣、花生、芝麻、胡萝卜、核桃等；注意有没有出血的问题，如果一旦出血，要尽快去医院；如不再出血并且孕妇方便就医，可以出院；如果出血量多，不能控制，而胎儿已满34周，近足月，应终止妊娠。

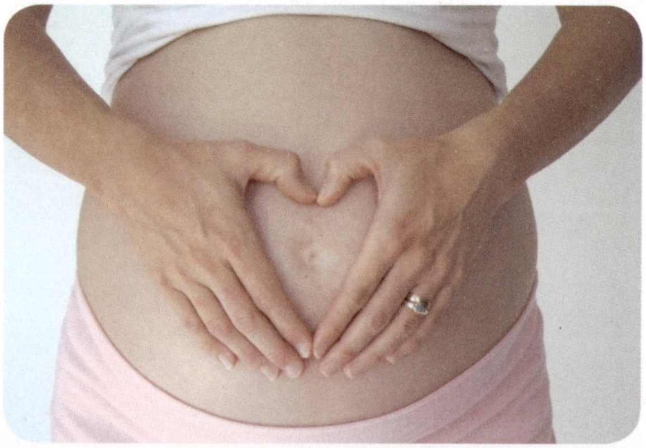

如果要终止妊娠，以剖宫产为首选。但如果是边缘性胎盘前置或低置胎盘，则可经阴道分娩，因为胎头下降可压迫胎盘，有效止血，但分娩时必须备血。

小贴士

此外，生产后，产妇还要进行一段时间的产后观察与治疗。因为分娩后由于子宫收缩力差，常发生产后出血。胎盘前置患者还常常并发胎盘粘连、植入性胎盘，使胎盘剥离不全面发生大出血。还有前置胎盘的胎盘剥离面接近宫颈外口，细菌易从阴道侵入胎盘剥离面而引起感染等，这些都会对产妇健康造成威胁。

二、胎动有什么规律

小凡问：最近我觉得胎动的次数有变化，请问胎动有什么规律？

答：越是到接近分娩，越是要经常监测胎动，孕妇用心去体会胎儿的各种动作会引发无限的母爱，这种心连心的感受胎儿都会感受得到。此时监测胎动，可以随时掌握胎儿的变化，以方便遇到意外时及时处理。孕妇会在怀孕18～20周开始感觉胎动，此时胎动微弱，有时不易与肠蠕动区别。其实，在胚胎期胎儿就有活动，只是活动微弱不易被孕妇察觉，怀孕29～38周胎动最活跃，至足月时略有减少。胎动是反映胎儿在宫内安危的最敏感的指标。正常胎动计数标准为：每12小时大于10次。

昼夜之间，胎动的次数有变化。通常上午8～12时，胎动均匀，以后逐渐减少；下午2～3时，胎动最少；至晚上8～11时，胎动频繁。

在怀孕28～30周后，若能指导孕妇做胎动计数，发现胎动异常及时就医，便有可能挽救濒危的胎儿。每日早、中、晚各计数胎动1个小时，正常胎动>3次/小时；也有将3小时计数之和乘以4作为12小时内的胎动数，正常应在30次以上。胎动增多或减少，均提示胎儿有异常情况，应及时就诊。

三、孕妇感觉不到胎动怎么办

阿果问：我现在是孕29周了。最让我伤脑筋的是监测宝宝的胎动。医师建议每天早中晚监测。可是有几个孕妇能做得到啊？昨天我家宝宝胎动很厉害，我走路都很难受。可今天他又几乎不动，早上动了几下，下午又动了几下。这样的胎动正常吗？

答：监测胎动也是此时胎教的重点，它可以让你及时发现胎儿的异常情况。通常胎儿静止不动的时间，最长不应超过75分钟。所以，如果觉得胎

儿不动超过一个半小时，应该通过营养胎教法吃一些小点心，摸摸肚皮，甚至拍打肚皮，或是推一下胎儿，或者给他听音乐等。如果以上方式都没有反应，应该到医院检查。

一般情况下，若在12小时内胎动次数小于20次，或1小时内胎动少于3次，往往是说明胎儿缺氧，小生命可能受到严重威胁，有人把这种现象称为“胎儿危险先兆”，孕妇绝不能掉以轻心。

胎儿从胎动消失至死亡，这一过程一般需12小时到2天左右的时间，而多数在24小时左右。当孕妇出现怕冷、口臭、食欲不振、倦怠或有不规则的阴道出血时，一般可判定胎儿已经死亡。当然，胎动只是一种主观感觉，还会受到孕妇对胎动的敏感度、羊水量的多少、腹壁的厚度、服用镇静剂或硫酸镁等药物的影响。故在判断胎动这个信息的准确与否时，应排除这些因素。

小贴士

胎儿的胎动计数，只能作为反映胎儿安危的一个参考。至于胎儿的发育情况，有无畸形和其他异常情况，则需要结合其他医疗仪器等检查方法，加以综合分析，才能作出准确无误的判断。孕妇如能注意观测胎动，及时发现异常，及时诊治，这对于将要出生的孩子来说，肯定是大有裨益的。

四、胎位不正如何养胎

苹果问：到医院做产检，做B超的大夫表情凝重地告诉我孩子的胎位不正，是横位。请问胎位不正如何养胎？

答：通常的方法是膝胸卧位法：孕妇先排空小便，松解腰带，然后大腿与床面垂直，双上肢及胸部紧贴床垫，脸转向一侧，臀部抬高，保持姿势，每次15分钟，每天早、晚各1次，连续做7天。此方法如做得正确能使绝大多数臀位、横位纠正为正常胎位。

同时，发现问题要及时与医师联系，获得医师的指导和帮助，才有益于随后的顺利生产。

五、装修房屋对胎儿有影响吗

小华问：装修一个月后，我发现自己怀孕了。我现在已经怀孕8个月了，从怀孕到现在，我一直很担心宝宝的安全，不知这种情况对胎儿影响大吗？

答：化学物质只有达到一定的剂量才会对孕妇造成影响。装修所使用的材料中含有苯、甲醛等有害物质，但只有这些物质达到一定剂量才会产生危害。然而，每种装修材料中的有害物质含量是很难准确测定的。通过你的叙述，我们无法测定这些有害物质在孕早期，也就是胚胎形成期在你的血液中的含量，所以也无法断定它们是否会对你腹中的胎儿有害。因此建议你最好去医院检查一下再下结论。

小贴士

除了装修材料外，装修时的噪声也会影响胎儿发育。胎儿6个月以后，听觉中枢系统已经发育，对声音有反应了。这时候如果孕妇经常接触80分贝以上的声音，会影响胎儿的听力，也会增加流产率。而且，长时间接触高分贝的噪音，会影响孕妇的神经系统平衡。所以，不管是自己家里装修，还是邻居家装修，孕妇最好避免经常听到噪声。

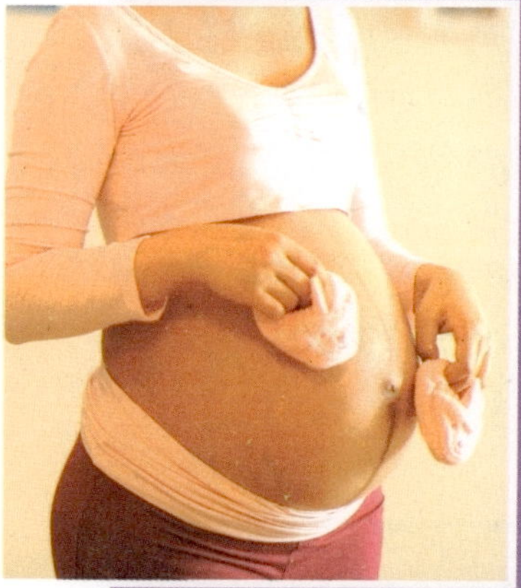

第十章　第9个月

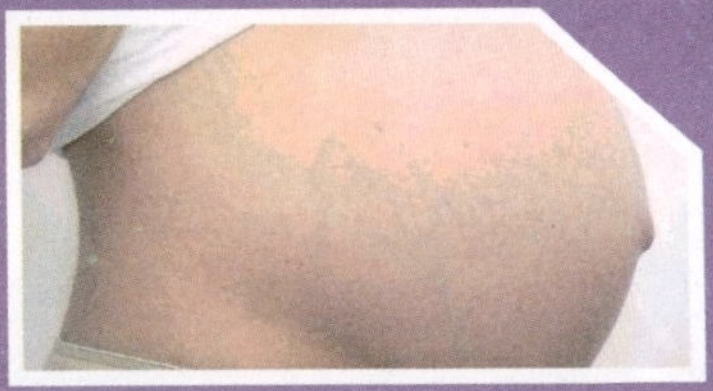

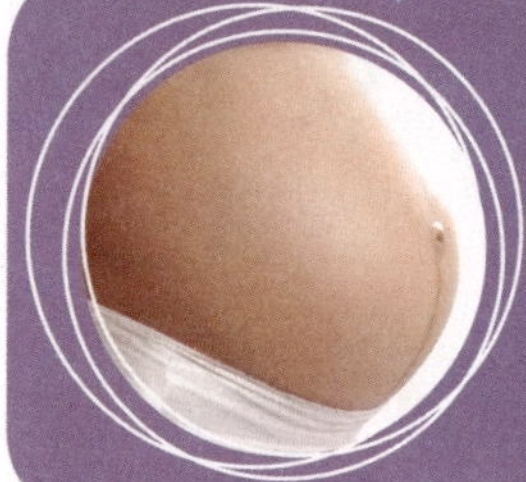

第一节　胎儿和孕妇的变化

一、胎儿

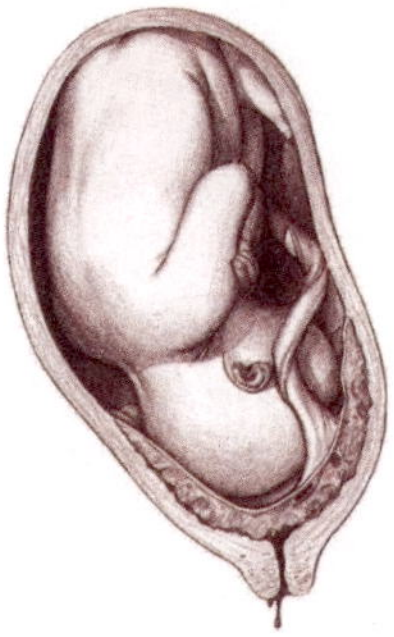

此时期结束时，胎儿身长约为47~48厘米，体重约为2400~2700克。

胎儿身体的各个器官都发育完成，虽然肺部尚未完全，但此时出生完全可以存活。脸部的表情更加丰富，有时皱眉，有时微笑。胎儿此时已经入盆，几乎不能在子宫内活动，随时做好了分娩的准备。

二、孕妇

子宫膨胀到极限，孕妇会感到呼吸困难、胸部难受，心跳厉害，排尿次数明显增多。上个月的一些症状，如尿失禁、浮肿、食欲下降等仍会持续，因此上个月的一些胎教方法仍要采用。孕妇此时会感到胎儿头部往骨盆方向移动，按压胃部，会发现压迫感几乎完全消失。继续学习有关分娩的知识会使你的胎教更加完美。

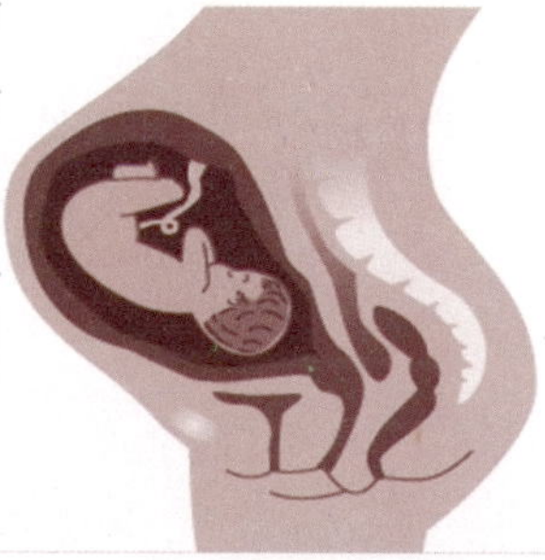

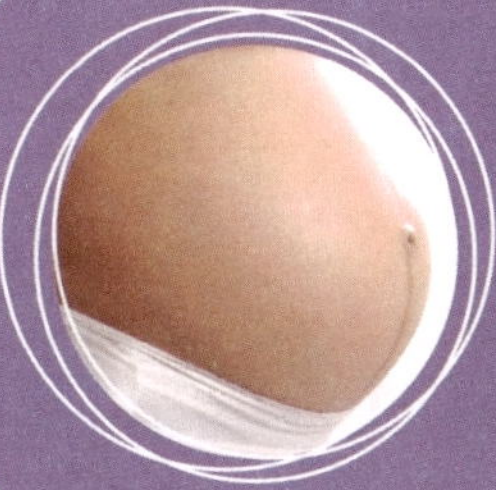

第二节　营养胎教：用饮食缓解孕晚期不适

这一时期，孕妇的身体还是会出现一些症状的，所以孕妇和家人要积极通过营养胎教对这些症状加以调整。

一、胃痛

此时孕妇常会觉得心口难受，并感到体内湿热不适，这是因为胎儿日益长大，子宫的底部上升，压迫到胃部附近，影响了消化机能及有小量的胃酸反流进入食道，从而感到不适。营养胎教可以减轻胃肠的负担，从而缓解这种不适。此外，孕妇依然要坚持少量多餐的饮食习惯，睡前不进食。少吃酸辣、过冷以及油炸食物，以免刺激肠胃，少吃含淀粉量高的食物，以减少胃酸的分泌；吃饭后半小时内不要躺下，适当运动，待食物部分消化后再上床；睡觉时尽量侧卧。但是如果晚上经常胃痛，就要去医院就诊，检查是否有消化系统的疾病。

小贴士

孕妇睡时在床上用软垫把自己垫起来，也有助于缓解胃痛。

可以多给孕妇吃点玉米面粥，如果消化正常，可以适当加一点小米粥、山药粥。煮粥时放一些大枣也是不错的选择，大米和山药对半，山药切得碎一点，煮的时间一定要长，需比平时开锅时间长15分钟以上。不要随意在粥中添加辅料。

饮食以清淡为主，在胃疼症状减轻后，再逐渐添加高热量、高营养的食物。

二、心悸气喘

到了孕晚期，孕妇常会出现心悸及气喘的现象。这是因为体内的血液循环量增加，心脏负荷加重，且子宫胀大，横膈受压迫，所以孕妇会觉得呼吸急促而不畅顺。

孕妇心悸气喘是常见现象，但是若再加上胸痛或有贫血的症状，便应请医生诊治。

小贴士

如果孕妇睡觉时习惯平卧的姿势，更感气喘不适。因为平卧时会将子宫及胎儿更向上推，抵住横膈，因此要采用侧卧的睡姿。平日减少活动多休息，讲话不要太多，以免加重气喘。

下面这款汤，可以有效缓解症状，起到营养胎教的作用。

猪心党参黑豆汤

【原料】

主料：猪心1个，党参15克，冬菇6个，黑豆1／4杯。

辅料：葱1根，姜1片，盐、水适量。

【做法】

①黑豆预先浸过夜，冬菇浸软去蒂。

②猪心洗去血污，切成2块，放入开水中略浸后盛起。

③党参略冲洗后放入煲内，注入水，以中火煲成1杯水待用。

④于煲中注入适量水，放入猪心，煲约10分钟，除去水上的浮油及泡沫，然后加入姜、葱及黑豆，以慢火煲约1小时，放入冬菇、党参和水，改以中火煲约30分钟，便可饮用。

【特点】

猪心对于虚悸气逆、心虚等最有疗效，配以党参煲成汤，更能使血行通顺，补血强心。

三、腿部抽筋

到了孕晚期，有些孕妇会出现腿部抽筋的症状，例如小腿肌肉和脚掌常会发生痉挛性的疼痛，有时更会痛至令人从睡梦中惊醒，这种情况是由于血液中的钙质不足所致的。

小贴士

抽筋发作时，可做局部按摩，推脚跟令腓肠拉紧，可使痉挛的程度得以减轻。如果抽筋的情况持续，便应请教医师。另外，应适当进行户外活动，多进行日光浴。睡前可以热水泡脚，解除疲劳，并注意调整睡姿，尽可能采用左侧卧位，伸懒腰时注意两脚不要伸得过直，并且要注意下肢的保暖。

在营养胎教方面，一是必须确保每日能摄取足够的钙质，其中鲜奶便含丰富的钙质，每天至少要喝2杯，而且饮食要多样化，多吃含钙丰富的食物，如海带、豆腐、黑木耳、鱼头、牛筋、大骨汤等。孕妇可以根据自身体质选用适宜自己食用的食物。二是养成良好的进餐习惯，饭前休息10分钟，让肠胃道舒缓放松，有利于进餐时更好消化。

以下介绍的鲜奶炖鸡蛋，便是缓解此种症状的最佳滋补甜品，当然也是提升胎教效果的好方法。

鲜奶炖鸡蛋

【原料】

主料：鲜奶1瓶，新鲜鸡蛋2只。

辅料：砂糖2汤匙，开水适量。

【做法】

①鸡蛋磕入碗中，用筷子以顺时针方向打散，直到蛋白和蛋黄均匀便可。

②鲜奶注入蛋液中搅匀，再放入砂糖，搅至糖溶化，将碗放入盛有开水的锅中，盖好锅盖，以中火炖约六七分钟即成。

【特点】

鲜奶和鸡蛋是孕妇 的最佳食品，鲜奶炖鸡蛋清润香甜，营养丰富，多吃有益。

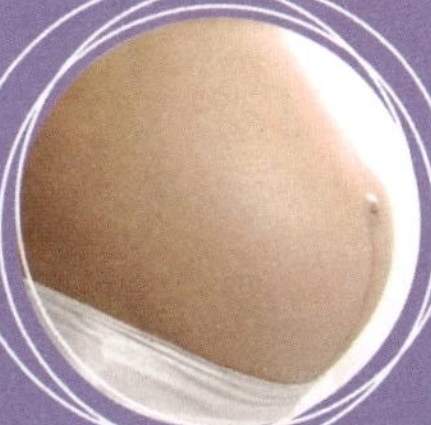

第三节　运动胎教：为分娩做准备

坚持锻炼是顺利分娩的好办法，虽然肚子已经很大了，但是只要想到很快就能见到孩子了，你一定会坚持下去的。

一、缩紧阴道

对于选择自然分娩的孕妇来说，将胎儿从子宫娩出，既需要做好充分的心理准备，也需要做好身体上的准备。学会缩进阴道可以帮助分娩：

◎吸气，同时慢慢地从肛门用力，尽力缩紧阴道，注意不要把力量分散到其他部位。然后呼气，同时慢慢放松下来。吸气时数到6，呼气时数到8，重复5次之后改向一侧躺下休息。

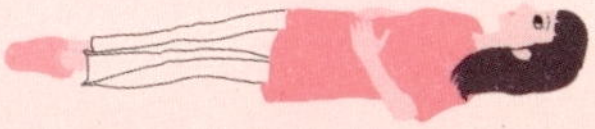

二、分腿运动

◎在平躺的姿势下将膝盖向上举。用嘴慢慢呼气的同时，按住膝盖并抬起上半身。

◎用鼻子吸气并恢复平躺姿势，重复5次之后改向一侧躺下休息。

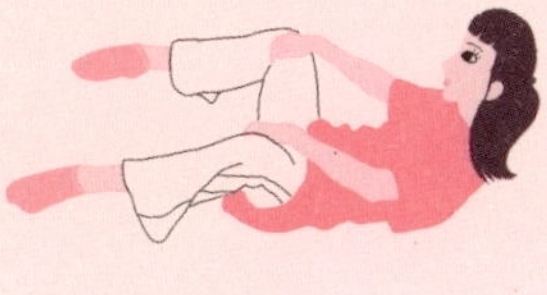

三、找平衡

Step1、Step2：两腿分开站立，用鼻子吸气的同时高举双臂。一边吐气一边放下双臂降到与肩同高，一条腿保持不动并尽力寻找平衡感，另一条腿稍稍向前抬起。再次呼吸之后将腿放下，变换方向，重复这一动作。

Step 1　　Step 2

四、脚踝运动

Step1、Step2：两手自然地撑住地面，双腿向前舒展，待腿部完全放松之后碰撞两脚踝。多次重复这一动作。

五、腿部运动

Step1：平躺以后把双腿举起并靠在墙壁上。

Step2：一条腿慢慢下沉到地面后再重新抬起。再换另一条腿进行这一动作。重复5次左右之后改向一侧躺下休息。

功效：强化腿部、臀部肌肉及增加大腿内侧柔软性，并且解除疲劳，防止在孕妇腿足部位的血液过于集中。

小贴士

能否顺产还有一个很关键的因素，那就是产妇阴道的出口径大小，孕妇可以在怀孕32～34周时去医院测量骨盆，如果出口径大于7cm，就有顺产的可能，此时通过一些锻炼可以提高顺产的概率。如果出口径偏小，那么选择哪一种分娩方法就要多听取医师的建议了。

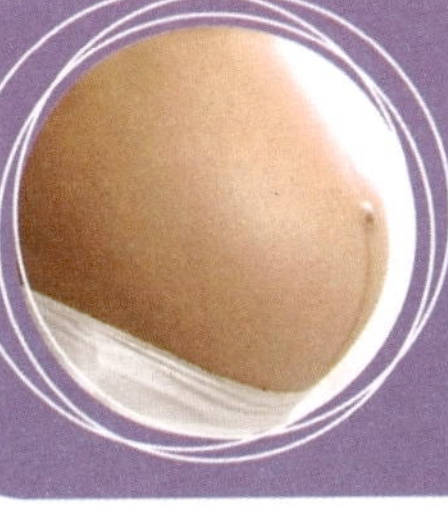

第四节　按摩胎教：缓解分娩紧张

这个时候很多孕妇已经等不及了，希望很快就见到孩子，希望尽快分娩。这种心理暗示会体现于身体上诸多的不适，甚至出现妊娠疾病。除了积极配合医师的指导外，按摩仍然是不错的选择。

一、记忆力和思考能力降低

2002年印度研究了50名孕妇，发现她们在怀孕期间，神经的传导介质，如肾上腺素、血清素、多巴胺都有明显的下降，这些状况会影响到神经系统的活动，可能与记忆力减退有关。当孕妇发现自己的记忆力下降时，不要过于担心，这是很多人都会出现的现象，试试下面的按摩胎教方法就会有缓解。

◎在脚底部位的涌泉穴上用大拇指按2～3次，每次4秒钟。

◎用一只手从脚踝出发向膝盖方向摩擦，就好像要让血液向上流动一样。两手交叉方向对两只脚分别进行这种按摩，持续1～2分钟。

◎用拇指和食指捏住位于大脚趾上的大脑反射区，然后用转圈的方法进行按摩，重复2次。

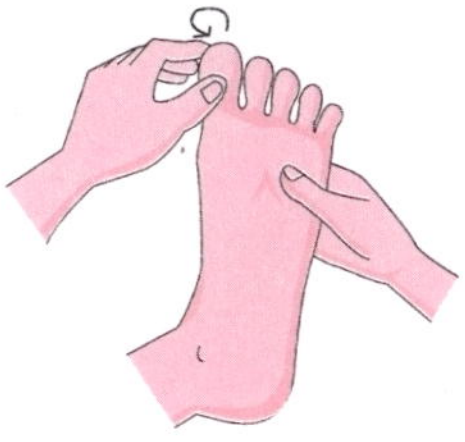

二、妊娠纹

妊娠纹的生长和体重增加太快以及每个孕妇的皮肤组织有关。一般来说，整个孕期体重的增长在10～12千克为最佳。沐浴后应在可能发生妊娠纹的部位涂上专用的防治妊娠纹的橄榄油，而按摩是缓解妊娠纹的最好方法。

◎双手以画圈的方式按摩从胸部以下到小腹的部位，然后双手手掌轮流向上揉搓侧腹，像捏豌豆

一样用小拇指和中指轻捏从胸部以下到小腹的部位。

◎用食指和中指在腹部轻轻地左右摇动。重复以上动作，最后让皮肤松弛下来。

三、妊娠糖尿病

当孕晚期被告知患了妊娠期糖尿病后，很多孕妇会比较担心、焦虑。这时要通过情绪胎教调节孕妇的情绪，只要认真配合医师的治疗，定时监测血糖，就会安然度过这一阶段，过分的担心也会增加

胎儿的不安。除此之外，孕妇及家人还可按照下面的方法缓解症状：

◎用热水浸泡双脚20分钟以上。

◎在脚底中心的涌泉穴上用力挤压2次。

◎用拇指和食指揉搓大脑反射区所在的大脚趾下面的区域，重复2次。

◎在脚后跟部位的生殖腺反射区用画圈的方法进行按摩，重复2次。

◎用大拇指和食指抓住孕妇的脚踝，然后柔和地进行左右转动的按摩。

◎将食指、中指和无名指并拢，然后用指纹所在的部位在孕妇的脚踝周围用画圆的方法进行转动按摩。

◎如图所示，大脚趾正下方的区域是胰脏反射区。在这一位置用大拇指挤压3次，每次持续4秒钟。

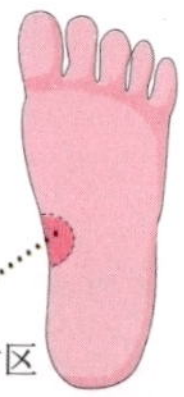

小贴士

妊娠糖尿病还可通过饮食得以控制，具体参看第四章。另外，有以下情况的孕妇更要注意通过上述方法预防糖尿病症状：

◎有糖尿病家族史，尤其是直系亲属中有人患有糖尿病者。

◎肥胖者。

◎年龄超过30岁者。

◎曾有过不明原因的死胎者。

◎身体经常出现小脓包，伤口不易愈合者。

◎外阴常生有小疖子，霉菌性阴道炎反复发作者。

专题

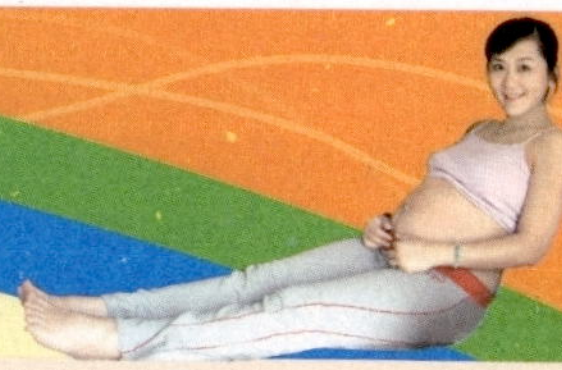

练习清净操，提高顺产率

运用清净操的方法，可以帮助顺产。

练习清净操能促进全身的血液循环，并能够强化腰部力量。还能预防和治疗腿部的浮肿症状。

两腿一起上抬

双手垫住头部，两腿一起上抬并弯曲到胸部位置与胸口接触。

功效：促进腿部的气血循环，减轻腿部浮肿和心律不齐的症状。此外还可以强化腰部肌肉，增加子宫的收缩能力。

双腿轮流上抬

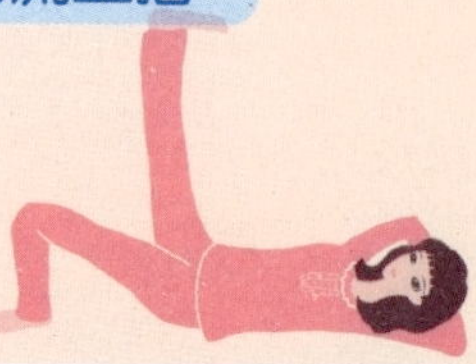

◎平躺，弯曲左腿，然后抬起右腿与身体呈90度角，与此同时，用双手垫住头部。

◎尽可能长时间地保持这一姿势，然后把腿放下来休息片刻。

功效：预防并治疗腿部浮肿，强化内脏器官并帮助消化。

坐姿

练习“坐行”可以增加孕妇的肺活量，从而给胎儿提供充足的能量。这不仅有益于胎儿的健康成长，还能够使孕妇的消化和排泄恢复正常，并让手脚渐渐温暖起来，心情也会随之变得更加愉快。可按照第二章第三节中双手推门势和叠手姿势，进行锻炼。

站姿

此套动作能使孕妇的大腿和骨盆腔变得结实，并能够促进全身的气血循环，提高顺产概率。

四肢运动

◎双脚分开与肩膀同宽，右臂向上伸直，手指朝向天空，左腿向前迈步并在空中弯曲成90度角。

◎两侧轮流做，各重复5次。

功效：促进血液循环和新陈代谢，强化腿部肌肉和骨盆腔，提高顺产几率。

走姿

在空气清新的地方慢慢走动，与此同时，重复将自己的手掌向内弯曲再向外展开的动作。将清新的空气传递给胎儿，通过深呼吸来提高胎儿的供氧量。适量的行走能够强化孕妇腿部的肌肉并放松骨盆肌肉。

冥想

采用平躺或向侧卧的姿势，舒展眉梢，面带微笑。让自己的颈部、肩膀、手、腿和脚都完全放松下来。

让头脑保持一片空白，即集中注意力。

想象孩子俊俏的面容以及长大成人以后的模样。

想象大自然的清静和广袤，想象大海、森林和清澈的河水等事物。

结束操

在练完清净操或冥想之后不要忘记收尾。主要方法是双手互搓发热之后摩擦自己的脸或耳朵。

抚摸脸颊还可以增加面部皮肤的弹性，起到美容的效果。

梳头：促进血液循环，使血压变得稳定，还可以起到治疗头部疾病和提升智力的效果。

抚摸耳朵：耳朵上的血管十分密集，按摩耳部可以对全身起到积极的作用。

抚摸大椎穴：大椎穴在第七节颈椎，也就是弯下颈部时位置最高的那节颈椎的下端。这样做不仅可以预防并治疗感冒，对支气管和肺也有很大的好处。

仙鹤点水：头部先向后倾斜，再往前伸，让自己的下巴在空中画圆。这样可以治疗颈椎和胸椎的疾病，并能放松颈部和肩部的肌肉。

第五节　专家答疑

一、怎样通过情绪胎教调节孕妇的“筑巢行为”

玉芳问：我现在已经怀孕9个月了，我越来越想见到这个宝宝，连做梦都会梦到，有时还会忙着布置宝宝的房间。请问这是怎么回事？

答：孕晚期时，许多孕妇急于装饰婴儿房间，购买婴儿衣服，清扫厨房、碗、碟，这被称为“筑巢行为”。少量做一些是可以的，可以愉悦身心。但如果做得太多，不仅会使孕妇筋疲力尽，难以为分娩保存足够的精力和体力，还可能会使其由于身体不方便而发生意外。可以在家人的协助下做迎接孩子的准备，如为孩子添置衣物等等，这样孕妇也就可以少做类似的事情。

小贴士

分娩即将来临，然而孕妇对分娩的疑虑并不会减少，这也会使孕妇的脾气变得不太温和。这时，孕妇和家人不仅要通过情绪胎教调整孕妇的心态，而且与有经验的妈妈沟通也不失为一种好办法。

二、孕妇的腹部每天会出现几次发紧的现象，正常吗

嘉嘉问：最近我的腹部每天发紧，一天会出现几次，请问这是正常现象吗？

答：在孕晚期，学会识别早产的征兆，积极迎接分娩，是胎教的任务之一。在孕晚期的3个月里，一天中会出现几次持续约30秒的腹部紧缩感，称为Braxton Hicks收缩（无效宫缩）。这表明腹部正在练习动产，而收缩并不意味着孕妇已临产或开始临产。真正的临产宫缩与这种感觉是不同的，它们是有规律的，5分钟左右一次，持续时间大约30秒，疼痛会逐渐加重，并不会消失。这种规律宫缩在到达预产期时才会出现。

孕晚期腹部每天有几次发紧是正常的，此时孕妇要做的就是放松，或者躺在床上，直到那种感觉消失。

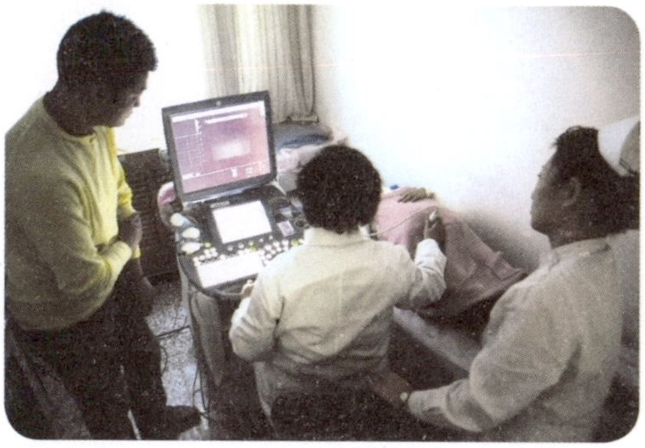

三、脐带绕颈，胎儿有危险吗

楠楠问：怀孕9个月了，前天去医院做了个彩色超声波，发现肚里的孩子被脐带绕颈两周。我现在每天都处于高度紧张状态，请问我的宝宝安全吗？

答：脐带绕颈是孕晚期的常见现象，对此不必过于紧张，孕妇也不必因此而焦虑和恐慌，脐带绕颈发生的概率相对比较高。有一些胎儿在分娩之前会绕开，还有一些医师都会有相应的处理方法，因此应与医师进行良好的沟通，学习有关这方面的知识。

正常的脐带长度是30~70公分，一般情况下是50公分左右。如果有脐带绕颈一圈，一般胎儿都不会有太大的危险。即便是在分娩的过程当中，也不会因为脐带绕颈勒到孩子。但是如果正好脐带比较短，例如30公分，那么绕颈一圈可能会由于脐带过短使颈部受勒，但是脐带真正的长度是没有办法测量的，所以一般孕妇要注意胎动，同时通过胎心监测来发现异常情况。最终是否要采取剖腹产分娩，最好听取医师的建议。

小贴士

如果发现胎儿脐带绕颈，孕妇要做好如下几点：

◎学会数胎动，胎动过多或过少时，应及时去医院检查。

◎羊水过多或过少、胎位不正的要做好产前检查。

◎通过胎心监测和超声检查等间接方法，判断脐带的情况。

◎不要因惧怕脐带意外而要求剖腹产。

◎要注意减少震动，保持睡眠左侧位。

四、如何识别早产

叶子问：我怀孕9个月了，这时宝宝发育已经接近成熟，但是我还是害怕早产，请问该如何识别早产？

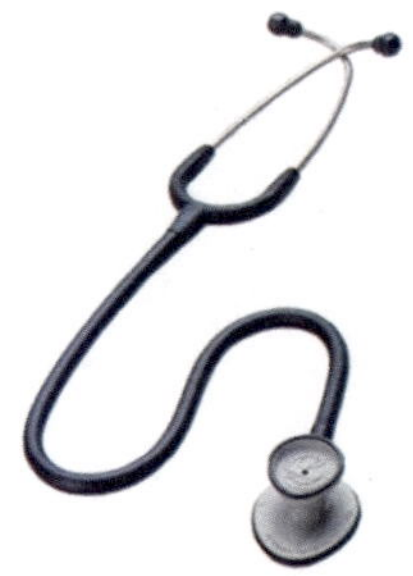

答：早产是这一时期需要注意的问题，注意临产征兆也是胎教的任务。怀孕满28周（7个月，196天）至不满37周（258天）之间，胎儿体重在1000~2449克分娩者称早产。孕晚期偶有子宫收缩的现象是正常的，特别是夜间感觉明显，但是倘若每15分钟出现2次以上的宫缩，就很可能是早产的先兆。

那么怎样认识“早产先兆”呢？首先要知道自己有无早产的高危因素，如以前怀孕曾经晚期流产或早产、子宫先天畸形、合并子宫肌瘤、前置胎盘、羊水过多、多胞胎等。其次要观察宫缩的次数和持续及间隔的时间，每15分钟出现宫缩≥2次以上、或每20分钟≥4次、或每60分钟≥8次，休息以后不减少，同时若宫缩持续30秒以上，间隔时间有规律，则可能要早产，应及时到医院就诊确定。另外破水、见红等也会早产，需立即到医院进一步诊疗。

五、如何预防早产

莉莉问：我知道早产对胎儿非常不好，因为即使怀孕了9个月，胎儿的有些器官还是没有发育成熟的，那么如何预防早产呢？

答：预防早产也是此时孕妇需要进行的胎教。

早产的孩子容易出现呼吸窘迫综合征、高胆红素血症、坏死性小肠炎、脑室内出血、动脉导管持续开放、视网膜病变、脑瘫等。所以预防早产就显得十分重要，日常工作生活中要注意以下几点：

①不要碰撞腹部，不要到人多的地方去，以免拥挤，不要跌倒，不要拿重的或高处的东西。

②不要刺激腹部，养成良好的排便习惯，不要发生便秘和腹泻，以免刺激子宫收缩，夫妻生活要适度。

③要注意休息，避免精神紧张、烦躁和疲劳。

④积极治疗合并症，如心脏病、肾病、高血压等。

⑤预防并及时治疗并发症，如妊娠高血压疾病、双胎、前置胎盘、羊水过多等。

⑥积极治疗子宫畸形和缺陷，如纵隔子宫可于孕前纠正，子宫颈口松可于孕13～16周行宫颈内口环扎术。

⑦应尽量避免长时间持续站立或下蹲的姿势，这会使腹压升高，子宫受压，也可引起早产。

六、顺产时采用哪种分娩姿势比较好

萧萧问：听说分娩有五六种姿势，请问哪种姿势对胎儿和妈妈比较安全？

答：对于分娩姿势的了解，也是产前胎教的一部分。了解分娩姿势可以使孕妇对分娩做到心中有数，以愉悦的心情迎接分娩。其实，很多分娩的姿势都可以尝试，但是目前国内的医院多采用仰卧位，也就是产妇平躺在床上，两腿张开抬高的姿势，这样最利于保护会阴括约肌，也便于产科处理（如真空吸引）及新生儿处理，适合医务人员的需要。

七、导乐陪产有什么好处

阿菊问：如果是顺产，导乐陪产有什么效果？

答：导乐陪产也是产前胎教需要学习的内容。

“导乐式”分娩可使剖宫产率下降50%，产程缩短25%，催产素静脉滴注减少40%，镇痛药减少30%，产钳助产率减少40%，母儿并发症率也明显减少。

分娩虽然是人类繁衍的自然过程，但约有98%的产妇在分娩过程中会感到紧张和恐惧，几乎100%的产妇都期望在分娩时能有人陪伴在身边，专门的陪产人员正好满足了产妇的这种心理需求。

临床统计表明：生产过程中有陪伴的产妇，其产程平均缩短了2~3个小时。同时，生产过程中有陪伴分娩的产妇，其生产和产后的出血量也会减少，需要手术助产的比率降低，新生儿的发病率也呈降低趋势，更有利于母婴健康。

八、丈夫陪产有什么好处

阿霞问：是不是所有的医院都可以陪产？丈夫陪产有什么好处？

答：对于孕妇来说，丈夫是最亲近的人。丈夫陪产，可以使孕妇在分娩时感到安全。但并不是所有的医院都可以让丈夫陪产，如果医院不具备陪产条件而强要陪产，就容易发生交叉感染，不利于母婴健康。而且即使丈夫可以陪产，也只能陪到第一产程结束，因为第二产程需要实行严格的消毒制度。在这之前，丈夫还要学习分娩相关的知识，特

别是要调整好心态。如果丈夫对分娩有恐惧感，就无法起到很好的陪产效果。

丈夫陪伴第一产程能够让产妇得到最大的安慰，丈夫的鼓励能给妻子增加信心；而待产时医师、产妇、陪产的丈夫之间沟通更方便，减少了医患纠纷，在一定程度上也使产程加快，保证了生产的顺利进行。而在共同经历过艰辛的生产过程之后，丈夫更能体会到妻子所承受的痛苦，日后会更加疼爱她，夫妻关系将会更加密切。

但需要注意的是，不能陪产也不要觉得遗憾，因为并不是所有能够陪产的丈夫都会成为好爸爸和好丈夫，也不是所有不能陪产的丈夫对孩子的爱就会大打折扣。每个人要根据实际情况选择是否陪产。

九、如何进行色彩胎教

问：听医师说胎儿的视觉是发育最晚的，如果利用色彩对胎儿的视觉进行刺激，可促进视觉的发育，请问我该怎么做？

答：可按用以下方式进行：

①利用花：孕妇可以告诉胎儿，世界上所有的花都很美，谁见了都喜欢。花有树上开的，也有地上开的，各种花颜色各异，姿态万千。还可以告诉胎儿世界上还有梅花、樱花、牡丹花等，并把这些花开放的季节告诉他。

②利用水果：吃苹果时，可以告诉胎儿苹果又大又圆又好看。苹果的颜色有红、黄、绿三种颜色，很好看。吃香蕉时，可以告诉胎儿香蕉是黄色的，生长在南方气候炎热的地方，看上去像个月牙。吃葡萄时，可以告诉胎儿葡萄有紫色的和浅绿色的，圆圆的粒长到一起成为一串，好看又好吃。

十、如何选择分娩医院

一诺问：生孩子选医院也很关键，选择好医院，可以省去很多麻烦事。请问如何选择分娩医院？

答：选择好医院可以使孕妇对分娩更有把握，从而情绪饱满地迎接分娩。你可以这样选择医院：

①看口碑。外行人很难看出医师的水平如何，可以问问过来人的感受，也可以通过其他多种渠道收集一下有关信息，再做选择。高危产妇要了解一下是否可以提前住院待产。

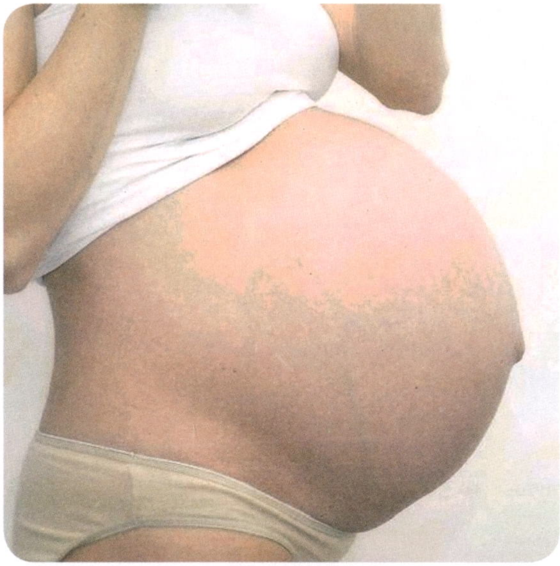

②离家远近。如果太远，会给家人的照顾带来很大困难。分娩时，车子是否能很方便地抵达医院、住院的有关事宜，也是要考虑的问题，所以最好能选附近的医院。

③是否能自主选择分娩方法。如果是自然分娩，孕妇就无法控制胎儿出生的时间，胎儿可能在夜间出生。而有的医院在夜间不提供麻醉服务，所以选择自然分娩的孕妇应该在分娩前仔细咨询清楚相关规定包括医院是否提供助产分娩（由助产士一对一陪伴孕妇），是否可以由亲人陪伴分娩，自己是否介意外阴切开术等。

④母子分室还是母子同室。母子分室，孩子会被放在卫生的新生儿室，产后能得到较好的休息，但还没来得及知道孩子的状况以及带孩子的方法，就出院了。母子同室，虽然有时休息不好，但是可以和孩子保持亲密接触。

⑤是否有相关的新生儿服务。分娩的全过程中医院是否提供胎心监控；出生后，医院是否提供新生儿游泳和按摩、抚触等服务；针对新生儿的检查制度是否完善。

⑥选择公立医院还是私立医院。公立医院医疗设施和人员比较充足，一旦有异常情况都能及时处理。不足之处是每次检查都会换医师，生产时的主治医师也确定不下来，这样容易使产妇感到不安，而且诊疗的时间也有限制，人也比较多，等的时间长。而私立医院从最初检查到产后都是由一个医师负责，让孕妇有安定感。不足之处是如果遇到突发事故，无法像综合医院那样能及时采取措施。

十一、哪些姿势有利于顺产

元元问：随着预产期的到来，身子活动越来越不方便，所以很多人喜欢躺在床上，我知道这样不好，请问有没有哪些简单的动作可以帮助分娩？

答：做好顺产的身体准备也是胎教的一部分。有助于顺产的窍门很多，但是很多动作对于有些孕妇来说，可能比较难，因此可以做如下的小动作：

①压腿。一只脚放在比较稳固的椅子或其他物体上，然后身体前倾形成压腿的姿势。这个动作有助于打开骨盆。

②深蹲。两脚分开，用手扶住床或者椅子作为支撑，然后屈膝下蹲，半蹲或者完全蹲下都可以，这个动作有利于减轻疼痛。

③身体前倾。在桌子上放置一枕头，身体前倾，随意地趴靠在枕头上。当宫缩来的时候就摇晃臀部。这样做会起到一定的加速产程的作用。而且在疼痛难忍的宫缩到来时，靠在柔软的物体上会感觉非常舒适，更容易使自己放松。

④伸懒腰。跪在地板上或者床上，双手和膝盖撑地，把腰向上拱起然后再放平，然后再拱起、放平，交替进行，宫缩时摇晃臀部。

第十一章　第10个月

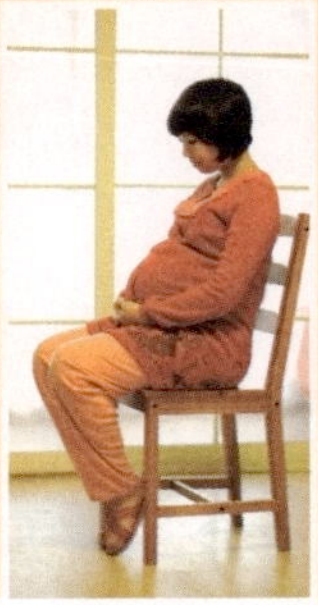

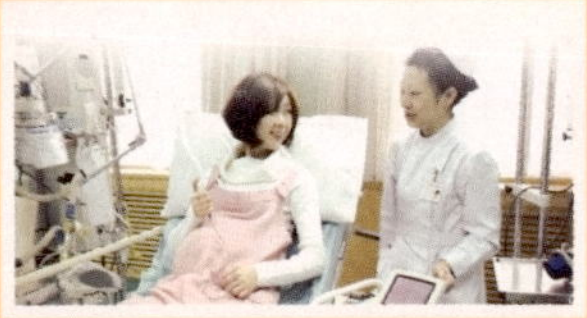

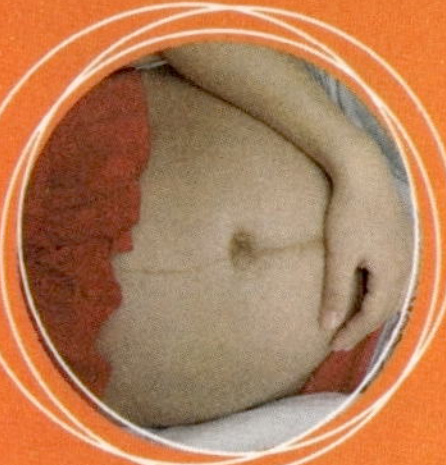

第一节　胎儿和孕妇的变化

一、胎儿

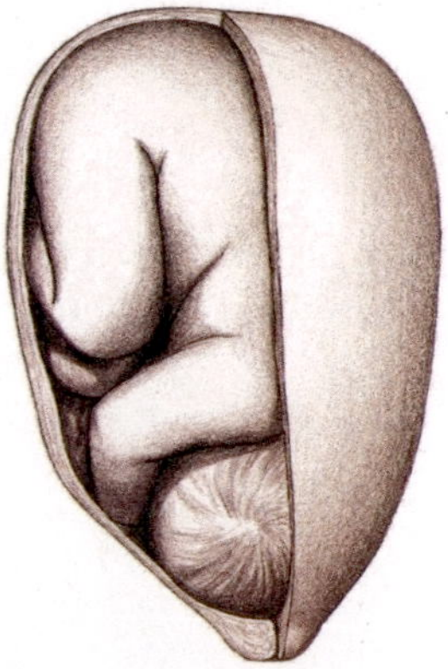

此时胎儿身长约为50~51厘米，体重约为2900~3400克。

胎儿正在为出生后的呼吸做着最后的准备，胎儿还会从母体中汲取各种抗体以增强自己的免疫力。胎儿肠道内充满了粪便，这些粪便会在出生后的几天内排泄出来。头部在正常状态下嵌于母体骨盆之内。内脏、肌肉、神经已经非常发达，已完全具备生活在母体之外的条件。

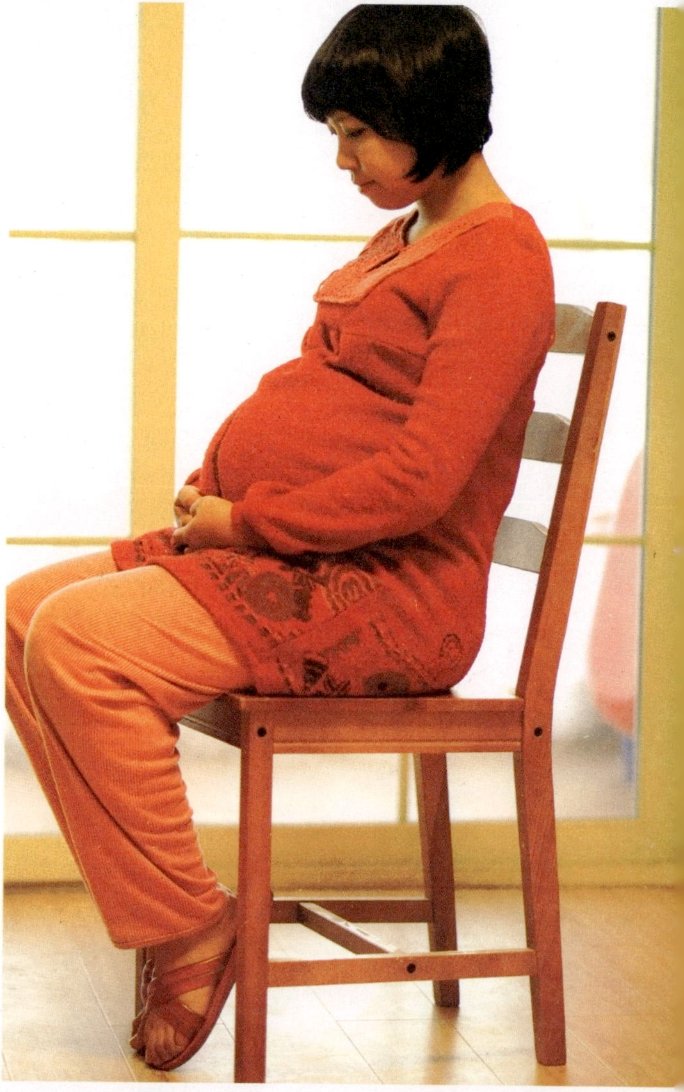

二、孕妇

孕妇身体为分娩已经做好准备，子宫和阴道口变得潮湿而且柔软，还会有很多分泌物，以方便胎儿通过产道。子宫收缩频繁，开始出现分娩的征兆。因此应随时留意分娩征兆，坚持各种胎教锻炼，这时不能因为即将分娩而忽略胎教。

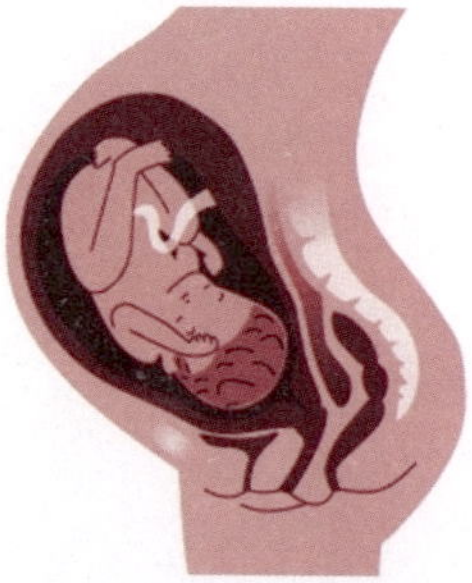

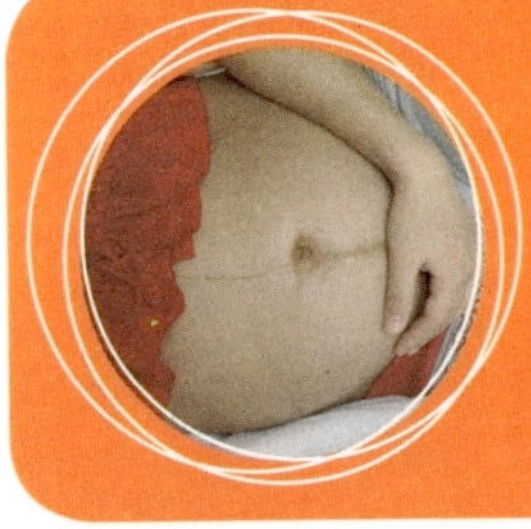

第二节　营养胎教：吃有助于分娩的食物

分娩前利用科学的营养胎教方法，将有助于分娩的顺利进行，加快产后恢复，并为胎儿提供充足的营养。

一、巧克力是最佳分娩食物

当前很多营养学家和医师都推崇巧克力，认为在各种食物中，巧克力当属最佳分娩食品，完全可以充当“助产大力士”。其理由一是巧克力营养丰富，含有大量的优质碳水化合物，而且能在很短的时间内被人体消化吸收和利用；二是巧克力体积小，发热多，而且香甜可口，吃起来很方便。因此，产妇临产前吃几块巧克力，可望缩短产程，顺利分娩。

二、含锌丰富的食物

对于选择自然分娩的产妇来说，拥有足够的产力是很重要的。进行营养胎教时，产妇要特别注意锌的摄入。锌可增强子宫有关酶的活性，促进子宫肌收缩，从而在分娩过程中起到把胎儿推出子宫腔的作用。当产妇体内缺锌时，子宫肌的收缩力就会减弱，无法自行推出胎儿，因而需要借助产钳、吸引等外力才能娩出胎儿。因此，产妇缺锌，不但会增加分娩时的痛苦，而且还有可能导致产后出血过多及并发其他妇科疾病，对产妇的健康造成不利的影响。

陈皮海带粥

【原料】

主料：海带、粳米各100克，陈皮2片。

辅料：白糖、水各适量。

【做法】

①将海带用温水浸软，换水漂洗干净，切成碎末；陈皮用水洗净。

②将粳米淘洗干净，放入锅内，加适量水，置于火上，煮沸后加入陈皮、海带，不时地搅动，用小火煮成粥，加白糖调味即可。

【特点】

海带含丰富的锌，此粥有补气养血、清热利水、安神健身的作用。临产时食之，能积蓄足够力气完成分娩过程。

小贴士

含锌丰富的食物，有猪肝、猪肾、瘦肉、鱼、紫菜、牡蛎、蛤蜊、黄豆、绿豆、蚕豆等。还要吃些坚果类的食品，如花生、核桃、栗子等。特别是牡蛎，含锌量最高，应适当多吃一些。

三、容易消化的食物

这一时期产妇应多吃富含维生素K、维生素C的食物，而且食物要容易消化吸收。菜肴制作上应以切、煮、蒸等烹调方法进行深加工，以减少胃的负担和便于吸收。除了均匀摄取五谷杂粮等基础食物外，还应增加菜肴的种类，制订丰富的食谱，如牛奶、紫菜、猪排骨、菠菜、豆制品、胡萝卜、鸡蛋等。口味要清淡一些，做菜的时候尽量使用天然调味料，并选择减少盐分的烹饪方法，如为了增加汤的味道，可以加入鱼或海带、紫菜、虾等鲜香食物。

苋菜粥

【原料】

主料：紫苋菜250克，粳米100克，水适量。

辅料：精盐、猪油各适量。

【做法】

①将紫苋菜择洗干净，切成细丝。

②将粳米淘洗干净，放入煮锅内，加适量水，置于火上，煮至粥成时，加入猪油、紫苋菜、精盐再煮沸2~3次即成。

【特点】

清热止痢、顺胎产。适用于产前产后赤白痢疾、急性肠炎、宫颈炎等症，特别是产妇临盆时进食，能利窍滑胎易产，为临盆时的保健食品。

四、分娩前进食要采取灵活战术

自然分娩出现分娩征兆时，由于阵阵发作的宫缩疼痛，极大地影响了孕妇的胃口，她们往往会因为疼痛而食不下咽。尽管如此，也不能不吃或少吃，否则会对即将到来的分娩有不利影响，因为孕妇会因胃中缺食而乏力，进而导致产程的延长和其他不利情况的发生。因此，要学会宫缩间歇期进食的“灵活战术”。

饮食以富于糖分、蛋白质、维生素，而且容易消化的食物为好。在第一产程中，由于时间比较长，产妇睡眠、休息、饮食都会由于阵痛而受到影响，为了确保有足够的精力完成分娩，产妇应尽量进食。食物以半流质或软烂的为主，如鸡蛋挂面、蛋糕、面包、粥等。快进入第二产程时，由于子宫收缩频繁，疼痛加剧，消耗增加，此时产妇应尽量在宫缩间歇摄入一些果汁、藕粉、红糖水等流质食物，以补充体力。而对于剖宫产的孕妇来说，手术前是不能进食的。

以下几种粥非常适合分娩时食用。

齿苋粥

【原料】马齿苋150克，粳米100克，精盐少许，水适量。

【做法】

①将马齿苋择洗干净，入开水锅中焯一下，捞出，漂去黏液，切成碎段；粳米淘洗干净。

②锅置火上，放入水、粳米，煮至半熟时，加入

马齿苋，再续煮至粥成，用精盐调味后即可食用。

【特点】

马齿苋有散热消肿，利肠滑胎、解毒通淋的功效，粳米具有养胃的功效。

小贴士

马齿苋与粳米共煮成粥，具有健脾胃、清热、凉血、利尿、助产的功效。产妇临产前食之，能滑胎易产。

冬苋菜粥

【原料】

主料：冬苋菜250克，粳米100克，水适量。

辅料：精盐、猪油适量。

【做法】

①将冬苋菜择洗干净，切细；粳米淘洗干净。

②锅置火上，放入水、粳米，煮至粥将成时，加入冬苋菜、精盐、猪油，再略煮即成。

【特点】

此粥具有清热、滑窍、顺胎产的功效。适于热淋、小便短涩疼痛症患者食用。临产前食用，能滑胎易产。

空心菜粥

【原料】

主料：空心菜200克，粳米100克。

辅料：精盐少许，水适量。

【做法】

①将空心菜择洗干净，切细；粳米淘洗干净。

②锅置火上，放适量水、粳米，煮至粥将成时，加入空心菜、精盐，再续煮至粥成。

【特点】

空心菜含游离氨基酸及蛋白质、脂肪、糖类、粗纤维、胡萝卜素、维生素B_1、维生素B_2、维生素C、钙、铁、磷等。中医认为，空心菜味甘，性寒而滑，有清热、解毒、凉血、利尿等功效。此粥由空心菜和粳米煮制而成，具有清热、凉血、利尿、助产的作用。临盆食之，可滑胎易产。

豆腐皮粥

【原料】

主料：豆腐皮50克，粳米100克，水适量。

辅料：冰糖适量。

【做法】

①将豆腐皮放入水中漂洗干净，切成丝。

②将粳米淘洗干净，放入锅内，加适量水，置于火上，先用旺火煮沸后，再改用文火煮至粥将成，加入豆腐皮、冰糖，续煮至成粥。

【特点】

豆腐皮与健脾养胃、止渴除烦的粳米及冰糖共煮成粥，具有益气通便、保胎顺产、滑胎催生的作用。产妇临产前食用，能胎滑易产，缩短产程，是产前保健佳品。

五、防治产后浮肿的食疗方法

产后浮肿，是指妇女产后面目或四肢水肿。由于子宫变大、影响血液循环，并受到黄体酮的影响，孕妇身体代谢水分的状况变差，会出现水肿。

可以通过食物疗法缓解产后浮肿。

红豆薏米姜汤

【原料】

主料：红豆50克，薏米50克。

辅料：老姜5片，水适量。

【做法】

①红豆和薏米用水浸泡3小时以上。

②将老姜与红豆、薏米同煮，大火煮开后转小火继续煮40分钟。

③待红豆薏米煮熟软后，再加少量白糖即可食用。

【特点】

红豆和薏米相配具有利水渗湿、健脾消肿的功效。

泥鳅钻豆腐

【原料】

主料：泥鳅200~250克（个体适中的，过大不易熟透，过小不方便吃），豆腐750克。

辅料：油、盐、葱、姜、水适量。

【做法】

①鲜活的泥鳅冲洗干净，用水养着，放两片生姜，加一两滴生菜油（泥鳅喝进生油后，就会陆续排出肠子里的脏物，这样就不带泥腥味了），将葱、姜切末，备用。

②先在锅中放适量凉水，加入活泥鳅，再加入豆腐，用文火焖。这时，水比豆腐先热，随着水温升高，泥鳅耐不住高温，会往凉豆腐里钻。

③当泥鳅不再动了，加入适量油、盐等调料，再用大火急速将泥鳅焖熟，撒上姜末、葱末，装盆上桌。

【特点】

这道菜营养丰富，滋补身体。对防治产后虚弱、下肢小腿浮肿有显著功效。

小贴士

妊娠高血压综合征可导致胎儿早产，而且脑瘫麻痹等后遗症的发生率也很高。严重时还会出现抽搐、昏迷、心肾功能不全等症状，甚至严重威胁母婴生命安全。

因此孕妇可通过一定的营养胎教措施对这一病症加以控制：

◎控制热能的摄入。孕妇摄入热能应以每周增重0.5kg为宜。患有重度妊娠期高血压综合征时，由于尿中蛋白丢失过多，常有低蛋白血症，应摄入高优质蛋白以弥补其不足。对于膳食脂肪应减少动物脂肪的摄入，饱和脂肪酸的供热能应低于10%。

◎补充足够的锌。根据调查，妊娠期高血压综合征患者血清锌的含量较低，膳食供给充足的锌能够增强身体的免疫力。

◎补充维生素C和维生素E。这两种元素能够抑制血中脂质过氧化作用，降低妊娠期高血压综合征的反应。

◎控制盐分的摄入。钠盐在防治高血压中发挥着非常重要的作用，每天食入过多的钠，周围血管阻力增大，导致血压上升。因此这时应控制钠盐的摄入，同时也要避免所有含盐量高的食品，如浓肉汁、调味汁、方便面的汤料末；所有的腌制品、薰干制品、咸菜、酱菜；肉、鱼、蔬菜的罐头制品；外卖油炸食品，如比萨饼、薯条等；香肠、火腿等熟食。酱油也不能摄入过多，如果已经习惯了较咸的口味，可用部分含钾盐代替含钠盐，能够在一定程度上改善少盐烹调的口味。还可以用葱、姜、蒜等调味品制出多种风味的食品来满足食欲。

◎孕妇应多吃鱼、肉、蛋、奶及新鲜蔬菜，补充铁和钙的摄入。

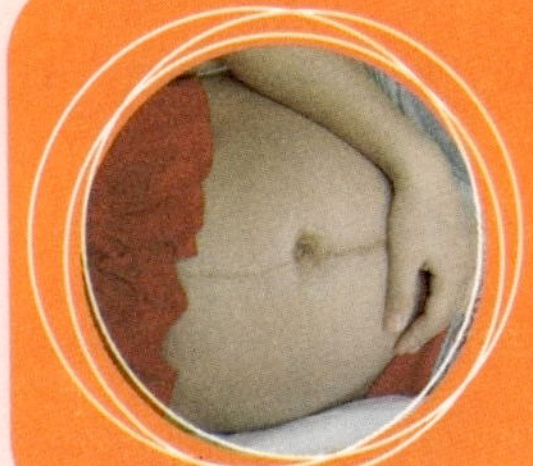

第三节　运动胎教：为顺利分娩做准备

此时虽然孕妇活动起来极其不方便，但是适当的运动可以促进分娩，因此孕妇应在力所能及的情况下尽量坚持运动。

一、屈膝观顶

◎将双腿大幅度分开，两臂向侧面平伸。然后一只腿慢慢弯曲过来，上半身向弯腿的那一侧倾斜。一只手向地面伸出，另一只手伸向屋顶，同时双眼向上仰望，注意臀部不能下沉。

功效：增加平衡感，并使大腿内侧的肌肉变得柔软。

二、侧卧抬腿

◎在侧卧的姿势下让位于下方的腿微微弯曲或平伸。然后另一只腿伸直，用手抓住靠上的一只脚使劲向上拉。

功效：放松臀部和大腿内侧的肌肉。

三、蹲坐运动

Step1：双脚大幅度分开站立，然后慢慢地蹲坐下，双手在身体前方撑住地面。

Step2、Step3、Step4：俯下上半身并伸直膝盖，从臀部开始向上抬举并站起身来。

功效：放松大腿内转筋。

四、骨盆运动

Step1：双脚大幅度分开，竖膝而坐。两手抱住膝盖，一边靠鼻子用力吸气，一边让身体竖直，向前推动骨盆。

Step2：在从口中吐气的同时背部向后弓曲。

功效：可以使骨盆放松，并解除背部肌肉疲劳。

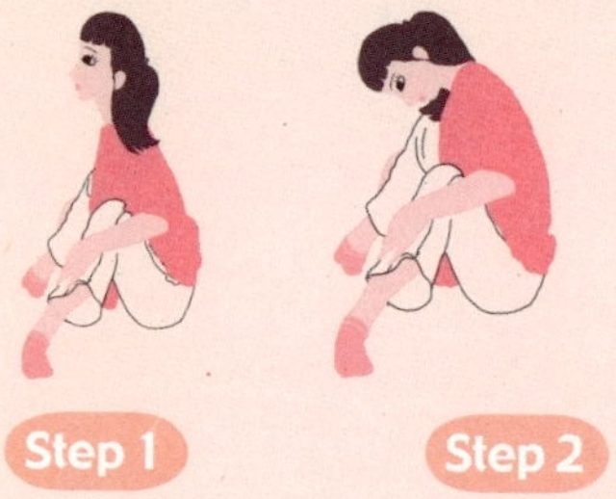

五、侧分双腿

Step1：身体仰卧，双腿向两侧分开，将两膝弯曲起来并向上举起。在吸气、吐气的同时将上半身抬起，展开膝盖并用双手按住两侧的小腿肚子。

Step2：静止下来从1慢慢数到5，再次吸气并向后躺下。在重复2～3次以后身体向侧面躺下休息。

功效：对分娩更加有利，并使大腿内侧肌肉的柔软性得到增强。

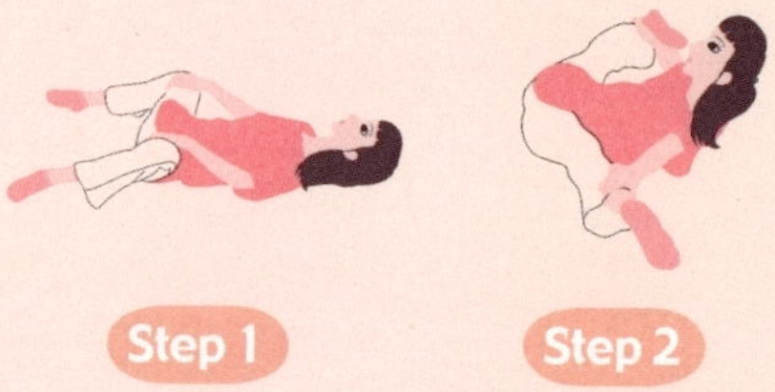

六、拉伸骨盆底

◎站在椅子前面，双脚分开，脚趾向外倾斜，以便膝盖能以同样的角度向外弯曲。身体前倾，双手扶住椅子两边。拉伸脊背的同时，使其保持水平。

◎吸气时放松，呼气时下蹲，肘关节弯曲，尽量使背部保持平直状态。集中注意力拉伸大腿内侧肌肉、腹股沟和骨盆底。

功效：扩展腹股沟，拉伸骨盆底。

七、拉伸会阴部

◎站在椅子前面，双脚分开，脚趾向外倾斜，以便膝盖能以同样的角度向外弯曲。身体前倾，双手扶住椅子两边。

◎身体下蹲，双膝分开，左膝跪在垫子上，右脚置于椅子的外侧。扶住椅子，下压，呼气的同时拉伸会阴部。换腿，重复这个动作。反复练习。

功效：拉伸会阴部肌肉，使其更有弹性。

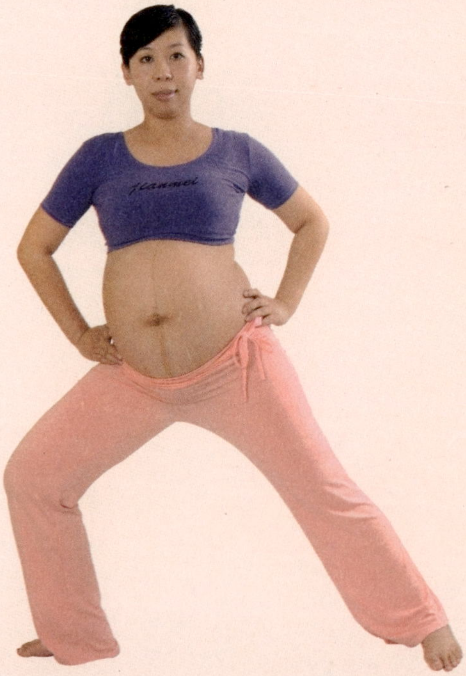

八、强健下肢

◎叉腿，膝朝外，吸气，然后边呼气边屈膝。再次吸气，然后边呼气边直膝。

功效：使腿部肌肉具有充分的耐力，促进分娩。

九、松弛骨关节

方法1

◎平躺，两手着地，身体自然伸展。

◎吸气，将一侧膝盖曲起，脚跟挨近臀部，静止2秒钟。

◎呼气，将膝盖向外侧着地。静止2秒钟，然后重做上一个动作。左右腿交替做这一动作。

功效：调整呼吸，使骨关节更灵活，更利于分娩。

方法2

◎两腿呈90度角展开，曲左腿。边吸气，边将右手沿体侧上举。目光朝向手指正前方。

◎边呼气，边将身体倒向左侧。再次吸气，身体还原，然后边呼气边放手。左右交替做10次。

功效：使紧张的身体关节得以松弛，轻松应对分娩。

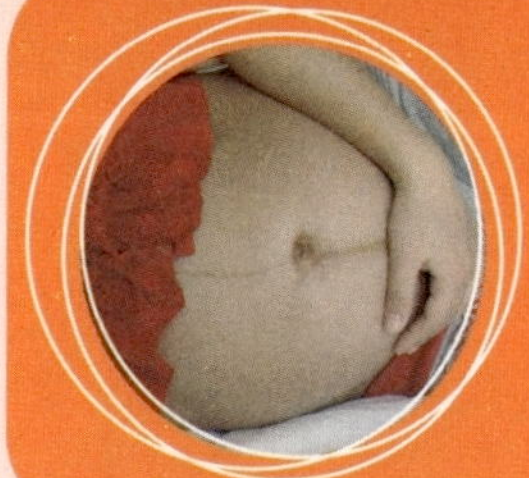

第四节　按摩胎教：以舒适为准

这个月胎儿的增大已经严重影响到孕妇的休息、运动，孕妇的各种不适都可以运用按摩胎教来缓解，前面讲述的方法依然可以使用。在这一时期，要注意手法不能过重，以舒适为准。由于对乳房的按摩易引起早产，因此是不提倡的。

一、妊娠期高血压疾病

妊娠期高血压疾病和肥胖、某些营养素的不足和过多，以及运动量过少均有关系。

患有这种症状的孕妇可以按摩胎教法缓解症状。

◎把毛巾敷在脚背上，双手握住整个脚背，模仿掰开一个苹果的动作进行按摩，持续1～2分钟。

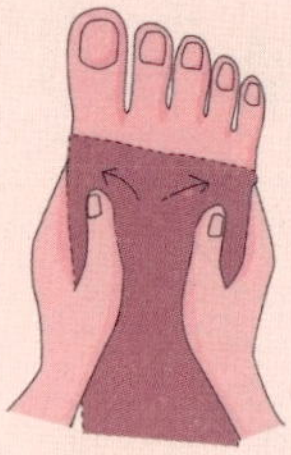

◎从脚踝开始向膝盖方向摩擦，就好像要让血液向上流动一样。对两只脚轮流进行这种按摩，持续1～2分钟。

◎用大拇指轻按脚底中心的涌泉穴上3次，每次4秒钟。

二、促进乳汁分泌

产后的乳汁分泌，对于产妇和婴儿来说也是极其重要的。除了在产后及时补充营养外，产妇和其家人还可在产前学会用穴位按摩法促进乳汁分泌：

◎在脚底中心的涌泉穴上按4次，每次3秒钟。

◎向着对角线方向的输尿管反射区滑动按摩，重复9次左右。

◎在位于脚踝内侧的膀胱反射区上挤压3次，每次持续4秒钟。

◎在胸部反射区按照箭头所指的方向滚动揉搓4~5次。

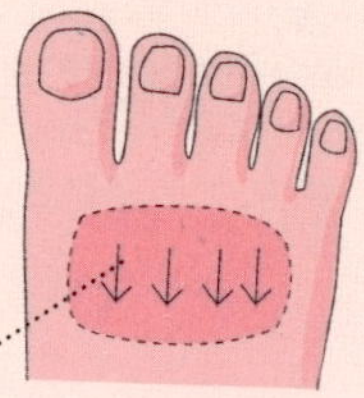

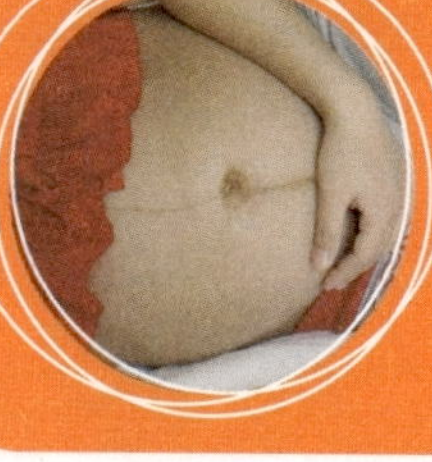

第五节　专家答疑

一、无痛分娩对胎儿和产妇的健康有无影响

楠楠问：听说无痛分娩可以减少分娩时的阵痛，请问这种方式对胎儿和孕妇的健康有影响吗？

答：无痛分娩不仅可以减轻产妇分娩时的疼痛，而且还可以缓解孕妇对分娩的紧张情绪。无痛分娩的药物浓度远低于一般手术（如剖宫产）的麻醉剂量，当孕妇选择剖宫产时，很少会问医师麻醉药物对胎儿的影响。实行无痛分娩以维护母体和胎儿安全为最高原则，药物经由胎盘吸收的药物量微乎其微，对胎儿并无明显不良影响。但是有证据表明，使用了无痛分娩比没有使用的产妇在产后恢复上要慢一些。

小贴士

待产的过程可能是比较折磨人的，各种对于产前产后的疑惑都有可能增加孕妇的忧虑，从而影响分娩，因此了解产前产后的知识对于缓解孕妇的焦虑、疑惑心理有很重要的作用，这也是此时胎教的重点。

二、无痛分娩和剖宫产哪个对胎儿伤害小

一凡问：近些年来流行无痛分娩，请问无痛分娩和剖宫产哪个对胎儿伤害小？

答：近些年来产妇选择剖宫产的概率较高，因此在产前了解剖宫产的知识，弄清剖宫产的利弊，对于缓解孕妇产前的焦虑与恐惧、提前做好分娩准

备有帮助，同时可以起到情绪胎教的作用。

“无痛分娩”就是在自然分娩的过程中实施分娩镇痛，而剖宫产是实行分娩手术。

剖宫产较“无痛分娩”对新妈妈有较大损伤，同时剖宫产血管都开放，新妈妈发生羊水栓塞的风险大于“无痛分娩”。对婴儿而言，没有经过产道的挤压较快分娩，容易患湿肺或发生新生儿窒息。

无痛分娩，其过程与自然分娩相同，是一个自然的过程。其优点也与自然分娩相同，产妇损伤小、恢复快、胎儿经过产道的挤压，挤出肺内的羊水，不易发生湿肺和新生儿肺炎。有研究认为，经过产道的挤压，孩子长大后不易得多动症。经历自然分娩过程的孩子，可以产生免疫抗体，新生儿半岁之内不易生病。

三、剖宫产的孩子比顺产的孩子聪明吗

一楠问：在医院产检时，看到很多待产孕妇要求医师进行剖宫产，她们觉得这样生出来的宝宝聪明，请问是这样吗？

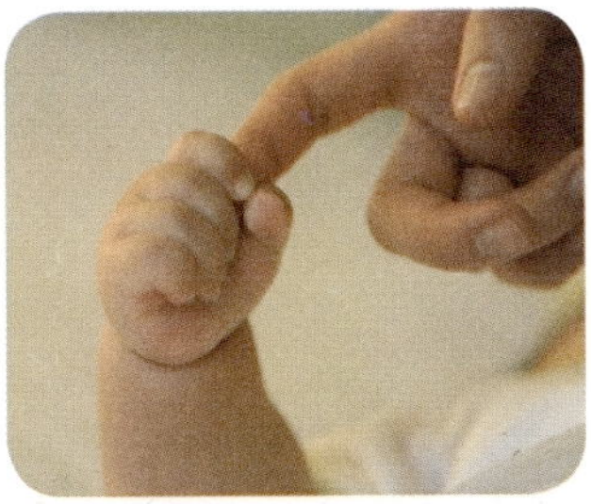

答：盲从心理也是情绪胎教所不提倡的。要避免盲从心理，首先要弄明白孩子智力高低的决定因素。孩子聪明与否取决于许多因素，如遗传、先天异常、宫内缺氧、感染、营养不良或孕妇怀孕时的疾病等，都会影响胎儿神经系统的发育。除此以外，孩子出生后的营养状况和受到的教育也会影响智力的发育。因此，分娩方式是剖宫产还是自然分娩，对孩子是否聪明没有直接的影响。

四、会阴切开会影响胎儿吗

基诺问：我在网上看到一个调查，有接近50%自然分娩的妈妈都实行过会阴切开术，请问这种手术会对胎儿有影响吗？

答：很多孕妇在产前都会担心分娩的阵痛，还会担心在分娩时实施的一些辅助分娩方式会对胎儿造成影响。因此，弄清分娩过程中的会阴切开术对缓解孕妇的担心很有帮助，这也是情绪胎教所要求的。

对于会阴切开术是否会对胎儿有影响这个问题，答案是否定的。在进行会阴切开手术时，医师

先会在会阴局部进行麻醉处理，等到在产道口完全看得见胎儿头部时才用剪刀切开。医师会把手指探入胎儿的头部和会阴之间，医师使用的医用剪刀是安全的，产妇不必担心胎儿会因此受到伤害。

五、什么是滞产？什么是急产？对胎儿有什么影响

琪琪问：听过来人说，宝宝过早出来或者过晚出来，都不好，是这样的吗？

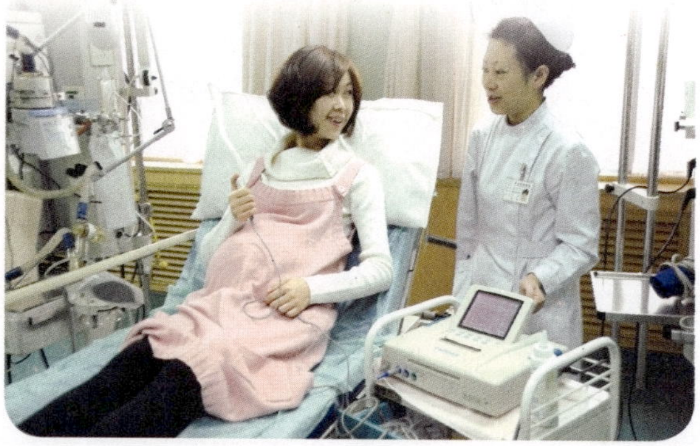

答：了解分娩时的不良情况，做好预防工作，会让孕妇更加泰然自若地面对分娩。

在医学上，如果总产程＜3小时为急产，总产程超过24小时为滞产。无论是急产还是滞产对孕妇和胎儿都有不良影响。

急产可引起产道的裂伤、羊水栓塞等；可造成子宫胎盘血流减少，发生缺血缺氧，甚至死亡。如果来不及消毒，则会增加孕妇和胎儿的感染机会。另外胎儿出生快，胎头的压力突然减小，会引发颅内出血。

滞产则往往存在子宫收缩不力或头盆不称，引起产妇衰竭、子宫脱垂、子宫破裂、产后出血等。可引起胎儿宫内窘迫、新生儿窒息、新生儿颅内出血、缺血缺氧性脑病，甚至引起新生儿死亡。同时，因产程长也增加了母子感染的几率，如果处理不及时会影响母子的生命安全。

因此分娩过程中，在医师的监测下，孕妇应积极配合。

六、过期妊娠是怎么回事

佳丽问：医师说如果妊娠超过42周就属于过期妊娠，请问这对胎儿会有什么影响？

答：过期妊娠会引起孕妇以及全家人的多种焦虑，在等待的过程中也难免会出现烦躁情绪。

过期妊娠的胎盘会出现胎盘老化现象，造成胎盘血流量减少，从而使胎儿生长发育必需的血氧和营养物质供应减少，导致胎儿营养不良和宫内缺氧，甚至导致胎儿死亡的严重后果。即便是自然分娩，也有可能引起难产的症状。

过熟儿不仅发育差，而且还易发生新生儿脱水、低血容量、低血糖及代谢性酸中毒等并发症。出生后，新生儿窒息的发生率也较高，可为足月妊娠的2～4倍，围产儿死亡率也明显增高，为足月妊娠的1～4倍。

引起过期妊娠的原因迄今尚不清楚，可能与孕妇的内分泌功能异常、胎儿发育异常及头盆不称等因素有关。但因确切原因不明，因此，尚无法避免过期妊娠的发生。医学专家主张“瓜熟蒂不落、适时应摘取”。凡孕周≥41周的孕妇应及时住院结束妊娠。

七、孕晚期可以放弃胎教吗

苹果问：还有半个月我就要生了，老公看我行动不便，就劝我别再进行胎教了，请问我还需要继续进行胎教吗？

答：孕晚期如果孕妇的身体允许，最好不要轻易放弃自己的运动以及胎教。适当的运动可以给胎儿躯体和前庭感觉系统自然的刺激，可以促进胎儿的运动平衡功能。为了巩固胎儿在孕早期、孕中期对各种刺激已形成的条件反射，孕晚期更应坚持各项胎教内容。

胎教的方法很多，从始至终坚持胎教对夫妇双方和全家人来说都不是件容易的事情。但有理由相信，每位计划要孩子的夫妇，都会为了自己的孩子付出爱、耐心与时间。当看到心爱的孩子出生后健康又聪明，就会发现现在的努力都是值得的。

八、孕晚期如何进行音乐胎教

小诺问：我快要生了，但心里异常忧郁，请问我该听什么样的音乐调节心情？

答：这时应选择既柔和而又充满希望的乐曲。如《梦幻曲》、《让世界充满爱》、《我将来到人间》、《水上音乐》等。特别是《梦幻曲》是舒曼的钢琴套曲《童年情景》中最脍炙人口的一支乐曲。柔美如歌的旋律，各声部完美的交融以及充满表现力的和声语言，勾画了一个童年的梦幻世界，表现了儿童天真、纯洁的幻想。

九、孕晚期适合进行旅行胎教吗

萍萍问：最近比较郁闷，希望孩子赶快降生，想出去旅行，缓解一下心情，请问我可以出去旅行吗？

答：不建议去旅行。孕妇的肚子逐渐大了起来，出行非常不方便，有些航空公司对于怀孕36周以上的孕妇乘坐飞机也有一定的限制。这个时期还有诸如破水、见红等早产的危险。因此，除非特殊状况，孕早期和晚期都不适宜旅游，特别是长途旅游，应多去附近的公园散步，瑜伽、游泳也是较好的选择。

十、孕晚期适合进行抚摸胎教吗

小楠问：我的宝宝已经很大了，看到自己隆起的肚子，虽然有些沉重感，但是很幸福，每天晚上都会跟老公一起来抚摸宝宝。可是现在宝宝很大了，还能进行抚摸吗？

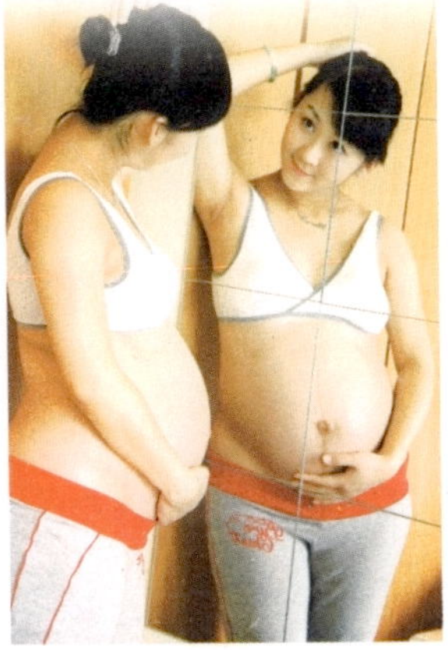

答：一般在孕早期以及临近预产期不宜进行抚摸胎教；有不规则子宫收缩、腹痛、先兆流产或先兆早产的孕妇，不宜进行抚摸胎教，以免发生意外；曾有过流产、早产、

产前出血等不良产史的孕妇，也不宜进行抚摸胎教，可用其他胎教方法替代。

十一、临产前还能进行运动胎教吗

小航问：书上说孕晚期运动有利于顺产，请问快生了还能运动吗？

答：可以，但要适度。

有些产妇，刚有一点腹坠，就躺在床上，一动也不敢动，静等着生产。其实，初产妇宫口开大4厘米以下，经产宫口开大2厘米左右，均可下地运动。适度的运动，能改进血液循环，促进消化，增进食欲，增大食量，为生产宫缩提供能源，有益于产程的进展。

另一种人则以为“越运动越生得快”。于是，在临分娩前就下地不停地走。最终，弄得身体很疲惫，腿累得又肿又硬，这种做法也是不恰当的。分娩的快慢，绝不决定于走多少路，重点是迫使胎儿出来的宫缩力的强弱。过分的走动与劳累，耗尽能量，不仅不能促进生产，相反，因为体力耗尽，还可致早产。特别是初产妇宫口开全，或经产妇宫口开大4厘米以上，仍在地下走动者，则有将胎儿生下坠地摔伤，引发脐带断裂及子宫内翻等意外的可能。

所以，临产前采取以上任何一种偏激作法都是不妥的，应根据产妇具体情况及产程进展阶段，动、静结合，既要充分休息，又要适度的活动。

十二、临产征兆有哪些

丹丹问：我是初产妇，对分娩没有经验，请问临产都有哪些征兆？

答：了解临产征兆，可以为分娩做好充分准备，起到情绪胎教的作用。

临产征兆有：

①小便次数增加。临产前十多天，胎儿降入骨盆，子宫底也随之下降，因压迫了膀胱，使膀胱储尿量减少，小便次数就增加了。

②子宫规律性收缩。宫缩开始不太规则，随后逐步转为规律性宫缩，而且收缩力越来越强。随着产程的进展，宫缩持续时间可长达1分钟，间歇期可缩短至1～2分钟。

③见红。临产前经阴道排出少量血性黏液，叫“见红”。见红是分娩即将开始的一个比较可靠的征象。如果出血量较多或有鲜血时，也应及时前往医院检查。

④破水。阴道突然流出清亮的液体，有时含胎脂或胎粪，称为“胎膜破裂”。破水通常发生在规律宫缩开始后，胎儿娩出前。破水的孕妇应立即去医院，以防脐带脱垂危及胎儿。通常破水后24小时内会自然临产。

十三、剖宫产后应注意什么

芳芳问：因为已经38岁了，医师建议我剖宫产，请问产后应注意什么？

答：对于分娩后的事情多了解一些，也有助于缓解产前的紧张和焦虑情绪。剖宫产后应注意：

①术后流质饮食，持续导尿，注意外阴擦洗。

②硬腰联合麻醉术后应先平卧位6小时后，再改为半卧位。

③注意体温、血压等生命体征，每半小时测一次血压、脉搏至平稳。

④注意观察肠蠕动恢复情况、阴道出血及恶露多少、子宫收缩情况等。

⑤常规用抗生素预防感染。

⑥术后前两天补充液体食物。

十四、分娩有几个阶段

阿明问：我快要生了，听说生孩子需要很长时间，请问分娩有哪几个阶段？我想先了解，以便自己心里有数，更好地配合医师。

答：了解产程，可以使产妇更好地以积极的心态迎接分娩，使情绪胎教发挥更大的作用。

为了更好地观察分娩过程，医学上将整个分娩经过分为三个阶段或三个产程，即第一产程、第二产程和第三产程。

第一产程是从临产到子宫颈口开全的一段时间，初产妇平均11～12小时，经产妇只需6～8个小时。

第二产程是从宫口开全到胎儿生出的一段时间，初产妇需1～2小时，经产妇一般在数分钟即可完成。

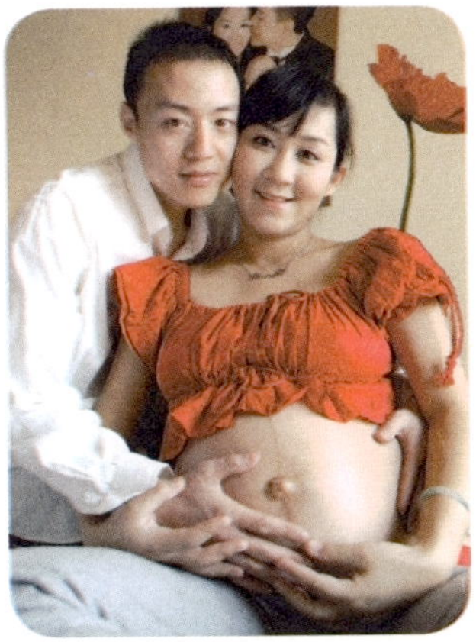

第三产程是从胎儿生出到胎盘排出的一段时间，初产妇与经产妇相似，一般需要5～15分钟。如果胎儿生出后30分钟胎盘仍不排出，则需要由医师用手取出胎盘。

根据以上产程特点，除经产妇（包括进行过中期引产的产妇）外，对初产妇来说，一般均有足够的时间到医院分娩，无需紧张和惊慌。

十五、自然分娩的好处有哪些

小陶问：现在的医师或媒体宣传都主张自然分娩，请问自然分娩到底有哪些好处？

答：了解自然分娩的好处，可战胜对自然分娩的恐惧感，有助于缓解产妇的紧张情绪，起到情绪胎教的作用。自然分娩的好处有：

①分娩的过程中子宫有规律的收缩能使胎儿肺脏得到锻炼，肺泡扩张促进胎儿肺成熟，小儿生后很少发生肺透明膜病。有统计资料表明，剖宫产儿肺透明膜病率是自然分娩儿的20倍。而严重的肺透明膜病会导致小儿呼吸困难，甚至死亡。

②有规律的子宫收缩及经过产道时的挤压作用，可将胎儿呼吸道内的羊水和黏液排挤出来，从而使新生儿的并发症湿肺、吸入性肺炎的发生大大减少。

③经阴道分娩时，胎头受子宫收缩和产道挤压，头部充血可提高脑部呼吸中枢的兴奋性，有利

于新生儿出生后迅速建立正常呼吸。

④分娩时腹部的阵痛使孕妇大脑中产生内啡肽，这是一种比吗啡作用更强的化学物质，可给产妇带来强烈的欣快感。另外产妇的垂体还会分泌一种叫催产素的激素，这种激素不但能促进产程的进展，还能促进母亲产后乳汁的分泌，甚至在促进母儿感情中也起到一定的作用。

所以孕妇在孕晚期应有充分的思想及心理准备，如果没有异常情况，为了母婴的安康，应尽量争取自然分娩。

十六、保护产力应从哪几方面着手

妞妞问：看过很多关于分娩的资料后，我知道分娩特别是自然分娩时，产妇需要利用产力才能将胎儿从子宫内逼出。请问如何保护产力呢？

答：产力，包括子宫收缩力（简称宫缩）、腹壁肌及膈肌收缩力（统称腹压）和肛提肌收缩力。可以从以下几个方面提高产力：

①在营养胎教方面，要加强营养。多食用些含蛋白质、维生素丰富的食物，如鸡、鱼、瘦肉、蔬菜、水果等。临近分娩期要进食一些热量较多的食物，如大米、面粉、玉米、巧克力、红糖水等。

②在情绪胎教方面，临产时保持精神愉快，不要紧张。产妇对分娩要有一个正确的认识，不要恐惧、忧虑。因为精神过度紧张，会扰乱中枢神经系统的正常功能活动，以致大脑皮质过度疲劳，因而影响正常的子宫收缩。这是产力不足和子宫收缩异常的重要原因之一。

除此之外，还可采取其他方法，提升胎教效果：

①产妇每次宫缩时要做深呼吸，增加氧气的摄入量，减少子宫的疲劳，减轻宫缩造成的腹痛。

②在第二产程中，当宫缩时，深呼吸，然后自然屏气使劲，就像解大便一样长时间向肛门方向用力；宫缩间歇时，产妇全身放松。只有注意保护产力，才能顺利完成分娩过程。

十七、产后食补应注意哪些问题

叶子问：我马上要生了，人们都说产后需要增加营养，但我担心补的太厉害会胖，怎样才能更好地食补呢？

答：了解产后如何食补，对于缓解产妇因害怕产后发胖而产生的焦虑心理有帮助，同时家人也可以为孕妇提前做好准备，这也是提升情绪胎教效果的一种方法。产后食补要注意以下几点：

①避免偏食或猛吃。为恢复苗条体形而偏食不利健康，为保证乳汁的质和量而猛吃，既无必要，也不利体形恢复。

②菜肴宜清淡，富有营养，主菜每顿1种即可，量少些，每顿翻新花样，调换一下口味，以免吃腻。

③干稀搭配，荤素轮换，在色香味上花工夫。

④多吃绿叶蔬菜、水果，不仅能增加维生素的摄入，还有助于通便。

⑤适当多吃些猪肝、鸭血、菠菜，以预防或治疗贫血。